中国—东盟法律研究中心

- 国家级涉外法治研究基地
- 重庆市新型智库
- 最高人民法院民四庭东盟国家法律研究基地

中国—东盟法律研究中心文库

澜湄流域环境犯罪治理的刑事规制研究

史 强 著

厦门大学出版社
XIAMEN UNIVERSITY PRESS
国家一级出版社
全国百佳图书出版单位

图书在版编目（CIP）数据

澜湄流域环境犯罪治理的刑事规制研究 / 史强著
. -- 厦门：厦门大学出版社，2023.12
（中国—东盟法律研究中心文库）
ISBN 978-7-5615-9128-4

Ⅰ．①澜… Ⅱ．①史… Ⅲ．①澜沧江-流域环境-破
坏环境资源保护罪-研究②湄公河-流域环境-破坏环境
资源保护罪-研究 Ⅳ．①D924.364②D997.9

中国版本图书馆CIP数据核字(2023)第193613号

———————————————————

责任编辑　李　宁　　郑晓曦
封面设计　蒋卓群
美术编辑　张雨秋
技术编辑　许克华

———————————————————

出版发行　厦门大学出版社
社　　址　厦门市软件园二期望海路 39 号
邮政编码　361008
总　　机　0592-2181111　0592-2181406(传真)
营销中心　0592-2184458　0592-2181365
网　　址　http://www.xmupress.com
邮　　箱　xmup@xmupress.com
印　　刷　厦门市竞成印刷有限公司

———————————————————

开本　720 mm×1 020 mm　1/16
印张　15.25
插页　2
字数　275 千字
版次　2023 年 12 月第 1 版
印次　2023 年 12 月第 1 次印刷
定价　68.00 元

厦门大学出版社
微信二维码

厦门大学出版社
微博二维码

———————————————————

总序一

中国与东盟的关系是中国实施周边外交战略的重要内容。在 2003 年 10 月第七次中国—东盟领导人会议上，时任中国国务院总理温家宝与东盟领导人签署了《面向和平与繁荣的战略伙伴关系联合宣言》，至此中国正式加入《东南亚友好合作条约》。2013 年 10 月，在印尼国会发表的演讲中，国家主席习近平首次提出"携手建设更为紧密的中国—东盟命运共同体"的倡议，标志着将中国与东盟国家合作推动至更高的阶段，预示着再创中国和东盟合作黄金十年的辉煌前景。

2013 年恰逢中国与东盟建立战略伙伴关系 10 周年。回首过去展望未来，正如国务院总理李克强在第十届中国—东盟博览会开幕式所指出的，中国与东盟携手开创了合作的"黄金十年"，必将创造新的"钻石十年"。为此李总理提出开创未来宏伟蓝图的五点倡议：打造自贸区升级版，推动互联互通，加强金融合作，开展海上合作，增进人文交流。这进一步表明，中国未来仍将坚定不移地把东盟国家作为周边外交的优先方向，坚定不移地深化同东盟的战略伙伴关系，坚定不移地与东盟携手，共同维护本地区的和平与稳定。"中国—东盟法律研究中心文库"正是在这样的政策指引与时代背景下出版问世的。

作为文库编辑单位的中国法学会中国—东盟法律研究中心，是由中国法学会在 2010 年第四届"中国—东盟法律合作与发展高层论坛"期间创设，依托西南政法大学建设的专门从事中国与东盟法律法学界交流合作的重要平台。"中国—东盟法律研究中心文库"是中心规划课题成果，聚集中心研究员的最新研究成果，围绕本区域的法律变革、合作与发展的问题，整合中国与东盟法律法学界的专家学者，以突出现实问题为导向、服务国家战略为根本，开展对中国与东盟法律的系统性、基础性和前瞻性的研究。文库已成为展示研究中国与东盟法律制度的最新成果平台，也将为政府、社会组织、商业团体和其他机构提供基础性资料参考与前沿性理论分析。

　　"中国—东盟法律研究中心文库"的出版,为中国—东盟法律研究中心的实体化建设及其目标的实现书写了浓墨重彩的新篇章。我期盼并相信"中国—东盟法律研究中心文库"能够助推中国—东盟法律研究中心在开展中国与东盟法律法学交流中发挥领军作用,为促进本地区的法律交流与合作繁荣,为中国实施周边外交战略提供重要的智力支持。

全国人大法律委员会副主任

中国法学会副会长　　　　　　　张鸣起

中国—东盟法律研究中心理事长

2014 年 6 月

总序二

自 2013 年 10 月,习近平主席提出"携手建设更为紧密的中国—东盟命运共同体"倡议以来,中国与东盟及各成员国的合作发展进入一个崭新的历史时期,由中国—东盟法律研究中心规划的"中国—东盟法律研究中心文库",正是在主动呼应这一时代背景和现实需要的条件下出版的。

中国—东盟法律研究中心是中国法学会依托西南政法大学于 2010 年成立的智库型研究机构。2012 年,中国法学会又将"中国—东盟高端法律人才培养基地"落户西南政法大学,依托西南政法大学开展对东盟法律人才的学历和非学历教育培养活动。中国—东盟法律研究中心始终以"问题导向、紧贴地气、协同创新、引领前沿"为理念指引,以国家战略需求为指针,以国内国际协同创新机制为重要平台,以期成为国家推进周边安全与外交战略和"一带一路"建设的重要智库机构。

2013 年,中国—东盟法律研究中心被评定为重庆市人文社科重点研究基地,2016 年被评定为中国法学会首批重点法治研究基地。中心自成立以来,着力从科学研究、人才培养、社会服务三个方面开展工作,整合中国与东盟法学界法律界资源,打造中国和东盟国家学术界和实务界专家合作交流的重大平台,逐渐形成鲜明的"东盟军团"特色。中心围绕东盟区域的法律变革、合作与发展问题,以突出解决现实问题为导向、以服务国家和区域战略为根本,广泛开展对中国与东盟法律的系统性、基础性和前瞻性研究。"中国—东盟法律研究中心文库"是中心规划课题成果,集中体现了中心研究员的最新研究成果,亦是教育部国别和区域研究中心——东盟研究中心的成果。

作为中国—东盟法律研究中心和中国法学会首批重点法治研究基地的重要依托,西南政法大学是新中国最早建立的高等政法学府之一,被称为中国法学教育的"黄埔军校"。在新时期,西南政法大学正全面开展"双一流"建设工作,中国—东盟法律研究中心的建设将突出特色、中国立场和国际视野,提升研究水平和平台集聚功能,为促进区域法律交流与合作繁荣,服务国家"一带一路"建设提供重要的智力支持。

中国—东盟法律研究中心秘书长
西南政法大学国际法学院院长、教授 张晓君
2016 年 3 月

前 言

刑事规制调适，是对既有刑事规范的调整与创新，以适应时代发展变化之需要，能够确保刑法改革的稳妥与安定。环境犯罪是刑法司法改革的前沿阵地，也是刑法理论中最富有争议的话题之一，以澜沧江—湄公河为视域，强调环境刑事规制的区域国际性。"文化认同"是共同治理的基础，以澜沧江—湄公河流域民族生态价值观为进路，探索有别于黄河流域传统儒文化、欧洲莱茵河文化、非洲尼罗河文化等的独特性，同时寻求山水情节、善待动物、保护植被的民众认同。在环境风险防控理念上，应从环境利用回归到环境保全，提倡事前预防，并将"污染管理"转变成一种"风险控制"。当前我国澜沧江流域环境犯罪治理仍受一定的地方保护主义思想影响，立法体系的安定性相对孱弱，继而导致具体刑事规制较为稚嫩，严重阻碍对环境犯罪的刑事追责；而湄公河五国在环境犯罪国际合作中同样面临政权复合的非等级性、行为混合的不确定性、制度拼接的碎片化等一系列障碍。

尽管绿色犯罪学存在不同分支体系，但跨领域与跨地域特点必将给澜沧江—湄公河流域环境犯罪治理研究带来崭新视角。该流域环境犯罪治理的刑事规制调适可具体分为一般原则调适、立法模式调适、刑事规范调适与区域合作调适四个层面：所调适的一般原则包括目标明确原则、原则性与灵活性相统一原则、内容协调一致原则、刑事司法公开原则、国际合作原则等；国内立法模式调适须注重民族自治地方的刑事变通与重启单行刑法与附属刑法，在"澜湄合作"框架下建构环境犯罪共同治理体系；对刑事规范的调适，需要从环境刑事法益独立化、环境刑事违法性区别化、环境刑事有责性复合化、环境刑事责任方式适格化不同微观阶层中展开；面对外部势力对国际合作局势的破坏，澜沧江—湄公河流域环境犯罪的刑事合作必将砥砺前行，需要从内部创新，使未来发展保持可持续性。

　　本书的另一个重要突破是针对环境犯罪的特殊主体即企业,提出建构并调适出环境刑事合规计划体系。通过详细分析企业合规计划的现实意义,强调在观念上必须从消极被动走向积极主动,将合规计划从金融等领域延展到环境领域,不仅有利于预防有组织环境犯罪,而且也符合更多中国企业"走出去"的发展战略;以刑罚规范为主要调适路径,将合规计划从宏观的行政指导中走向具体刑事司法实践。

目　　录

导　论

　　澜沧江—湄公河,发源于我国青海省玉树藏族自治州杂多县扎青乡北部,在中国境内流经西藏、云南两省,该区段称为澜沧江。后沿着我国勐腊县流出境外并成为缅甸与老挝两国界河,自此河段开始被称为"湄公河"(英文 Mekong,来源于泰语与缅甸、老挝语 Mae Nam Khong, Mae 为"母亲"之义,Khong 即"河流")。该河流经缅甸、老挝、泰国、柬埔寨、越南五国,注入南海,总长度约 4688 千米(中国境内 2354 千米),是亚洲第三、世界第七长河。该地区是世界上生物多样性最丰富的地区之一(仅次于亚马孙河流域),包括 2 万多种植物物种、430 多种哺乳动物、1200 多种鸟类、800 多种爬行动物和两栖动物、850 多种淡水鱼类[①];目前,该地区发现了近 200 个新物种。[②] 澜沧江—湄公河也是国际贸易的重要航线,比如,每年仅在中国昆明和泰国曼谷之间通过该航线运送的货物就超过 30 万吨。[③]

　　然而,近年来澜沧江—湄公河流域(以下称"澜湄流域")污染问题严重。尤其是在湄公河沿线大部分国家与地区城镇污水处理简陋,水污染严重影响了河流生态的完整性。2019 年初,泰国中北部地区出现了罕见的雾霾天气,其中 PM 2.5 值域超过污染警戒线,引起当地民众的恐慌,泰国政府甚至因雾

---

　　① Kent G. Hortle, Fishes of the Mekong—How Many Species are There, *Catch and Culture*, 2009, Vol.15, No.2, pp.4-12.

　　② Nancy Gephart, Geoffrey Blate, Colin Mcquistan, et al, *New Blood: Greater Mekong New Species Discoveries* 2009, WWF Report, 2010, p.3.

　　③ Commission of Mekong River. State of the Basin Report 2010, https://www.mrcmekong.org/resource/ajhyrm,最后访问时间:2018 年 3 月 21 日。

霾污染而不得不给曼谷中小学生放假。① 除了水与大气污染,还有固体废物污染。有专家曾统计,每年约有 80 多亿吨塑料物流入海洋②;其中,包括湄公河在内的 10 条河流便占海洋塑料污染源的 90% 以上。③ 自 21 世纪以来,联合国环境保护署开始重点关注大湄公河流域环境问题,并定期发布该区域环境现状与发展报告,曾在 2007 年对该流域的环境展望报告中发出警告,大湄公河流域环境犯罪日益猖獗导致生态系统严重破坏,居民的生存条件已处于危险境地。④ 中国一直将环境保护作为大湄公河次区域经济合作(Great Mekong Subregion Cooperation,GMS)的重要内容,并在云南和广西划定了三个重点项目执行基地,即西双版纳基地、香格里拉德钦基地与靖西基地。2016 年是澜沧江—湄公河合作(简称"澜湄合作")机制元年。时任国务院总理李克强在中国三亚主持澜湄合作首次领导人会议时指出,未来将携手打造"澜湄"国家命运共同体,重点聚焦可持续发展议题。此次会议发表了《澜沧江—湄公河合作首次领导人会议三亚宣言》和《澜沧江—湄公河国家产能合作联合声明》两份重要文件。2018 年 1 月,在柬埔寨召开的澜湄合作第二次领导人会议上发表了《澜沧江—湄公河合作五年行动计划(2018—2022)》和《澜湄合作第二次领导人会议金边宣言》。在该"五年行动计划"中,明确将"环保"正式列入"经济与可持续发展"务实合作的具体十项重要内容之一。2018 年 12 月 17日,时任我国国务委员兼外长王毅在老挝琅勃拉邦出席澜沧江—湄公河合作第四次外长会议时表示,澜湄六国一致认为,要以打造澜湄流域经济发展带为重点,开展产能、创新、民生、环保等领域合作,不断加强机制建设,推动澜湄合作与次区域其他机制优势互补、相互促进,为次区域经济社会发展做出更大贡献。深化环保合作,共同实施"绿色澜湄计划",在环境治理、生物多样性保护等方面开展务实合作,实现绿色循环低碳发展。⑤ 在"澜湄合作"机制下,如何进一步深化环保合作,是当前六国共同需解决的难题之一。澜湄流域的环境

---

① 当时笔者正在曼谷学习,民众不得不戴上口罩上下班,当地媒体纷纷对大气污染问题进行深入报道。

② Roland Geyer, Jenna R. Jambeck, Kara Lavender Law, Production, Use, and Fate of all Plastics Ever Made, *Science Advances*, 2017, Vol.3, No.7, pp.2375-2548.

③ P. Patel, Rivers of Plastic, *Scientific American*, 2018, Vol.318, No.2, pp.15-17.

④ 黄勇:《大湄公河流域环境展望》,载《中国环境报》2007 年 7 月 20 日。

⑤ 《王毅谈澜湄合作未来发展六大方向》,新华网,http://www.xinhuanet.com/world/2018-12/17/c_1210017351.htm,最后访问时间:2018 年 12 月 17 日。

治理,尤其是惩治环境犯罪往往会涉及不同地域,甚至不同国度民众的切身利益,而在治理环境犯罪上又存在明显的地域性规制差异。因此,如何有效地对澜湄流域环境犯罪进行早期化治理,亦成为一项重要课题,亟须加强研究。

一、国内外相关研究的学术史梳理及研究动态

如前所述,目前完全围绕"澜湄流域环境犯罪治理"的研究鲜见,但却存在具有一定关联性且较为成熟的研究成果。学者们普遍认为,有效治理包括环境犯罪在内的全球性问题,往往需要跨地区与跨境间的合作。[①] 而解决具体环境危机时,政治家却往往过于强调国际事务合作的有效性。在东南亚地区,制式主义与现实主义之间的争论也从未停息。[②] 湄公河环境犯罪治理的国际合作过于注重制度的一致性,而有效地治理湄公河环境更需要超越传统外交手段方式解决。[③] 尽管匹配目标的针对性研究不多,但可借鉴其他跨国流域环境犯罪的有益治理经验。例如,保护莱茵河国际委员会(International Commission for the Protection of the Rhine,ICPR)在打击莱茵河流域环境犯罪合作倡导风险预防原则、污染支付原则、广泛合作原则。[④] 土耳其为惩治克鲁河环境污染犯罪所建立的相应刑事司法制度应满足加入欧盟标准。[⑤] 认定跨国流域环境犯罪行为的依据包括国内民事制裁和行政制裁均未能充分阻止环境违规行为[⑥];社会习惯将某些行为定性为"犯罪",以表达某种社会道德

---

① Robert O. Keohane, Joseph S. Nye, Jr. Globalization, What's New? What's Not? (And So What?) *Foreign Policy*, 2000, Vol.118, No.3, pp.104-119.

② M. M. Betsill, *Transnational Actors in International Environmental Politics*, Palgrave Advances in International Environmental Politics, Part of the Palgrave Advances Book Series, 2006, pp.172-202.

③ M. Zürn, The Politicization of World Politics and its Effects: Eight Propositions, *European Political Science Review*, 2014, No.1, pp.47-71.

④ H. I. Scher, K. Fizazi, F. Saad, Increased Survival with Enzalutamide in Prostate Cancer After Chemotherapy, *New England Journal of Medicine*, 2012, No.13, pp.1187-1197.

⑤ J. C. Lin, D. J. Buening, R. Bokun, Trim Door Hardware Carrier and Methods of Assembling Vehicle Door, *Google Patents*, 2005, No.7, p.55.

⑥ J. F. Dimento, *Environmental Law and American Business: Dilemmas of Compliance*, Springer Science & Business Media, 1986, p.101.

与禁止活动[①];一种源于贝克"可选择性处罚模式"理论的犯罪与刑罚的经济学分析[②]。随着生态主义法律观的繁荣,环境权逐渐成为一种独立的刑事法益[③],国际环境犯罪应当由结果犯向危险犯过渡。[④] 国际环境犯罪的主体包括国家,需要对国家的刑事责任进行界定等。[⑤]

近年来,国内学者围绕"环境刑法"研究成果虽然不少,但跨国环境犯罪治理的优秀研究成果寥寥,同样缺乏集中对澜湄流域环境犯罪治理的相关研究。

1.澜湄流域环境国际合作研究。湄公河流域国家对信任信息获取的偏差,对合作机制中信任维护的忽视,以及在合作基础上选择国家利益大于国际信任的行为是跨界水资源合作信任危机的主要原因。[⑥] 环境合作的法律制度欠缺是制约澜沧江—湄公河地区环境合作的关键。[⑦] 中国—东盟国际河流保护合作法律机制应当包括协调机制、监督机制和争端解决机制等内容。[⑧] 通过对莱茵河治理经验的研究,借鉴其有益经验,可以促进大湄公河次区域环保合作。[⑨] 中国在建设水资源合作机制过程中,要从理念、内涵、机制、国际合作

① K. G. Dau-Schmidt, An Economic Analysis of the Criminal Law as a Preference-shaping Policy, *Duke Law Journal*, 1990, No.1, p.1.

② R. A. Posner, Law and Iiterature: A Relation Reargued, *Virginia Law Review*, 1986, No.3, pp.1351-1392.

③ R. J. Lazarus, *The Making of Environmental Law*, University of Chicago Press, 2008, p.89.

④ D. Lewis, S. Homewood, Five Years of the Public Interest Disclosure Act in the UK: Are Whistleblowers Adequately Protected? *Web Journal of Current Legal Issues*, 2004, No.5, p.5.

⑤ S. Saxena, Courting Hindu Nationalism: Law and the Rise of Modern Hindutva, *Contemporary South Asia*, 2018, No.4, pp.378-399.

⑥ 张励、卢光盛、伊恩·侨治·贝尔德:《中国在澜沧江—湄公河跨界水资源合作中的信任危机与互信建设》,载《印度洋经济体研究》2016年第2期。

⑦ 边永民:《大湄公河次区域环境合作的法律制度评论》,载《政法论坛中国政法大学学报》2010年第4期。

⑧ 余元玲:《中国—东盟国际河流保护合作法律机制研究》,重庆大学2011年硕士学位论文。

⑨ 陈世瑞:《论大湄公河次区域环保合作:以莱茵河治理为借鉴》,载《云南师范大学学报(自然科学版)》2008年第5期。

舆论宣传与互信建设等方面着手,打造新型水合作复合模式。[①]

　　2.国际环境刑法研究。国际环境犯罪的界定应以国际法委员会确定的环境犯罪为依据,符合国际刑法协会规定的环境犯罪最低限度心理要件和最低限度行为要件。[②] 国际环境犯罪的根本属性是国际性,国家承担国际环境犯罪的刑事责任形式包括终止不法侵害、恢复原状、罚金,但国家成为国际环境犯罪主体的前提必须附加于违反国际环境法、国际环境保护公约或条约之上。[③] 对国际环境犯罪的犯罪构成进行剖析,从危害国际环境的犯罪主客观条件上采取相应防控措施。[④] 有学者主张应当在国际环境犯罪中引入无过失责任[⑤],也有学者对引进无过失责任制度提出批判[⑥]。在国家安全视野下,环境犯罪的治理应当依赖于国际与国内两个途径,尤其是应当加强国际合作。[⑦]

　　由此可见,国内外学术界对澜湄流域环境犯罪问题缺乏专门化、系统化的研究,即便散见的零星成果也存在一定的不足,如澜湄流域环境保护国际合作研究多受国家主权利益束缚,缺乏从民族文化中对生态保护的共通性入手寻找理念共识与合作进路;国内环境犯罪的规制局限于理论上的探讨,尤其是过于关注环境犯罪的犯罪构成,而忽视环境刑事规制的区域化变通;多以建构机制、创新模式等抽象内容作为切入点,立足于本国区域的单方向研究,缺乏对其他五国环境立法尤其是环境犯罪的比较分析;缺乏个案实证研究,对实践上的指导作用具有很大的局限性。因此,本书试图弥补上述不足。

---

　　① 卢光盛、张励:《澜沧江—湄公河合作机制与跨境安全治理》,载《南洋问题研究》2016年第3期。

　　② 王秀梅:《国际环境犯罪惩治的理论与实践》,载《外国法译评》1999年第3期。

　　③ 赵秉志、王秀梅:《国际环境犯罪与国家刑事责任的承担》,载《法学》1998年第4期。

　　④ 崔素琴:《从可持续发展视角论环境权入宪》,载《社会科学论坛》2006年第2期。

　　⑤ 戚道孟:《有关环境犯罪刑事立法几个问题的思考》,载《南开学报》2000年第6期。

　　⑥ 李永升:《破坏环境资源保护罪的构成特征探究》,载《现代法学》2005年第2期。

　　⑦ 刘彩灵:《环境刑法的理论评析与制度重构》,载《法律适用》2009年第7期。

二、主要研究内容与价值

本书研究的主要对象是澜湄流域环境犯罪治理的刑事规制调适问题,即在"澜湄合作"背景下,针对该区域环境犯罪治理问题,提高民族文化认同、创新立法模式、建构规制原则、明晰刑法规范、完善合作机制等。具体包括:

1.学术价值

本书以壮、傣等民族文化中的生态价值观为切入点,寻求澜湄流域环境保护的文化认同及其生态理念的契合,为治理该区域环境犯罪早期化路径奠定基础;通过对刑事变通规制的深入研究,丰富与发展民族区域自治制度,实现区域环境保护的灵活性与具体化;以新时期"澜湄合作"为时代背景,创新澜湄流域环境犯罪共同治理的合作机制,并提出相关可行性建议,为"澜湄合作"深入推进提供参考。

2.应用价值

澜湄流域环境犯罪治理的刑事规制调适研究,以治理区域环境犯罪作为研究的唯一目的,突出手段与方式的早期化,以期能够对澜湄流域生态环境的改善提供切实可行的建议。本书在进行大量调研的基础上,尤其是对该区域环境犯罪进行个案追踪,通过系统研究与实证分析,找出目前刑事规制调适的条件障碍与理论困境,有针对性地解决治理环境犯罪的现实难题。本课题的系统研究,为我国澜湄流域环境犯罪的正确司法提供依据,为跨区域、跨境合作提供理论支撑与路径支持。

三、具体研究方法

围绕研究内容和研究思路,以规范与实证研究相结合,本书具体采用的方法如下:

1.文献研究

笔者广泛查阅国内外关于澜湄流域环境犯罪治理研究相关的文件材料、新闻报道、调查报告、统计资料和学术论著等,了解学术界在澜湄流域环境治理、环境刑法等领域的研究进展和成果,并通过文献比对整理作一个理论上的归纳梳理。2016—2017 年期间,主要利用国内厦门大学学术资源进行文献研究;2018—2019 年期间,主要利用泰国国立法政大学(Thammasat University)学术资源进行相关研究。

2.专家访谈

笔者曾就研究中的具体问题向多位国内外著名环境刑法学教授请教,并在研究期间走访国内外多所高校,认真与国内外相关专家进行交流、访谈等,汲取环境刑法专家的意见与建议。通过座谈听取不同地区对环境犯罪的态度,了解环境保护的困境与现实状况;听取国外专家的意见,并广泛搜集澜湄流域环境犯罪治理的相关资料。

3.实地调研

因本书对象属于跨境流域,研究难点便是对域外情况信息与资料的搜集整理。笔者曾于 2017 年 6 月、2018 年 12 月、2019 年 1 月三次去澜湄流域不同地段实地调研,真正了解澜湄流域环境问题的实际状况,并搜集一些样本与案例;以此为范例,剖析存在的问题,并结合专家意见,提出一系列可行性建议,向司法实践部门进行有效反馈。

四、可能的创新

1.学术思想特色和创新

本书将澜湄流域环境犯罪治理与民族文化深度融合,充分发挥文化在犯罪预防中的积极作用,对主要原则、立法模式、刑事规范、合作机制等进行调适,是一种新的研究思路。

2.学术观点特色和创新

本书打破以往环境犯罪治理的传统模式,对刑事规制进行调适,不仅有利于环境犯罪治理的早期化,而且突出了解决问题的灵活性;仅将视域限定在澜湄流域,强调了解决具体问题的实践性。在充分调研的基础上,本书提出一系列富有创建性的观点。例如,结合民族区域自治权对刑事变通规定进行调适,结合民族文化的生态理念对环境治理的刑事政策进行调适等。

3.研究视角特色和创新

本书坚持把理论与现实、历史与逻辑、经验与教训、一般与特殊有机地统一起来,从我国现实状况、借鉴其他国家经验教训、探讨规律的视角对澜湄流域环境犯罪的治理进行考察和分析。

第一章

澜湄流域环境犯罪
治理的共同文化基础

　　"文化",原意是"灵魂的培养",是由古罗马哲学家西塞罗首次使用拉丁文
"cultura animi"定义衍生,是一种潜意识的、约定俗成的、共同生活方式的外
在表现,是生命群体根据经验知识在不断发展中累积而成,其目的是更加适应
周围自然环境等。[①] 文化是人类学的核心概念,在本质上属于人类的自我发
现,在性质上属于一种社会行为规范,经由个人学习与社会传播延续形成的一
种复杂且综合的现象。文化具有普遍性即存在于所有人类社会之中,其表现
形式又具有多样性,既包括技术、建筑、艺术等物质层面,又包括社会组织原则
(包括政治组织和社会制度)、神话、哲学、文学等非物质层面。[②] 在人文学科
中,文化感作为一种个体属性,是人们在艺术、科学、教育或礼仪中得以培养的
一种复杂感受;而依照文化的复杂程度,某一社会有时被"标榜"成文明与不太
文明(甚至野蛮),这种文化的等级观念也存在于对社会精英(高级)文化、下层
文化、大众文化、民间文化的阶级区分,它们的区别在于获得文化资本的途径
不同而已。一般而言,文化通常用于指代族群的象征性标识,以便区分彼此,
如同身体修饰、服装等。马克思主义批判理论认为,文化常常被精英阶层作为

[①]　S. Corneanu, *Regimens of the Mind: Boyle, Locke, and the Early Modern Cultura Animi Tradition*, University of Chicago Press, 2011, p.81.

[②]　J. J. Macionis, L. M. Gerber, *Sociology*, Prentice Hall, 2011, p.77.

政治目的操纵下层阶级和创造虚假意识的工具。当"文化"作为名词出现,比如,民族文化、传统文化等,一般泛指习俗与价值观的社会集合;现代社会下的多元主义文化倡导在同一时空中不同习俗与价值观之间的共处与融合,彼此应互相尊重。尽管从人类学立场出发,任何文化均不可以相对的意识形态为标准进行排序;任何评估本身都无法摆脱其特定的文化价值体系而失去客观性,容易被人为地贴上优劣之标签;但不可否认,任何社会现实中均存在主流文化与亚文化,而亚文化往往被描述成社会亚群对主流文化或传统文化中特定内容的反抗与批判。文化通过人们基本信念和行为模式对公共管理产生重要影响。在社会中,重要的组织决策均是由少部分高级管理者作出,而一般决策者反对风险,尤其时刻提防高风险;但在某些时刻中,风险却又是被鼓励的,不确定性下的决策也是合理与普遍存在的;有些社会组织(如公司)将忠诚作为群体文化的标识,侧重内部之间的合作;而有些却重视个性发展,注重成员之间的竞争;同样,一些国家的文化鼓励稳定和抵制变革,而另一些国家的文化则高度重视创新和变革等。

荷兰著名教授霍夫斯坦德(Geert Hofstede)曾对世界 50 多个国家的文化进行过调查、分析、比较,提出文化对管理决策的重大影响。不同国家的文化差异体现在五个维度上,即个人主义和集体主义(individualism & collectivism)、权力距离(power distance)、不确定性规避(uncertainty avoidance)、男性主义和女性主义(masculinity & feminism)、长期取向与短期取向(long-tern orientation & short-term orientation)。① 他主要以欧洲国家为研究样本,分析影响各个国家价值体系的变量如气候、历史事件、城市化程度、社会流动性、自然财富、政治体制、人口数量与密度、干预自然环境的程度等,按照上述维度,得出它们之间

---

① G. Hofstede, *Culture's Consequences*: *International Differences in Work-Related Values*, Sage Press, 1984, p.5.

的具体文化差异。① 不同国家至今保留的这些传统文化的异质性，对建立欧洲国家共同文化模式，继而形成"一体化"管理模式造成重大障碍。而儒勒·范·迪克(Jules Van Dijck)教授认为，这种"文化管理"模式同样适用于日本、美国等非欧洲国家；现代公共管理模式的核心要素是寻求解决与文化、经济、社会甚至政治多样性有关的问题和机会。这些解决办法将反映在扩大跨国关系发展战略、跨文化交流和跨国活动协调等，公共管理更加需要强调扩展到国家边界之外，侧重发展一种横向的工作关系，从等级控制转变为较微妙的非正式形式，实现一种特定组织的形式特征，影响各国具体管理政策，尤其是在消除贫困、环境保护等领域，构建一套新准则，体现一种新伦理等。②

第一节　生态价值观的传承：区域民族文化的理念契合与认同

生态价值，是哲学"一般价值"范畴中主体对客体的一种特殊判断；该判断包含三种不同位阶：经济判断——人类对生态环境满足自身需求与发展的判断；伦理判断——人类处理与生态环境之间冲突关系上的判断；功能判断——生态环境独立与人类主体的系统性判断。③ 美国国家农业部与国家农业图书馆曾在 2014 年、2015 年先后对"生态价值"(ecological value)给出定义，即指

---

① 他认为，盎格鲁-撒克逊国家(如英国和爱尔兰)的特点是强烈的个人主义，保持中低权力的距离，对不确定性的控制，维持中高强度和中高阳刚之气系数；日耳曼国家(如奥地利、德国、瑞士)的个人主义处于平均系数、相对于低权力的距离，对不确定性控制中等到强烈，以及中等到高的男子气概系数。北欧国家(如丹麦、芬兰、荷兰、挪威、瑞典)的特点是平均到高的个人主义因素，对权力的距离较低，对不确定性控制较低到中等，还受女性气质的影响；而希腊、土耳其的特点是集体主义，对权力的巨大距离、对不确定性的强烈控制以及平均的男子气概因素。比利时、法国、意大利、葡萄牙和西班牙等国家平均到高个人主义因素，对权力有很大的距离，对不确定性有严格的审查，男性系数平均等。[荷兰]霍夫斯坦德：《文化之重：价值、行为、体制和组织的跨国比较》，许力生译，上海外语教育出版社 2008 年版，第 101 页。

② F. Goldbach, N. Dragomir, M. Bărbat, Culture—A Value of Public Management, *Procedia Economics and Finance*, 2014, Vol.16, pp.190-197.

③ 陈寿朋、杨立新：《论生态文化及其价值观基础》，发《道德与文明》2005 年第 2 期。

一切对环境有益、针对有机体、生态系统、产品、资源或活动的价值。[1] 而生态价值观是人们对生态价值的不同看法,是生态文明的文化与价值基础;是处理人类与生态之间关系的价值即自然生态系统对于人类所具有的"环境价值";是生态经济价值、生态伦理价值与生态功能价值的有机结合。如前述,不同国家与地区存在文化差异,这也反映出生态价值观上的地域差异、民族差异等。即便在同一地区同一民族,人们对生态问题的看法也并非固守不变,任何价值观的形成都离不开特定的时代烙印。然而,这并不意味着对生态价值观的不可预知;对环境资源保护属于公共管理范畴,作出重大决策前必须对传统生态价值观进行充分认知等。

一、澜沧江流域中国少数民族的传统生态价值观

澜沧江流经我国西藏、云南两个省级区域,除汉族外,主要包括藏、白、傣、壮、独龙、怒、普米、傈僳、彝、苗、瑶、哈尼、拉祜、佤等至少 14 个民族。[2] 从表1-1 可知,西藏地区藏族人口所占比例最高;而云南地区存在多民族群居,不同流域主要民族略有不同。

表 1-1　澜沧江流经区域与聚居主要民族一览表

省份	干流长度与流经县市	主要少数民族	所占比例
西藏	465 千米:昌都、察雅、左贡、芒康、德钦	藏族	约98%
云南	1216 千米:迪庆藏族自治州、怒江傈僳族自治州、大理白族自治州、保山市、临沧市、普洱市、西双版纳傣族自治州	藏族、傈僳族、白族、傣族、怒族、普米族、独龙族、苗族、彝族、瑶族、哈尼族、拉祜族、佤族、壮族	约60%至70%

资料来源:根据流经各县市政府官网数据统计整理。

(一)澜沧江上游的藏族:以"草甸"为主的生态价值观

澜沧江发源于我国青海省玉树藏族自治州杂多县扎青乡境内的吉富山区

---

[1]　C. Revenga，S. Murray，J. Abramovitz，*Watersheds of the World：Ecological Value and Vulnerability*，World Resources Institute，1998，p.81.

[2]　参见王国祥:《利用民族文化开发澜沧江》,载《云南社会科学》1993 年第 3 期。

域。杂多县是长江、澜沧江两大河流的摇篮,境内的扎曲水系水量占澜沧江总水量的15％。杂多县总人口65810人,藏族人口占98％以上。[①] 澜沧江后经囊谦县流经西藏自治区昌都、察雅、左贡、芒康,在德钦县下盐井流入云南迪庆藏族自治州,在西藏域段,虽有汉族与白族人民居住,但藏族人口占98％以上。云南迪庆藏族自治州不同民族聚集,但藏族人口占总人口的32.36％,仍是该地区人口最多的民族。[②] 因此,研究澜沧江对藏族传统生态价值观进行梳理,对澜沧江源头生态文化进行深入了解,是非常有必要的。藏族聚居区以高寒草甸为主,约占该区域面积的70.3％,以狩猎、放牧为主要生产方式形成了独特的藏族生态文化。藏族先民认为,"雪岭吐蕃,如仰卧之女魔,岩谷险峻,鬼妖众多,山黑而粗,诚属蒙昧昏暗之洲"[③];青藏高原犹如一位仰卧着的变幻多端且具有强大生命力的"女魔",高山险峻与气候多变使这位"女魔"充满神秘感。[④] "岩魔女和猕猴"传说[⑤],反映了藏族"猕猴变人"的一种自然界生物进化认知;"禁春"习俗要求藏族僧众在临春时节必须"闭关修炼";在一般劳作中也充满禁忌,比如,"下种后不能砍树,砍树会触犯天神,就要下冰雹;秋收前不能割草,割草触犯地神,就要打霜;下种后不能打鱼,打鱼触犯水神,就要天旱;下种后不能在近处挖药,挖药触犯地神,它就要放虫出来吃庄稼"等。[⑥]典型的"天葬"仪式,也折射出藏族在生死问题上与高原环境的相连。事实上,民族传统文化并非秘而不宣、深不可测,而是渗透、蕴含在普通民众的日常生活当中。如今藏族人民仍崇信"圣山圣湖",敬畏山神,白雪皑皑的青藏高原不仅是藏传佛教圣地,威武高耸的地貌与清洁宁静的湖水令人们对自然力心存敬畏,再加之一些神话传说及藏传佛教高僧的故事更让这些自然物披上神秘、

---

① 杂多县人民政府官网,http://www.zaduo.gov.cn/html/1202/239825.html,最后访问时间:2019年3月12日。

② 段俊玉:《云南省第六次全国人口普查情况分析》,载《经营管理者》2011年第13期。

③ 索南坚赞:《西藏王统记》,刘立千译注,民族出版社1938年版,第2页。

④ 刘继杰、李静:《藏族生态知识认知的影响要素分析》,载《北方民族大学学报(哲学社会科学版)》2014年第5期。

⑤ 猕猴与岩魔女下凡结为夫妻并诞有六只小猕猴,日过三载繁衍五百小猕。但山间果实已尽,于是,菩萨取青稞等五谷撒于地上,众猴开始下地生活并演化为人形。索南坚赞:《西藏王统记》,刘立千译注,民族出版社1938年版,第2页。

⑥ 张正明:《甘孜藏区社会形态的初步考察:四川省甘孜州藏族社会历史调查》,民族出版社1985年版,第12页。

圣洁的外衣。人们通过祭祀活动表达对大自然的强烈敬畏,比如,通过"转山转水"朝拜、"煨桑"①拉则、放风马、挂经幡等强化"尊山爱水"观念。部分藏区至今仍保留在农耕时"四不准"禁忌,即在田地里不准倒垃圾、不准说脏话;在春天里不准挖草药、不准砍树木。藏族人民秉持戒律律令,保持放生习俗,珍爱生命保护生物。他们最不能容忍伤害秃鹫、犬鷲等动物,甚至对草原造成严重损害的高原鼠兔、蚊虫、苍蝇等,只做驱赶不忍扑杀,不食狗肉、鱼肉,定期对身边动物进行放生。在饮食习惯中实现对自然界的最小索取,以帐篷为主的居住方式不仅便于牧区间自由迁徙,也能最大化地保护绿地植被不被人为破坏等。有田野调查表明,目前虽受社会经济转型加快、旅游业迅猛发展等因素影响,但藏区仍有超过70%的民众非常关注生态保护问题,超过90%的民众反对捕杀野生动物,88.9%的民众不食鱼肉,不食马肉者占91.1%,不食狗肉者占85.9%,有12.6%的人选择素食,甚至不食牛羊肉。选择放生者超过88%(定期放生者占40%,偶尔放生者占48.1%),选择放生的动物包括牛(占51.1%)、羊(占81.5%)、鱼(占62.2%)、马(占54.1%)、狗(占27.4%)。村里的人们在马年仍进行"转山转水"朝拜,村民全部参与的比例占31.9%,多数人参与的比例占51.9%,少数人参与的比例仅占16.3%;超过97%的民众仍定期去祭拜山神,且有48.1%的民众认为祭祀仪式比以前更加隆重;超过97%的民众祭祀神灵时煨桑等。②

(二)澜沧江中游的傈僳族:以"森林"为主的生态价值观

澜沧江在云南境内经迪庆藏族自治州,流入怒江傈僳族自治州。怒江傈僳族自治州中傈僳族人口占总人口比例的51.6%③;事实上,迪庆藏族自治州中傈僳族人口仅次于藏族,占该地区人口26.72%。傈僳族是一个跨国性质的少数民族,在我国境内约有73万人,仅怒江与迪庆两自治州中居住的傈僳族就超过整个傈僳族人口的87%④;而在缅甸境内约40万人,北群主要居住在克钦邦,南群散居于掸邦各地;在泰国境内约5.5万人,主要聚居于泰北夜丰

---

① 　煨桑是指在山顶、山腰或山脚燃烧松柏枝产生烟雾,也可用桦树枝代替,撒上五谷与糌粑,借助山间流动的风挥散着龙达,嘴里念着祭拜山神的祭词等。
② 　李小龙:《青海藏族生态价值观研究》,青海大学2017年硕士学位论文。
③ 　怒江傈僳族自治州人民政府门户网站,州情概况。
④ 　段俊玉:《云南省第六次全国人口普查情况分析》,载《经营管理者》2011年第13期。

颂府、清莱府、清迈府等；在印度、马来西亚也散居一些傈僳族等。从境外傈僳族人口分布来看，亦主要聚居在湄公河流域。而我国傈僳族聚居区森林面积约占65.7%，独特的山地景观也形成了当地民众以"林牧农"兼营的生产方式。傈僳族敬畏自然，盛行万物有灵的自然崇拜，在他们的观念中，山川、河流、植物等都是由"神灵"或"鬼魂"所支配，几乎一切自然现象都是他们信奉、崇拜的对象，也形成了"巫师驱鬼"的宗教活动。傈僳族先祖对山地利用非常节制，采用轮垦种植，摞荒耕作，1～3年轮歇，通过停止耕作恢复森林植被，减少水土流失；习惯于林下放牧，将牛、羊、马，甚至猪放养于轮歇地或天然林，隔三五日进山观察；盛行"火塘文化"，当地男子需砍伐一年的柴薪，树枝却限制为当地的冬瓜树、杂木，不得烧带杈的柴，否则，诅咒孕妇产子会得兔唇。傈僳族尊重生命，将老虎、熊、猴子、鱼、蛇、蜜蜂、鸟、荞、麻、茶、竹、柚木等各种动植物作为图腾。傈僳族传统节日包括阔什节①、尝新节、刀杆节、春浴节（俗称"澡堂会"）等，用树枝、酒、食物等祈求土地神保佑风调雨顺、五谷丰登等。傈僳族除保留了许多习俗禁忌外，还传承了一些乡规民约等。例如，傈僳族普遍信仰树神，一般会在每个寨子里确定一棵公认的"神树"，每年由傈僳族德高望重的神职人员"勒爬"择吉日举行敬拜仪式，体现了该民族崇尚自然的传统生态伦理，不得乱砍滥伐，对大自然应取之有度；一旦破坏"神树"，将得到严厉惩处。众多"乡规""村规""族规"在维持地方秩序中起到"习惯法"的作用，除了借助民谣、传说等口耳相传外，还会把一些重要的乡规民约刻在碑文中，其中大量内容与生态保护有关，规制族群民众应保护森林和水源，提醒避免触犯神灵、禁忌；否则，除被诅咒外还应受到相应的处罚等。

（三）澜沧江下游的白族与傣族：向"农田"过渡的生态价值观

澜沧江下游聚居的少数民族种类众多，除包括上述民族外，还包括怒族、普米族、独龙族、苗族、彝族、瑶族、哈尼族、拉祜族、佤族、壮族等，该流域属于典型的稻作文化区即不同民族文化均围绕农田作物——稻谷展开。以壮族的"那文化"为例，有研究认为壮族是最早将野生稻培养成家植稻的民族，他们信崇"蛙神"，除不得伤害农田里的青蛙外，还不得滥砍榕树；他们甚至用"稻谷"做占卜，在重大节日通过制作"五色糯米饭"来敬拜神灵等。通过（宁明）花山壁画中的蛙舞及铜鼓图腾中的"雷纹"可见一斑。因此，"那文化"可谓之"大地

---

① 傈僳族的阔什节相当于汉族的春节，在每年阳历12月20日至22日。

文化"，与汉族传统中的儒文化截然不同，儒文化注重人与人之间的伦理关系，而"那文化"偏重于倡导人与自然之间的和谐关系。稻作文化分布广泛，除我国云南、贵州、广西、广东等地之外，还包括日本、韩国等东亚地区以及泰国、越南等大多数东南亚国家。而澜沧江下游稻作文化区以两个民族自治州即大理白族自治州与西双版纳傣族自治州最为典型。

白族最早的文化族源"九隆传说"①便与大自然息息相关。目前，超过80％的白族人口均聚居在澜沧江下游云南境内。该民族仍保留着"三房一照壁""一正两耳""四合五天井"的庭院文化、擅长"花鸟鱼虫"的木雕文化、"风花雪月"的服饰文化、"花草食膳"的饮食文化等无不昭示着白族人崇尚自然的生态观。② 白族人民维护生态环境的文化传统同样可从一些古老石碑、木板中的乡规民约呈现出来。这些石碑内容非常广泛，有的禁止乱开采矿产，有的专门保护林木，有的专门保护水土等。《护松碑》记述，大理市下关镇旧铺村村民于乾隆三十八年(1773年)种松于主山，并将主山定为公山，任何人不得侵占，不得乱砍滥伐，有擅自砍伐者，罚必不免。《封闭双马槽厂永禁碑记》记载，大理市凤仪镇北汤天村东两公里的河谷中有沙金矿分布，此处为水之发源处，流灌田地四十余里，钱粮攸关，民生所系。由于乱开乱采，导致"河沟淤阻，田地渐成沙洲，垅亩尽为荒壤"，影响国计民生。于是州府下令永禁开采，并于康熙二十四年(1685年)立石刻碑。《蕨市坪乡规碑》规定，凡山场自古所护树处及水源不得乱砍，有不遵者，一棵罚钱一千。③ 大理白族崇拜龙王，认为每一江河湖海，甚至农井、沟渠中都有水神，定期举办"祭沟节""祭潭节"等；在"祭鸟节"唱颂鸟类，向树丛、草地抛撒食物引各种鸟禽抢食，倡导保护动植物；对土地利用奉行"轮歇耕作"，许多村寨附近种植特定的风水林，任何人不得损害一草一木，在"插柳节"集体植树，举办缀彩及封山仪式进行封山育林等。

傣族，又称泰老族，是跨境民族，与缅甸、老挝、泰国、印度等国家中的坎底傣、掸族、佬族、泰族与阿萨姆阿豪姆人等系出同源。④ 研究表明，我国傣

---

① 哀牢山中的圣母沙壹碰到水中一沉木而孕育十子，其中一子名曰九隆，繁衍后人便是白族人。故在古代保留下的白族碑文中常刻有"九隆族"等称谓。

② 范彦晓、王传发：《白族传统生态文化探析》，载《西南林业大学学报（社会科学）》2017年第6期。

③ 李锡鹏：《大理白族生态环境观一瞥》，载《中国民族》2014年第12期。

④ 耿明：《傣族历史上的原始宗教及其与法律的关系》，载《云南社会科学》1999年第3期。

族与壮族、侗族等均源于古代南方百越族群。① 西双版纳自治州人口超过 1/3 属于傣族,澜沧江在该自治州勐腊县出境流入缅甸和老挝。傣族聚居区有中国唯一的热带雨林自然保护区,森林覆盖率超过 80%,生长着超过我国 1/6 的植物物种与 1/4 的动物物种,水资源与矿产资源极其丰富。傣族先民认为,"森林是父,大地是母","有林才有水,有水才有田,有田才有粮,有粮才有人"。② 他们同样对动植物进行图腾崇拜,信仰树神,禁止滥砍林木。例如,有些乡村规约里规定不得已砍树必须遵照一定的程序:先进行祭祀后将斧头砍向树干,三天后斧头仍在树干上则视为树神应允,否则,绝不可再继续砍伐。不得对动物进行肆意捕杀,尤其是要保护动物幼崽,即便野象等动物破坏庄稼也应宽恕,其中大象代表力量,孔雀代表吉祥等。傣族称土地为"喃领"即水曰"喃"、土曰"领";(亡灵)"竜山"上的每一植被都具有灵性,不能在竜山上建房筑屋,也不能在此灵地攀爬、摘折与砍伐,否则,亵渎神灵与大不敬都将受到惩罚。③ 较为典型的是,傣族人对水源极其崇拜。诚如《傣族谚语》中指出的"用水来形容傣族,是再恰当不过的了"。④ 他们认为水是带给人们幸福的源泉,不仅能净化身心与灵魂,也能驱逐邪恶与污秽。傣族人民不仅敬水,而且爱水、节水,俗称"水傣",经常舍近求远取水、用水,避免水源过度污染;制定禁止在水源头伐木或进行污染性活动的乡规民约,禁止在河里洗尿布、扔废物、倒垃圾,甚至不得向河里吐口水,禁止堵塞水源等,若有违反必会受到责罚等。

二、湄公河流域其他五国多数民族的生态价值观

(一)缅甸缅族的生态价值观

缅甸历史以四个族群为主,即孟族、骠族、缅族及傣族。其中,2004 年人口数据统计,缅族人口约 3400 万,占缅甸总人口数约为 68%。据考,其祖先来自我国西藏东南部高原,9 世纪时定居于怒江、湄公河及伊洛瓦底江上游。

---

① 李锦芳:《百越族系人名释要》,载《民族研究》1995 年第 3 期。
② 阎莉:《傣族"竜林"文化的生态意蕴》,载《自然辩证法研究》2011 年第 2 期。
③ 黄倩、南储芳、暴春辉等:《西双版纳傣族自然崇拜的生态价值研究》,载《云南农业大学学报(社会科学版)》2017 年第 3 期。
④ 高立士:《傣族谚语》,四川民族出版社 1990 年版,第 23 页。

湄公河在缅甸境内面积约为 2.4 万平方千米,多年平均流量为每秒 300 立方米。缅族奉榕树为佛塔、黄牛为神明,不得鞭打、役使与宰杀;缅族人喜爱各种动物,比如,孔雀、白象、狮子等,将乌鸦、猫头鹰、妙声鸟视为"神鸟",习惯将番樱桃树嫩枝视为"番樱桃花"并作为神圣之物,每逢英雄凯旋,缅族姑娘们都要向战士们献上番樱桃花。缅族人对佛教修行很多都源于一种自然崇拜。[①] 此外,缅族人的水节(Thingyan)标志着 4 月缅甸新年的开始,人们互相泼水祝福,与泰族宋干节、傣族泼水节等相似,为期 4 天,亦标志着佛教徒应遵守"八关斋戒",具有浓厚的宗教意义等。[②]

(二)老挝佬族的生态价值观

佬族,又称寮族、僚人,是东南亚的一个泰语民族,大部分居住于老挝和泰国北部。老挝的佬族人口有 300 万左右,占该国人口的 50.3%(其余大部分人是山岳民族,老听族与老松族)。[③] 湄公河在老挝境内流域面积约为 20.2 万平方千米,是东南亚五国流域面积相对较多的地域,该河流多年平均流量每秒5270 立方米;两岸聚居着佬族人民。[④] 目前,河流与船只仍是老挝主要交通要道与工具。佬族的生态价值观主要体现在对水、禾、树的崇拜。

1.佬族对水的崇拜

首先,佬族普遍认为宇宙分为天、地、水三界,而水中存在不同的水神:河川水神没有具体形象,掌管河川为主的水体;动物水神包括厄[⑤]、那迦[⑥]、龙[⑦]、蟾蜍神或蛙神,以及大地女神。其次,佬族人会定期举行一些敬水仪式即祭水

---

① E. Miller, *Thingyan: Translating the Invented Tradition of the Burmese Water Festival*, State University of New York at Buffalo, 2015, p.77.

② S. Ayako, The Formation of the Concept of Myanmar Muslims as Indigenous Citizens: Their History and Current Situation, *The Journal of Sophia Asian Studies*, 2014, Vol.32, pp.25-40.

③ 李艳峰:《古代中国僚人和老挝泰佬族系的历史源流关系》,载《云南农业大学学报(社会科学版)》2015 年第 5 期。

④ 百度百科,湄公河。

⑤ "厄"是佬族人祖先想象的生活在深水中的神灵,具有超能力且能变幻成鳄鱼、神牛或美男子等。

⑥ "那迦"是掌管河水的女神,外形似龙;佬族人习惯将其造型雕刻于寺庙与住宅屋顶;每年佛历天月高升节,佬人庆祝水中的那迦升天与天神(男神)相聚,遂能生成雨水。

⑦ 龙从汉语中演化而来,即为那迦。

仪式(包括河、泉、井)、祭水神仪式与求水仪式,而这些仪式往往与巫术相结合。① 最后,佬族人还有一些非常典型的祈水、止水仪式。例如,放高升求雨、游母猫、念乌鱼咒语、拔臼求雨、游千团糕求雨等。②

2.佬族对禾苗的崇拜

佬族对禾苗的崇拜体现在一些神话故事中。例如,《九尾狗》《娇气的稻谷》的传说等。③ 这些传说都将稻谷视为非人间之物,原本是长在天上的神物,人类要善养将稻谷带到人间的狗、猪等动物。佬族每年耕作前都要祭拜土地,祭祀稻田神(土地女神毗达赫),开耕前还要选择良辰吉日举行"开犁"仪式,在田间地头设置神台或棚子祭祀稻神,而这些神台或神棚属于禁地,是稻魂所在地,要供奉新鲜的水果、鲜花、熟食、好酒;而在播种、插秧、收割时节也要举行一些祭神仪式等。此外,糯米不仅是老挝人民的主食,而且具有文化与宗教意义。例如,湄公河区域琅勃拉邦的农民为了纪念去世的亲人,会在稻田边缘种植少量糯稻不收割,以便表示父母还健在。

(三)泰国泰族的生态价值观

泰族是泰国的主体民族,分为大泰(泰国北部山区)、小泰(湄公河与湄南河区域)不同分支。资料显示,泰族源于我国怒江、澜沧江中上游地区的哀牢人。④ 泰族(小泰)人民世代生活在湄公河两岸,也形成了自己独特的生态文化。泰族人主要信奉小乘佛教,90%以上的泰族人是佛教徒,他们原始信仰万物有灵,可以在佛教寺庙附近的墓地、山脉或森林中的某些树木中找到灵魂或鬼魂。而泰国本身寺庙与树木又非常之多,所以,在许多家庭附近都可以找到"神灵屋"spirit houses (san phra phum)。Phi Pan Nam Range 山脉被誉为"水之神灵",它是湄公河 Chao Phraya watershed 水系的神灵,泰族先祖认为它住在 Phi Pan Nam 山上。近代白泰和黑泰每年举办勐神祭祀,引导和规划人民保护大自然及

---

① 耕种前,族长要用荤食与美酒进行请诸神仪式,请那迦神庇佑风调雨顺、请森林神庇佑动物侵害、请家族神庇佑耕地丰收。目前,老挝北部地区仍保留有这种仪式。贾玉珠:《中国壮族和老挝佬族水崇拜文化比较研究》,广西民族大学 2012 年硕士学位论文。

② 贾玉珠:《中国壮族和老挝佬族水崇拜文化比较研究》,广西民族大学 2012 硕士学位论文。

③ 何翠菊:《中国壮族与老挝佬族禾崇拜比较研究》,广西民族大学 2012 年硕士学位论文。

④ 刘稚:《越南泰族历史与文化述略》,载《世界民族》2002 年第 4 期。

生物。勐神居住的地方神圣不可侵犯,花草树木不准采摘砍伐,不准在周边随地大小便,除了专职巫师"召曼",任何人不得进入。这对保护原始森林、保持水土、净化空气、调节气候、美化环境都起到了极其重要的作用。

Phosop 是泰族传统和古老的水稻女神,她是非常古老的泰国民间传说的一部分。过去泰族人常常在村庄里举行 Cha Laeo 的仪式,在种植稻谷的不同阶段都会祭拜水稻女神,甚至一些年轻妇女在稻米收获季节和庆祝活动中装扮成 Phosop 女神,不仅确保每人都能有足够的粮食,又能保佑带给他们好运气。但由于受外来文化的冲击,泰国政府发现稻农祭祀 Phosop 的传统有所减弱;2008 年,诗丽吉王后对该古老习俗给予皇室赞助,逐渐在民间恢复了祭拜水稻女神之传统。① 此外,泰族与邻近民族一样,对水极其崇拜。泰国每年非常隆重的"宋干节"("泼水节")一直深受泰族人民重视,通过互相泼洒清水表达人们彼此之间美好的祝福。

(四)柬埔寨高棉族的生态价值观

高棉族是柬埔寨王国主要的民族,占全国总人口的 80% 左右。贯穿南北的湄公河境内流域面积约 15.5 万平方千米,多年平均流量每秒 2860 立方米,为柬埔寨带来充沛的用水,也给生活在柬埔寨的高棉族提供了丰富的自然资源和生物物种,包括森林、水道、野生动植物等;截至目前,柬埔寨高棉族生活聚居区生长有大约 8260 种植物、874 种鱼类、500 种鸟类、250 种两栖动物和爬行动物。② 在世界自然保护联盟红色名录中,柬埔寨境内有 264 种被列为濒危物种。③ 湄公河、洞里萨湖,也是高棉族主要的交通水道。高棉族同样信奉泛灵论,先祖非常崇拜大自然。目前,柬埔寨仍有超过 2/3 的人口依赖农、林、渔业生产维持生计,因此,对环境资源进行保护对高棉族人来说非常重要。柬埔寨约 2/3 面积属于湄公河流域,它的环境和生态系统对整个湄公河地区,特别是湄公河三角洲地区整体环境保护至关重要。然而,自 20 世纪 90 年代以来,经济发展导致了重大的环境变化,农业化学污染、水域淤积、灌溉与运

---

① 李国栋、赵敏:《从苗语稻音"na"看稻作的起源与传播》,载《中国农史》2015 年第 4 期。

② 《动植物国际》,https://www.fauna-flora.org/countries/cambodia,最后访问时间:2018 年 11 月 24 日。

③ 《IUCN 每个国家的受威胁物种》,https://www.iucnredlist.org/resources/summary-statistics,最后访问时间:2018 年 11 月 24 日。

输无序以及其他污染都给湄公河生态系统带来了变化,森林覆盖率已从71%急速下降至46%。[①] 这也引起了柬埔寨政府的高度重视,将"可持续发展原则纳入国家政策和方案、积极扭转环境资源的流失"作为国家千年发展目标,并先后确定了23个"皇家自然保护区"。[②]

这种政策变化除了自然资源遭受严重破坏的严峻形势外,也与该国发展对环境资源具有严重依赖性有关,河流、森林等资源遭到破坏不仅影响气候变化,农村居民所面临洪水和干旱等破坏性灾害风险也越来越大。更为重要的是,破坏生态资源也与高棉族人传统的生态文化价值理念相背离。例如,根据Prey Lang的网络报告,约有20万的库伊人(Kuy)[③]依赖于被称为Prey Lang的中央森林区域来维持生计,他们的社会和精神传统都与森林密切相关,因此,近年来该区域的高棉族群强烈呼吁保护环境之要求等。事实上,高棉人的传统节日中均渗透着环保精神。例如,在每年国王隆重举办御耕节仪式前,农民不得开犁耕种。御耕节由国王或农业大臣亲自扶犁前行,"麦霍"(国王女儿或夫人代表仙女或农耕之母)跟随其后撒种;"御耕王"(国王)驾驭"神牛","神牛"任意"挑选"不同食物预示不同的兆头。[④] 每年雨季结束捕鱼季节来临之际,高棉族人都会举行隆重的"送水节",湄公河畔、王宫周围张灯结彩,民众会在王宫前湄公河上举行最热闹的龙舟大赛,感谢河水给人民带来的巨大利益,此后河水即将随之顺着湄公河注入大海。

(五)越南京族的生态价值观

湄公河在越南境内(又被称作"九龙江")流域面积约6.5万平方千米,多年平均流量每秒1660立方米,最终经胡志明市南部注入南海。京族又称越

---

① Dirk Lamberts、联合国粮食及农业组织:《洞里萨湖渔业:案例研究滩区刺网渔业》,https://www.fao.org/docrep/004/ab561e/ab561e00.htm,最后访问时间:2019年12月2日。

② 柬埔寨国家规划划部:《柬埔寨千年发展目标(CMDGs)》,https://www.mop.gov.kh/home/cmdgs/tabid/156/default.aspx,最后访问时间:2019年12月2日。

③ Kuy位于东南亚大陆地区Prey Lang,从南部的呵叻高原到湄公河南部,大致位于Dangrek山脉和Mun河之间,横跨泰国、柬埔寨和老挝相遇的边界。

④ 如果神牛吃稻谷、青豆、玉米、芝麻,就预兆着风调雨顺,五谷丰登。哪种粮食被吃得多,便预示着哪种庄稼就会获得丰收,吃得少则收成少;神牛吃鲜草,预兆谷米歉收,甚至发生饥荒;神牛喝水预兆发生水灾;神牛喝酒预兆发生战争,匪盗横行。

族,占整个越南人口的 86%,京族也被誉为"海洋民族",因为他们世代生活均与海洋密切相关。由于历史上人口迁徙等原因,我国广西壮族自治区防城港市东兴江平镇的海岛上也聚居着部分京族民众。京族人多以捕鱼为生,由于海洋生产具有诸多不确定性与危险性,他们普遍信奉海神、山神,认为"海大王""山大王"能保佑平安,并在固定场所"哈亭"供奉,在每年哈节隆重祭拜。京族人除了敬畏山林之外,在环境保护方面主要体现在对海洋生态的维护与森林资源保护两个方面。① 哈节是京族最重要的节日,各户在哈节期间均不得开船出海和捕鱼,主要是为了能将"海大王"从海上接到"哈亭",避免有所冲撞。京族人深信森林植被能够抵挡狂风暴雨,因此,对森林、树木自然产生崇拜,在哈亭四周种植绿树保护神灵,粗壮的林木是京族人民的守护神,不得随意砍伐侵犯。他们还将白鹭视为神鸟、吉祥之鸟,不得任意捕杀鸟类生物等。

也就是说,越南与泰国、老挝等国家由湄公河依水相连,共享东南亚稻作文化起源,也反映在他们对大自然的崇拜之上。其一,女神居多,尊重母系。曾有研究表明,越南民众信仰的神灵仅女神或母系女神便有 70 多位,Mau 是造物主神,而 Mau Cuu Trung 是女性造物主神;此外,还包括森林女神、河女神等。其二,崇拜植物,尤其是水稻最受尊重,这与稻作文化中的其他民族信仰是一致的,同样也崇拜榕树、槟榔树、桑树、葫芦等。其三,在动物崇拜信仰方面,越南京族倾向于崇拜那些温和物种,除白鹭等水鸟外,还包括雄鹿、青蛙,以及河边常见的蛇、鳄鱼等;其中,出生在水中的升龙(蛇与鳄鱼的抽象结合体)是越南京族最具意义与特色的象征。②

民族文化源于特定的生活环境,一个拥有众多河流和大文化交会的热带国家与地区,自然条件(温度,湿度,季风,水流,湿稻农业)对该区域的物质和精神生活、人民的特点和心理均产生显著影响。同时,社会历史条件对文化和民族心理也会产生极大的影响。这也是导致在相同或相似生活环境下,越南、泰国、老挝等其他湿稻文化之间仍存在区域文化差异。

---

① 黄荷:《当代京族环境保护习惯法研究:以东兴巫头村为考察对象》,载《广西社会主义学院学报》2018 年第 2 期。

② http://www.chinhphu.vn/portal/page/portal/English/TheSocialistRepublicOfVietnam/AboutVietnam/,最后访问时间:2019 年 12 月 10 日。

三、澜湄流域生态价值观的独特性与民众认同

(一)不同流域生态价值观的独特性

不同地区、不同民族的传统生态价值观存在一定的差异。当然,受种族、饮食、居住方式等影响,这些外在因素差异越大,他们的生态价值观差异性也越大。而生活在同一流域,对某些自然资源具有共享性,也易形成该区域某些独特的价值观。澜湄流域跨越六国多个民族,但由于"共饮一江水",生态价值观也必然存在一定联系。然而,我国地域广阔,北方与中原地区远离澜沧江,各民族尤其是汉族世代生活在长江、黄河流域,形成的独特儒文化与澜湄流域的"稻作文化"在生态价值方面存在截然差异。除此之外,还可以通过比较欧洲莱茵河流域、非洲尼罗河流域,以期进一步说明澜湄流域生态价值观的独特性等。需要说明的是,虽然印度恒河流域与澜湄流域具有紧密的地缘性与相同宗教背景,但其传统价值观的历史性不强,在此不作参照赘述。

1.黄河流域传统儒文化生态价值观

儒文化发源于中国中原黄河流域,而向周边朝鲜、日本、韩国、越南等国家辐散至世界其他华人聚居地区。古代儒文化,也可谓"汉文化",它的思想核心是人文主义。① 赫伯特·法格雷特(Herbert Fingarette)将儒家思想概念化为一种将"世俗为神圣"的宗教概念化②,儒家思想超越了宗教与人文主义之间的二分法,考虑到人类生活的普遍活动,特别是人际关系——的神圣表现。③"天"是儒家思想的关键概念,"天"不仅神秘而且被赋予了生命,由"天子"做连接,通过规导民众做到"仁、义、礼、智、信",实现一种"天人合一"。因此,古代儒家信奉的神灵多来自天庭而非凡间,这与上述不同民族信奉的神灵来源于大自然有所不同。尤其是儒文化与稻作文化侧重于人与自然之间的关系不同,它侧重于人与人之间的关系,帝王与臣民的关系、家庭伦理关系等,也形成

---

① M. Juergensmeyer,*Religion in Global Civil Society*,Oxford University Press,2005,p.70.

② H. Fingarette,Confucius——the Secular as Sacred,*Philosophy East and West*,1972,Vol.26,No.4,pp.463-477.

③ J. A. Adler,*Confucianism as a Religious Tradition:Linguistic and Methodological Problems*,Kenyon College,2014,pp.213-255.

了独特的人际等级观念。事实上,儒文化影响中国当今社会民众之生活仍极其深刻,尽管不再奉行"夫为妻纲""母为子纲",但在日常正式宴请场合仍保留位序传统可见一斑。的确,儒文化对稳定社会秩序起到了非常重要的作用,尤其是在封建时期,是稳固王朝统治的关键思想动力。相对于人与人关系的思想系统论述,儒文化对人与自然之间的思想表达相对较少,它强调人与自然之间是平等、独立的,两者互相渗透,有连续性与一体性的关系。"可以赞天地之化育,则可以与天地参矣"①,人是自然的守护者;"万物静观皆自得,四时佳兴与人同",人们应融入自然之中,欣赏自然之美②。而荀子甚至认为,自然应视为纯粹的自然,主张以"人文"克治自然,否定人与自然为一连续体。③ 显然,传统儒文化与澜湄流域的稻作文化在生态价值观方面存在截然不同的观点:古代儒文化认为,天是至高的,人应顺应天神旨意,自然万物与人类是独立的,最好互相守望,且能服务于人类,否则,人可以克治自然等;而稻作文化却认为,大自然才是至高无上的,人类相对于大自然是渺小的,应服从自然环境,尽可能少地从大自然中索取,感恩自然馈赠,禁止破坏自然等。

2.欧洲莱茵河文化生态价值观

莱茵河(Rhine)是欧洲最重要的国际河流,发源于瑞士东南部格劳宾登州苏塞尔瓦(Surselva)的阿尔卑斯山,西北流经列支敦士登、奥地利、法国、德国、荷兰,在鹿特丹附近注入北海。该河全长 1320 千米,与内卡尔河、美因河和摩泽尔河等重要支流相连。对于整个欧洲而言,莱茵河流域面积约 22.4 万平方千米,是欧洲最长的河流之一;通航区段约 870 千米,也是世界上最繁忙的流域之一,为沿岸人民带来许多便利与宝藏。④ 自 1815 年以来,莱茵河流域环境保护的国际合作一直在进行;19 世纪 50 年代,莱茵河流域曾出现大量因农业化肥与工业废弃物对水域的严重污染,工业化使得金属与有机化合物排放无序,直接导致鱼类种群的锐减。钾盐开采中将废盐倾倒在河水中,尤其是下游国家,如荷兰民众饮用莱茵河水出现严重的高盐度。1986 年,莱茵河

---

① 林家钊:《儒教争论问题与中西方文化对话悖论》,载《剑南文学(经典教苑)》2011年第 10 期。

② 黄俊杰:《论儒家思想中的"人"与"自然"之关系:兼论其 21 世纪之启示》,载《现代哲学》2005 年第 1 期。

③ 黄俊杰:《论儒家思想中的"人"与"自然"之关系:兼论其 21 世纪之启示》,载《现代哲学》2005 年第 1 期。

④ A. J. Leavitt, *The Rhine River*, Mitchell Lane Publishers, 2012, p.89.

流域爆发了严重的山德士化学品倾倒事件(Sandoz Chemical Spill),导致 400 多千米的河水遭受有毒化学严重污染变红,下游野生物大量死亡。① 时至今日莱茵河流域九国仍在继续解决水资源管理与跨界冲突问题,包括船运与航运、盐侵、水污染及洪水灾害等。②

然而,莱茵河流域生活的人们历来对环境保护都具有自发(environmental mobilization)传统。主要表现在:(1)浪漫的生态价值观。这种生态保护的浪漫主义思想广为流传,人们普遍认为,与工业社会下的人类活动相比,"大自然"是积极向上的;环境本身自我防御以及所有生物都是有价值的,超越了社会的直接利益。不同调查均表明,在集体意象中,生态具有必要的神圣伦理价值,有重要的道德内容,是个体与社会发展中应尽的义务。于是,人们在莱茵河沿岸种植大量玫瑰花、出现众多葡萄庄园等。(2)捍卫动物权利。一些公益组织或团体将群体团结和"人权"延伸至动物中,坚决主张决不能以任何方式牺牲动物权利来满足人类的需要。(3)环境危机是一种威胁。对莱茵河流域的民众来说,他们认为这并不是一种"危言耸听",自然环境的退化令他们普遍感到不安,这种威胁甚至远高于政治腐败、暴力犯罪、毒品泛滥等,对环境退化的恐惧直接威胁人们最基本的生活需要。(4)反工业主义。当前工业主义主导的范式与传统环境主义范式正发生冲突,反工业主义浪潮要求政府强制解决人与自然关系中出现的严重问题(环境污染、资源耗竭,生物圈不可逆转的退化等)。(5)生态文明观。通过重新阐述"公民"和"社会责任"的概念来框定生态问题。生态文化的传播带来社会团结的延伸,人类不仅有保护自然环境的意愿与需要,更是必须承担的一种公民义务等。③

3.非洲尼罗河文化生态价值观

尼罗河全长 6671 千米,是世界上第一长河流,流经非洲北部与东部,流域总面积约 287.5 万平方千米。尼罗河有三大主要支流,即白尼罗河、青尼罗河

---

① R. Brüggemann, E. Halfon, Ranking for Environmental Hazard of the Chemicals Spilled in the Sandoz Accident in November 1986, *Science of The Total Environment*, 1990, Vol.97, pp.827-837.

② K. Tockner, U. Uehlinger, C. T. Robinson, *Rivers of Europe*, Academic Press, 2009, p.17

③ R. Biorcio, Environmental Protest and Ecological Culture: A Comparative Analysis, *Prepared for Presentation at the ECPR Joint Sessions in the Workshop Environmental Protest in Comparative Perspective*, Mannheim, 1999, pp.26-31.

与蓝尼罗河,其中白尼罗河与青尼罗河相汇于苏丹境内,形成尼罗河干流,一路向北流经沙漠地带。古埃及文明便发源于尼罗河流域,自旧石器时代,埃及居民均生活在尼罗河畔,历史上的气候变化导致非洲逐渐沙漠化,人们对尼罗河的生活依赖性也越来越强烈[1],导致其逐渐形成了以农业经济为主的高度中央集权的社会。[2] 历史上,希腊人和罗马人均试图寻找尼罗河的神秘源头,但均未成功。在他们的神话里总是将尼罗河描述为一名用枝叶蒙盖头面的男神;直到 15、16 世纪,欧洲人佩德罗·波埃兹(Pedro Páez)来到埃塞俄比亚见到塔纳湖,找到青尼罗河的源头。但对白尼罗河源头仍保持神秘,认为它源于毛里塔尼亚的山中,从地面转入地下,然后流出地面,形成一个巨大的湖泊,此后又下沉到沙漠下,直到埃塞俄比亚附近才形成白尼罗河。[3] 2010 年,人们又发现了尼罗河的新源头,认为 Gish Abay 是青尼罗河第一滴"圣水"源头。[4]希腊历史学家希罗多德写道,"尼罗河是上帝给予埃及的礼物",它是无穷尽的生计来源,为埃及文明发展起到至关重要的作用。来自尼罗河的淤泥沉积物使周围的土地肥沃,古埃及人在该土地上种植小麦、亚麻、纸莎草等作物。

自古以来,沿着尼罗河进行商业贸易也具有深远意义。在古埃及人民创作的尼罗河赞美曲 *Hilen to the Nile*,表达出沿岸人民对它带来文明奇迹的崇敬,传唱至今。[5] 公元前 7 世纪,亚述人将骆驼引进非洲,并把它们驯化为主要交通工具,由于水对人和牲畜都至关重要,而非洲大面积的沙漠不得不使人和牲畜生活在河流沿岸,尼罗河也必然成为人员和货物运输的主要渠道。此外,尼罗河还是古埃及人精神生活的重要组成部分。他们信奉水神——哈

---

[1]　尼罗河,https://zh.wikipedia.org/wiki/,最后访问时间:2019 年 10 月 10 日。

[2]　S-H. Ahn, Meteoric Activities During the 11th Century, *Monthly Notices of the Royal Astronomical Society*, 2005, No.4, pp.1105-1115.

[3]　舒建平:《老普林尼和他的〈博物志〉》,载《世界文化》1986 年第 3 期。

[4]　2010 年,一个探险队前往被描述为 Rukarara 支流源头的地方,并在 Nyungwe 森林中陡峭丛林壅塞的山坡(在干燥的季节)上发现了进入上游数千公里的地表流,并发现了一个新源头,界定尼罗河长度为 6758 千米(4199 英里);并认为,Gish Abay 是青尼罗河第一滴"圣水"源头的地方。See Journey to the Source of the Nile. Telegraph. Archived from the Original on 3 May 2012.

[5]　https://en.wikipedia.org/wiki/Hymn_to_the_Nile,最后访问时间:2019 年 8 月 28 日。

皮（Hapi）[①]，水神和法老能够控制洪水，而尼罗河是一条生死攸关的水道：东部是生命的地方，西部是死亡的地方，太阳神（Ra）日出日落都要经历出生、死亡与复活之轮回。因此，古埃及人认为，人类死亡后坟墓必须安葬在尼罗河西边象征死亡的区域，才能够进入来世。古埃及日历中的三季甚至都与尼罗河息息相关，Akhet 季是尼罗河洪水泛滥的季节，留下肥沃土壤帮助农作物成长；Peret 季为生长期；Shemu 季为旱季收获期等。[②]

（二）澜湄流域生态价值的民众认同

"一方水土养一方人"，澜湄流域世代生活的各民族与其他流域民众的生态价值观略有不同。黄河长期泛滥，通过不断治水，导致中原人民逐渐产生对自然环境的对立，认为人类利益应当高于自然环境；统治阶级不断强化治水功绩，也令人们形成一种"人定胜天"之错觉。当今随着经济利益驱动的强化，我国黄河流域出现严重的环境资源恶化，这与这种扭曲的价值传统不无关系。莱茵河流域的生态价值观充满浪漫主义色彩，对自然资源保护采取乐观、活泼、积极向上的态度，这与该流域民族的生活精神面貌密切相关。尼罗河流域的生态价值观充满神秘主义，它们对自然资源持有一种"不可知"的敬畏，这也与尼罗河本身水源的特殊性有关，神秘的尼罗河文化也催生了古埃及文明的璀璨。总体而言，澜湄流域的生态价值观却充满严肃的现实主义色彩。一方面，将传统生态理念渗透在宗教、祭祀仪式中，让该区域民众对自然环境产生极度敬畏，不可冒犯，甚至恐惧；另一方面，又将传统生态价值融入日常生活当中，不同理念附着在身边不同事物之上，包括山水、植物、动物等。

1.山水情结

由于澜沧江—湄公河独特的地貌特点，流经高原、盆地、平原等，上游青藏高原高耸巍峨，下游群山秀丽，水域或汹涌，或和缓，但却山水相连。从源头藏

---

①　Hapi 的形象被描绘为男性且戴着假胡须，但是却有下垂的乳房和一个大肚子，代表了尼罗河的生育能力。他也经常被赋予蓝色或绿色皮肤，代表水。其他属性各不相同，取决于所描绘存在的埃及不同地区。在埃及下游，用纸莎草植物装饰，该地区以青蛙为象征；在埃及上游，以莲花和鳄鱼为象征。Hapi 还经常被描绘成携带食物并从双耳瓶中倒水的肢体动作，也有地区将其描绘成以河马为象征。https://en.wikipedia.org/wiki/Hapi_(Nile_god)，最后访问时间：2019 年 3 月 12 日。

②　J. A. Wilson，*The Culture of Ancient Egypt*，University of Chicago Press，2013，p.8.

族人通过"转山转水"表达对"圣山圣湖"的崇敬,到出海口京族人信奉朝拜"山大王""海大王",澜湄流域各民族对山水的敬与爱是一致的。与其他流域对山水情谊有所不同,他们认为山与水是上天赐予的,神圣且不可冒犯,每座山都有神,每条河都有灵,因此,不能破坏山体、污染水源,甚至认为从山水中获取生活资源也应当有所节制,在山间砍柴、在河溪用水都要遵守规矩,不得冒犯神灵,尤其特别注重山体与河流的"休养生息"。他们还将这种山水情结渗透在地方宗教与祭祀之中。例如,藏族的"煨桑"、挂经幡,傣族的泼水节,泰族的宋干节等,透过多样的民族文化与图腾,让后人秉承敬山爱水之精神。

2.善待动物

澜湄流域各民族文化中无一例外都具有善待动物之传统。尤其是那些与他们生活息息相关,与劳作密不可分的动物,更是不允许随意猎杀。藏族人保护牧犬,无法容忍任何残害牧犬的行径,甚至不忍伤害其他任何有生命的物种,哪怕是对人类有害的蚊虫,这体现了对所有生命的珍重。当然,不同流域的民族重点保护的动物种类不完全相同,从天上飞禽到地上走兽各有不同,但总体上,对与耕作有关的动物格外崇敬;为避免族人对其伤害,甚至通过神化、仪式化将这种传统固定、保存下来。澜沧江—湄公河中下游均属于稻作文化区域,对动物的很多信仰均与稻文化有关。例如,不少民族将青蛙敬奉为"蛙神",不得捕杀;每年举办牛神节,表达对耕牛的恩谢;定期在河水中放生鱼类;等等。在泰国、缅甸等国家,很多民众在日常生活中还有喂养野生动物、鸟类的习俗,他们经常会在屋前放置一些食物供养流浪猫、狗,以及鸟禽等。在泰国调研期间,笔者观察到一些生活细节:在菜市场,一些蜜蜂飞落在果蔬上,懒散的猫狗穿梭觅食,很少有摊主会驱赶它们,相反,多数摊主会习惯性拿些新鲜肉食或蔬菜喂养它们;甚至在一些城市社区草丛中,经常会遇到各类蜥蜴、蛇、壁虎等生物,当地居民几乎不去捕杀它们,车辆和行人遇到也会主动绕行;一些流浪狗懒洋洋地躺卧在便利店门前,顾客会绕行通过,而这些狗也不因警惕而狂吠。

3.保护植被

澜湄流域民众同样注重对植被的保护。首先,生长在深山、河岸的林木不得任意砍伐,从生态系统角度看,滥伐林木不仅破坏生态平衡,而且会导致山体滑落、水土流失,暴发洪水灾害等。生活在该流域的先祖们将这种生态规律、自然法则同样融入歌谣、祭祀之中,让后世子民勿忘祖训,避免受到大自然的报复,甚至将这种理念神明化,传承一些禁忌等。比如,傣族、壮族、京族先祖都强调对榕树的保护,澜沧江—湄公河中下游榕树繁茂,而且该树种有蓄水、保护土壤、净化空气等作用,民众不得砍伐榕树,否则触犯神灵,必定得到诅咒或惩罚。即便不得已而砍伐,不仅要举办仪式祭拜,而且要请求神灵的"同意",如前述傣族砍树前斧头在树干上三天不落视为神灵应允。澜湄流域的植被保护理念最为典型,毕竟,澜湄流域中下游属于稻作文化区,稻谷不仅是该流域先祖们从野生稻中萃取种植而来,而且与民众日常生活息息相关,他们用稻谷占卜,在重大节日用五色糯米祭拜神灵,甚至与种植稻谷相关的生物,同样受到高度保护,不允许破坏。

第二节　当前澜湄流域环境风险防控新理念的确立

近些年,澜湄流域环境状况正在不断恶化。以大湄公河次区域为例,数据显示该地区正在经历气候变化的影响,比如,干旱与洪涝灾害频发,对温度和降水具有高度敏感性;生活在低洼和河流沿岸地区的民众仍严重依赖生态系统和自然资源;生物栖息地正在消退与丧失;基础设施规划不当以及不可持续的自然资源开采正削弱生态系统的复原力……而且预计未来这种状况仍会进一步恶化。这些生态系统螺旋式恶化也会产生一系列层叠效应:温度继续升高,降雨模式失调,出现入侵物种、病虫害暴发、森林火灾频发以及暴发洪水等;连续多年极端干旱造成的水资源短缺大大降低农业生产力,从而导致粮食短缺、人口失业和贫困等。当然,导致该流域环境状况恶化的原因是多方面的,除了受全球气候变暖趋势影响外,也与该流域近些年过于重视经济发展而导致行为严重受利益驱动影响,从而忽视或破坏生态环境的不当人为因素不无关系。在过去 20 年中,大湄公河次区域经历了过快的经济增长;在过去 10 年间,该地区平均生产总值年增长率超过 6.5%,这种经济扩张的部分原因却是自然资源的出口——往往是以不可持续的方式进行。然而,生产总值的快速增长却未使大部分民众摆脱相对贫困,贫困水平从泰国的 2% 到老挝的44% 不等。尤其是一些地方政府过于追求经济发展而导致糟糕的土地使用规划和经济政策,增加了湄公河流域森林被严重砍伐,生物多样性丧失。根据国际粮农组织 2010 年报告,仅 1990 年至 2005 年,大湄公河次区域的整体森林面积减少了 850 万公顷。[①] 贫富差距加大也催使部分民众铤而走险,该流域野生动物贸易加剧,湄公河最稀有和濒临物种的种群逐年减少,比如老虎和太阳熊。这些非法活动不仅加剧一些世界珍贵物种的灭绝,而且从根本上改变支持生物多样性和人类社区的生态系统。

一、环境利用到环境保全的回归

"20 世纪是破坏环境的世纪"[②],日本学者岩佐茂认为,20 世纪美索不达米亚文明区森林破坏导致严重沙漠化,而中国的黄河文明区域同样环境破坏严重。"小麦文化"区域大规模的环境破坏并不是由狩猎文明、农耕文明或畜牧文明引起,而是由近代资本主义工业文明所造成。[③] 而"稻作文化"区目前尚未完全"沦陷",但近些年随着经济主义全球"横行",稻作文化区生态问题也很难再做到"独善其身"。日本属于稻作文化较为典型的地区,2011 年大地震导致福岛第一核电站事故给当地民众带来的灾难是无法估计的,而且核泄漏中的放射性物质流入大海,使周边鱼类体内放射铯元素普遍较高等。

(一)环境利用的滥化

汉语"利用"一词出自老子《道德经》:"三十辐共一毂,当其无,有车之用。埏埴以为器,当其无,有器之用。凿户牖以为室,当其无,有室之用。故有之以为利,无之以为用。"[④]《汉典》解释有二:一是,发挥作用;二是,设法为己所用。显然,"利用"的主体仅为人类,而利用的对象则往往被视为低于人类价值的东西或物种;倘若将利用的对象也视为同类,其贬义便可见一斑。比如,"A 利用 B"之句型本身看不出所隐含的价值位阶,如果 A 和 B 换成具体对象,则不难理解"利用"本身之寓意价值:

[①]　N. Alexandratos, *World Agriculture: Towards* 2010, *An FAO Study*, Food & Agriculture Organization, 1995, p.77.

[②]　岩佐茂:《世纪之交的环境问题》,载《湖北大学学报(哲学社会科学版)》2000 年第 3 期。

[③]　岩佐茂:《世纪之交的环境问题》,载《湖北大学学报(哲学社会科学版)》2000 年第 3 期。

[④]　王邦雄:《老子道德经的现代解读》,台北远流出版社 2010 年版,第 125 页。

张三利用科技……　➡　值得鼓励

张三利用动物……　➡　能够容忍[1]

张三利用李四……　➡　应予唾弃

由此可见,没有任何人愿意被"利用";如同将自身人格被贬为"一种工具"或"一枚棋子"。或许有人会质疑,"环境"应当与"科技"属于同一层级范畴,为何不可鼓励被利用？事实上,环境与科技迥然不同。一方面,科技本身就是人类所发明或创造出来的,目的是为人类服务,其价值就是被人类所利用;而环境并非人类所创造,恰恰相反,没有环境便没有人类。另一方面,环境是由诸多生命体所组成,比如树木、鸟儿、草地等,即便在一些人眼里看似无生命之体,比如河流、风雨、山脉,但在不少民族先祖那里都被认为具有神秘的生命力量。任何生命都值得尊重,哪怕是人类所创制出的非人类生命体。当人工智能(AI)发展到强人工智能阶段,不同样要求赋予其独立的法律人格。

但是,人类在一定时期却把环境视为一种可利用的对象。这种完全以人为本位主义的理念导致的直接后果便是:当保护或维持环境良好现状需要付出经济成本时,忽视或根本不愿投入精力;当破坏环境能换取一些眼前利益时,毫不犹豫地选择经济利益为先;当环境恶化或出现大自然"报复"之时,"人定胜天"式地采取"驯化"方式只能使自然环境进一步恶化。在中外古代刑法中,将禽兽、昆虫、风、雨、山、花儿定罪入刑的比比皆是。即便在文明社会的今天,不少管理者或民众仍存在将环境仅视为被利用的对象或客体。比如,我国有学者提出人类天然具有平等的"环境利用权",人与环境的关系可以概括为人对环境的利用关系,从人类利用环境的目的出发,并结合环境外在价值类型,将环境利用行为分为本能性利用与开发性利用两大类。[2] 当然,或许有学者会认为,去改变"利用"一词完全属于学术上的吹毛求疵。但笔者认为,如果仅是语言或文本停留在"利用"一词,却具有生态价值观之实,则暂勉可恕,但恐事与愿违;更何况永远不要低估语言与文字对价值观的影响及意义。

---

[1]　笔者认为,普通民众对该种行为的容忍度视具体被利用的动物种类不同而有所差异,一般与人类较为亲密的动物,容忍度较低;而与人类相对疏离的动物容忍度较高。当然,动物保护组织认为,任何动物都是不可以被利用的。

[2]　王社坤:《环境利用权研究》,北京大学 2009 年版,第 1 页。

(二)"可持续发展"的提出

由于 20 世纪长期单纯追求经济增长的发展模式导致各地环境遭到破坏,全球环境危机日趋浮现。尤其是一些发达国家在非洲及南美洲大量收购农地种植咖啡和甘蔗,导致这些地区经济崩溃、水土流失、农药滥用、土地贫瘠甚至沙漠化等。20 世纪 80 年代初,世界各地爆发"绿色运动"。1987年,时任挪威首相、世界公共卫生专家格罗·哈莱姆·布伦特兰(Gro Harlem Brundtland)在联合国环境和发展委员会上发表非常著名的报告《我们共同的未来》(Our Common Future)(又称"永续发展"报告)中,首次提出"可持续发展"(sustainable development,SD)这一术语,其原有之义为"既能满足我们现今的需要,又不损害子孙后代能满足他们的需求的发展模式"①。1991 年联合国环境和发展委员会对该术语进行了补充;1992 年在联合国环境和发展委员会上该术语得到多数国家认可。"可持续发展"提出之初仅是纠正过去错误,避免其他国家重蹈覆辙的倡议和态度,强调未来经济发展必须环环相扣,具有前瞻性。它不是简单地等同于环境保护,一般认为其由三要素组成(如图 1-1)。

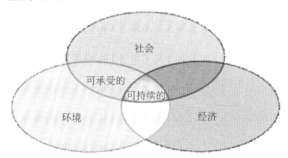

图 1-1 "可持续发展"的三要素

然而,对"可持续发展"之内涵,各国学者的认识却并不统一,甚至跳脱出生态领域向其他目标范围延展。比如,联合国 2015 年提出将"可持续发展目标"(SDGs)作为国际发展的一系列目标,替换之前所使用的"千年发展

---

① G. Rees,C. Smith,*Trade and Development*,*Economic Development*,Springer,1998,pp.114-148.

目标",从 2016 年至 2030 年争取实现 17 项 169 种具体目标。^① 有学者认为,"中国特色的可持续发展理论"的哲学根源有别于西方,应当构建一种结合马克思主义关于人与自然关系的原理与传统"天人合一""天人统一"观作为指导原则的可持续发展理论。^② 诚然,随着各种世界大会、区域会议相继将"可持续发展"作为发展的目标口号,该定义也逐渐得到各国政府与民众的认可与支持;但内涵的不断延展也不可避免地导致其实现时必须进一步具体化、清晰化。

(三)环境保全的回归

与"可持续发展"密切相关且更凸显具体的生态理念的便是"环境保全"(environment precaution)。何为环境保全? 根据 1993 年《日本环境基本法》第 2 条第 3 款的规定,环境保全是指由于人为活动导致气候变暖或者臭氧层破坏、海洋污染、野生生物物种减少以及使地球全部或者广域范围的环境受到影响的有关事态的环境保全,在为人类福祉贡献的同时,有助于确保国民健康、文化生活等。^③ 该定义是以全球为视域,但该法所规定的环境保全的基本理念却具有一定的理论价值与意义。何谓回归之说? 显然,前提在于环境保全理念业已存在,并非一种建构。只不过在一定时期被其他理念所替代、被忽视,出现思想"断层"或在社会中由主流沦为非主流。如澜湄流域较为典型,过去先祖一直都信奉着一种实质为环境保全而非环境利用之理念,以大自然为中心,而非人类自身(如前述);只不过,在当下一些地区由于受经济发展的利益驱动,这种传统理念发生扭曲,将环境仅视为一种大肆开发利用的资源,倡导环境利用理念,这种自私、利己型的生态理念下,加速了地方生态环境迅速恶化,继而引起人们的反思、追本溯源其思想渊源。因此,环境保全是一种思想与理念的回归,而非一种建构、创制。

---

① S. Kumar，N. Kumar，S. Vivekadhish，Millennium Development Goals（MDGS）to Sustainable Development Goals（SDGS）：Addressing Unfinished Agenda and Strengthening Sustainable Development and Partnership，*Indian Journal of Community Medicine*，2016，No.1，p.1.

② 李万古:《可持续发展战略的实施与哲学的民族特征》,载《山东师范大学学报(人文社会科学版)》2002 年第 5 期。

③ 汪劲:《日本环境基本法》,载《外国法译评》1995 年第 4 期。

1.当代环境保全理念的原则

《日本环境基本法》第 3 条、第 4 条、第 5 条规定了环境保全的基本原则。第 3 条规定,环境保全是因维持健全、丰惠的环境为人类健康、文化生活所不可缺少,以及保持生态系统的微妙平衡而形成的,有限的环境是人类存续的基础。基于人类活动有造成对环境的负荷之虞,在现代以及将来的世代人类享受健全、丰惠的环境恩惠的同时,必须对作为人类存续基础的环境实行适当的维护直到将来。第 4 条规定,环境保全必须以健全经济发展的同时实现可持续发展的社会构筑为宗旨,并且以充实的科学知识防止环境保全上的防患于未然为宗旨,实现因社会经济活动以及其他活动造成对环境的负荷减少到最低限度,其他有关环境保全的行为由每个人在公平的分配负担下自主且积极地实行,既维持健全丰惠的环境,又减少对环境的负荷。第 5 条规定,环境保全是人类共同的课题,同时又是确保将来国民健康、文化生活的课题,鉴于经济社会在国际密切的相互依存关系中的运作,必须有效地顺应本国在国际社会中所处的地位,在国际协作下积极推进地球环境保全。[1]

由上述内容至少可以梳理出环境保全有以下原则:(1)环境恩惠的回报原则。将大自然的力量凌驾于人类之上,认为人类的所有索取都是环境给予的恩惠,将人类放在一个较低的位置;并且人类应当对环境恩惠持有一种感恩心态,应当回报于自然环境等。(2)有限环境的适当、持续维护原则。一方面,环境资源是有限的,并非可以恣意浪费,人类需要珍惜各种自然资源;另一方面,面对环境我们还应当积极主动地维护,而不是仅有尊重而不采取任何措施对其进行保护。需要注意的是,维护并非改变,对既有生态系统不能改变其失去平衡;而且,这种维护活动应当是持续的、适当的,不可冒进或忽强忽弱等。(3)可持续发展的社会构筑原则。环境保全的基本内涵应与可持续发展理论相一致,不得以牺牲未来为代价,只注重眼前利益等。(4)科学防患于未然原则。应当以一种科学的态度与方法实施具体环境保全行为;应当防患于未然,除对已然非正常状态进行及时补救外,还要对未来有所预测,避免出现或尽力减少任何破坏生态之风险。(5)环境负荷最低限度原则。环境负荷是指人类活动可能对环境带来的影响,或者造成保全

---

① 汪劲:《日本环境基本法》,载《外国法译评》1995 年第 4 期。

上的妨害之虞。① 本质上,也体现一种环境最小索取原则。生态系统复杂多变,容易产生"蝴蝶效应",人类活动即便不会直接对环境造成损害,也应最低限度地减少对环境产生影响等。(6)公平负担原则。每一主体均负有维护生态系统的责任与义务,在法律上应体现一种公平原则;不能因国家、民族、团体、个人或其他组织不同而设置不同的权利与义务,在大自然面前,每个主体均是平等的。(7)积极主动参与原则。面对环境问题,应当摒弃那种被动、"不得不"的态度,积极主动地参与到环境保全活动中,避免出现规避环境监管之消极心理,即便合法地规避或逃避环境监管;也就是说,某些活动即便尚未被环境法律规范所规制,但只要是对环境不利的,都不应当提倡。(8)国际合作与协作原则。环境保全的国际化路径毋庸置疑,毕竟面对空气污染、河流污染、核污染等环境议题,没有哪个国家能够独善其身。无论是国家间的合作还是协作,都要充分利用国际地位的影响力,积极推进环境保全各种活动的开展。以我国为例,在"澜湄合作机制"框架内将环境保护与经济发展齐头并进,利用大国影响力与领导力,积极倡导环境保全的国际与区域合作。总之,这些原则均属于环境保护的一般原则,即贯穿于环境保全活动始终,并在整个活动中起到指导作用。

2.环境保全与环境利用之主要区别

综上,环境保全与环境利用在理念上有着明显区别:其一,环境保全属于"环境索取型",而环境利用则属于"环境掠夺型"。索取,是一种"适可而止",对环境要求不会太过分;掠夺,是一种强取,而不得时或者资源有限时,极易导致斗争,抢夺者往往不会主动节制,所考虑的是与竞争者力量的对比。其二,环境保全是一种自然馈赠,而环境利用则是一种人类支配。比如,农民种植稻谷、渔民捕获鱼类,如果持有环境保全态度,则认为这些收获都是大自然对他们的恩惠,因此,应当感恩土地、河流,以及气候的风调雨顺等;但如持有环境利用态度,则往往认为这些收获是他们自己辛苦劳作的必然结果,"种瓜得瓜、种豆得豆",人类通过支配环境必然得到回报等。其三,环境保全是对人类活动的主动控制,而环境利用则是对人类活动的无限发展。环境保全理念下,人类活动应当自觉地主动控制,比如对大地、河流的使用都要学会让其"休养生息"。在泰国曼谷的湄南河上仍保持以船舶作为主要通行工具,流经市区的昭拍耶河架设的桥梁并不多;相反,我国南宁的

---

① 《日本环境基本法》第 2 条第 1 款。

邕江却桥梁密集且数量仍在不断扩充。其四,环境保全侧重自然规律,而环境利用注重人类创造。环境保全会充分考虑环境本身强大的功能和作用,不违背自然规律地进行人类活动,例如,在基础建设之时,应当对风向、河流走向、动物迁徙等自然因素进行评估,不可逾越破坏生态之举半步。而环境利用则以经济主义为核心,即便出现违背自然规律的活动,仍进行经济利益评估,以破坏环境最小化换取经济利益最大化,甚至以"经济补偿"平衡生态失衡之代价。其五,环境保全强调系统性,而环境利用突出现实性。环境保全往往从大局出发,注重生态系统的完整性与系统性,"牵一发而动全身";环境利用对生态系统的考虑往往是被动的,不得已仅考虑眼前对环境的破坏,突出在环境现实性中寻求"最大公约数"。其六,环境保全强调环境修复,而环境利用突出环境实用。环境保全充分考虑生态系统内部的修复功能,比如种植农作物时要充分考虑土壤的休歇,采用"轮作"方式达到生息之效果;而环境利用则一般不会考虑这些因素,很难做到牺牲眼前利益而放弃对经济作物的大面积种植。

二、事后治理到事前预防的提倡

当今社会,对环境问题往往采取一种事后治理模式,对生态系统的破坏进行补救。如同一个人平时不注重身体的保健,非要等到大病来袭时才投医问诊。唯有对污染调查得彻底,才能有效地节约修复治理成本。在事后治理中常常忽视二次污染带来的损害。例如,利用洗涤或加热技术对污染物进行处理,并不能真正修复环境,仅是将污染物从具体对象转移到水或空气中;将污染土壤进行移位修复,原有场地污染尚不能清理干净,又给新场地带来二次污染等。①

(一)"重治理"的主要弊端

显然,事后治理为主的环境保护模式主要有以下弊端:

1.损害实际已经造成

2019 年联合国《全球环境展望 6》报告中称,全球1/4的死亡和疾病都是人

---

① 王璇、郭红燕、宁少尉:《中国土壤污染防治公众参与现状及完善对策研究》,载《环境污染与防治》2019 年第 7 期。

为污染和环境破坏所致;恶劣环境条件"已造成全球约 25% 的疾病和死亡"。仅 2015 年,死亡人数已超过 900 万人;因无法获取干净饮用水,每年有 140 万人死于可预防疾病;大规模农耕和森林砍伐使 32 亿人家园出现土地退化;空气污染每年造成 600 万至 700 万人早夭等。[①] 空气污染产生雾霾,继而使人们患心血管与呼吸系统疾病的概率大幅提升,长期雾霾环境也促使癌症高发。世界卫生组织(World Health Organization,WHO)的国际癌症研究中心(International Agency for Research on Cancer,IARC),业已于 2013 年 10 月 17 日首次将户外空气污染列为导致人类癌症的主要环境因素之一;其中,空气污染中的悬浮微粒在经过独立评估后被宣布为致癌因子。悬浮微粒中又常吸附有害污染物,比如发挥性有机物或重金属,当吸入人体内,均将对人体健康造成重大威胁。[②] 上述仅是对人类造成的实际损害之例证;实际上,环境污染对人类造成的损害远不止生命与健康等重大法益,恐怕没人能够真正估算出全部损害有多大!环境污染对其他生命体的损害同样严重,人类面临环境污染威胁尚有一丝自保能力,而动植物则完全没有任何的反抗力。试想:哪种动物可能"戴着口罩"在雾霾空气下奔走?哪种植被能够从污染的水源或土壤上迁徙另居?它们在面临环境死亡威胁时,只能"束手就擒"……因此,这种既有环境事后治理模式下的实际损害是巨大且根本无法估量的。

2.有些损害不可恢复

除了上述大量生命损害无法恢复外,还有其他众多法益的损害同样无法恢复。不可恢复的环境影响(irreversible environmental impacts)的概念从根本上是保护那些受到威胁,极有可能因继续发展而潜在濒临消亡的实体。澳洲新南威尔士州《2017 年生物多样性保护条例》第 6 条和第 7 条规定了判定严重且不可恢复的环境影响的具体原则,即如果某一项影响可能大大增加受威胁物种或生态群落灭绝的危险是由于:(1)它将导致目前通过观察、估计、判断或合理怀疑正在迅速减少的物种或生态群正进一步减少;(2)它正进一步减少当前可观察、评估、推断或合理怀疑的物种或生物族群的数量规模,使其数量迅速减少;(3)它对物种或生态族群栖息地有一定影响,这些物种或生态群

---

① 赵小双:《联合国重磅报告:地球已受到极其严重的破坏 全球最高级别环境论坛寻找创新解决方案向可持续经济转型》,载《地球》2019 年第 4 期。

② F. Bray, M. Colombet, L. Mery, et al, *Cancer Incidence in Five Continents Volume XI*, IARC Scientific Publication, 2021, No.166.

目前被观察、估计、推断或合理怀疑具有非常有限的地理分布;(4)受影响的物种或生态群落不太可能对改善其完整性的措施作出反应,而其在生态系统中是不可替代的。[①] 当然,这也仅是对生物多样性的破坏所导致不可恢复性;而其他生态系统内部的破坏同样不可恢复,比如喜马拉雅山脉雪山的消融速度正在加快,冰河的迅速消退不但会使河流水位暴涨,造成洪涝,不久的将来河水水位还会下降而造成干旱或更严重的生态问题,因此,许多学者已向联合国提议将珠穆朗玛峰及其周围地区列为"全球受气候变化冲击的危险地区"。[②]

3.治理成本相对较高

毋庸置疑,事后治理的成本远高于事前预防。以我国为例,国家统计局数据显示,中国在环境治理方面的总投资额已从 2009 年的 5258.4 亿元增至 2017 年的 9538.95 亿元,增长了 81.4%;其中,用于工业污染治理的投资额已从 2009 年的 442.62 亿元增至 2014 年的 997.65 亿元,增长了 125.4%;2015—2017 年投资额虽有浮动,但总体上仍居高不下。有资料显示,我国每年环境治理成本远高于许多国家,甚至是日本、韩国等周边国家的数倍,所耗资金几乎占国内生产总值的 1/10 以上。[③] 事实上,近些年世界各国面对环境污染的治理均出现程度不同的相同趋势:一方面,环境恶化进一步加大,自然灾害频发。例如,2019 年全球多地发生规模较大、破坏性较强的森林大火。另一方面,各地政府在环境治理方面的成本也不得不逐年递增。在面临全球经济衰退的形势下,各国不得不扩大对环境治理资金、人力、物力成本的投入。然而,生态问题却一直未从根本上得以解决,甚至环境破坏问题依然严峻。这便是过分强调事后治理的一种"恶性循环"。如同病患者不注重日常保养,透支、损耗身体,待身体出现器官不适或整体病化时再去寻医问药,这种滞后模式必然会加重身体负担,环境保护亦是如此。(具体情况参见表 1-2)

[①] https://www.environment.nsw.gov.au/biodiversity/seriousirreversibleimpacts.htm,最后访问时间:2019 年 4 月 28 日。

[②] 喜马拉雅山,https://zh.wikipedia.org/wiki/,最后访问时间:2019 年 4 月 28 日。

[③] 孙伟增、罗党论、郑思齐等:《环保考核、地方官员晋升与环境治理:基于 2004—2009 年中国 86 个重点城市的经验证据》,载《清华大学学报(哲学社会科学版)》2014 年第 4 期。

表 1-2　中国环境污染治理投资统计表（2009—2017 年）

（单位：亿元）

指　标	2009 年	2010 年	2011 年	2012 年	2013 年	2014 年	2015 年	2016 年	2017 年
环境污染治理投资总额	5258.39	7612.19	7114.03	8253.46	9037.20	9575.50	8806.30	9219.80	9538.95
城市环境基础设施建设投资	3245.06	5182.21	4557.23	5062.65	5422.99	5463.90	5463.90	5412.02	6085.75
城市燃气建设投资额	219.20	357.93	444.09	551.81	607.90	574.00	463.10	532.02	566.67
城市集中供热建设投资额	441.52	557.47	593.34	798.07	819.48	763.00	678.80	662.52	778.33
城市排水建设投资额	1035.54	1172.69	971.63	934.08	1055.00	1196.10	1248.50	1485.48	1727.52
城市园林绿化建设投资额	1137.64	2670.60	1991.94	2380.04	2234.86	2338.50	2075.40	2170.89	2390.23
城市市容环境卫生建设投资	411.15	423.52	556.23	398.64	505.75	592.20	472.00	561.11	623.00
工业污染源治理投资	442.62	396.98	444.36	500.46	849.67	997.65	773.68	819.00	681.53
建设项目"三同时"环保投资	1570.70	2033.00	2112.40	2690.35	3425.84	—	—	—	—

资料来源：国家统计局官网，http://www.stats.gov.cn/。

4."头痛治头，足痛治足"式治理

生态，是一个系统；任何环境问题都不是由偶然某一因素引发的，因此，解决环境污染也不能仅看表面，理应采取综合联防治理。例如，2019 年出现在世界各地的森林火灾，表面上看是由气候长期干燥引起，但它也是当地生态环境出现整体"病变"的显著信号。对近些年环境治理进行反思，不难发现：这种治理模式走入"头痛治头，足痛治足"的被动式误区，不仅耗时耗力，而且容易顾此失彼。例如，2011 年日本发生福岛核泄漏事件后，引起同为海上地震带的我国台湾地区部分民众的担忧，一些反核电人士甚至以绝食抗争；台湾当局为迎合民众竟推出"无核家园"之"神主牌"，废除核电以火力发电为主并倡导风力发电。2017 年 8 月 15 日，我国台湾地区出现全岛性大面积停电，当局甚至以"用爱发电"口号缓解民众电荒之忧；随后，为缓解用电压力，加大了煤炭火力发电的比例，出现了严重的空气污染，PM 2.5 一度超标；风力发电成本较高也导致民用电价大幅度上涨，这些均引起岛内民怨四起。我国台湾地区当局不得不在 2018 年"11·24 地方选举"中推出所谓"以核养绿公投"，结果 54.42％的民众同意重启核电等。①

(二)"轻调查"与防患于未然

环境调查，是根据环境因子在时空中的分布信息，通过科学分析研究出变化规律并预测未来一定时期的运动趋势，为特定机构的组织活动提供决策依据等。② 环境调查可由政府机关、环保团体等发起，也可委托一些非官方机构开展。环境调查必须坚持公开、透明与客观原则，避免流于形式。因此，环境调查的途径可以是多方面、多渠道的，发起目的与组织机构也不应受到不合理阻碍。目前，我国环境调查工作的开展相对薄弱，往往多注重环境事故后的调查，在开展一定规模活动前对环境调查还不够彻底；另外，环境调查的途径与组织也相对单一，环境调查事宜还未完全走向市场化等。而国外环境调查的一些相对成熟经验，值得我国进一步借鉴。比如，环境调查署（Environmental Investigation Agency，EIA）是一个国际性的非政府组织，在伦敦和华盛顿都设有办事处，它是由英国三位环保人士戴夫·科里、詹妮弗·朗斯代尔和艾伦·桑顿于 1984 年

① 王京明：《该反省与调整的政府能源政策》，载《经济前瞻》2019 年第 1 期。
② 潘竟虎、董晓峰：《基于 GIS 的黑河流域生态环境敏感性评价与分区》，载《自然资源学报》2006 年第 2 期。

成立的。① 该机构通过调查反对环境犯罪与滥用环境资源等;它秘密调查跨国野生物犯罪,重点关注大象、老虎与森林犯罪,比如为了棕榈油种植经济作物而非法砍伐与破坏原始林木等;致力于保护全球海洋生态系统,应对塑料污染以及商业开发对鲸鱼、海豚和江豚所构成的威胁;寻求通过消除强大的制冷剂温室气体、揭露相关非法贸易和提高制冷部门的能源效率来减少气候变化的影响等。EIA 利用其深入调查,大力推动新立法、改善治理,实施更有效的执法等。此外,该调查实地经验也常被用来指导执法机构,通过与当地团体和环保人士结成伙伴关系,开展实践培训并支持环境调查工作。②

1.环境评估与动态监测

环境评估(Environmental Assessment,EA)是对计划、政策、方案或实际项目的积极与消极环境后果进行评估,然后决定采取行动与建议等。在环境评估中,"环境影响评价"(环评)(Environmental Impact Assessment,EIA)一词通常适用于个人或公司的实际项目,而"战略环境评价"(策略性环境评估)(Stategic Environmental Assessment,SEA)一词则通常适用于国家机关政策、计划和方案的提出。③ 环境评估可受有关公众参与和决策文件的行政程序规则管辖,并可接受司法审查,其目的是为决策者在考察某一项目是否具有可行性时的重要因素。国际影响评估协会(International Association of Impact Assessment,IAIA)将环境影响评估定义为"在作出重大决定和承诺之前,识别、预测、评估和减轻发展建议的生物物理、社会和其他相关影响的过程"。④ 环境影响评估具有独特的价值与作用,它不以遵循预先结果为前提,而要求决策者应充分考虑环境功能,并根据详细的环境研究和公众对潜在环境影响的评论,为这些决策提供依据。⑤ 2003 年,我国正式实施《环境影响评价法》,并于 2018 年 12 月进行了修正。尽

---

① U. Eia,Annual Energy Outlook 2013,*US Energy Information Administration*,2013,Vol.1,pp.60-62.

② J. Conti,P. Holtberg,J. Diefenderfer,et al. International Energy Outlook 2016 with Projections to 2040,*USDOE Energy Information Administration*(*EIA*),2016,Vol.1,p.109.

③ A. J. Mackinnon,P. N. Duinker,T. R. Walker,*The Application of Science in Environmental Impact Assessment*,Routledge,2018,p.214.

④ P. Senécal,B. Goldsmith,S. Conover,et al. Principles of Environmental Impact Assessment Best Practice,*International Association for Impact Assessment*,1999,Vol.1,p.86.

⑤ J. Holder,J. Murphy,M. Slater,*Environmental Assessment:the Regulation of Decision Making*,JSTOR,2004,p.76.

管修正后的法律加大了处罚力度,但在一定程度上仍无法避免开发者无视环境影响评价要求。例如,在一些房地产开发项目中,一方面未按要求提交环境影响报告书的建设项目仅要求开发商补办环境评估即可;另一方面,若开发商仍未在指定时间内补办评估,所得到的处罚也仅占项目总成本的较小部分。再加之,由于缺乏严格的执行机制,很大比例的项目在建造前并没有完成法律规定的环境影响评估。[①]

环境动态监测(dynamic environment monitoring)是通过对生活中的各种物质的含量及其变化来跟踪周围环境的质量变化,客观评估特定区域环境质量水平,作为环境监管工作的重要前提与基础。环境动态监测是一项系统性工作,需要制订监测计划、进行现场采样、运送样品至实验室分析、综合历史数据与关联数据等一系列步骤。最初的环境动态监测基本采用分析化学的方法对实际污染物进行分析综合,自20世纪60年代,人们对保护环境的意识已从单一的化学污染拓展到噪声污染等多个层面,监测的对象也不仅仅停留在污染源上,还包括对环境背景值的监测。20世纪70年代,环境监测技术正式进入自动化时代,可利用计算机对环境进行全方位的自动化监测。具体环境监测也可分为污染源监测与环境质量监测两大类,监测手段包括物理因子、化学因子与生物侦查等,也越来越多样化。[②]

2.遥感与无人机航空物探技术

环境调查必须采用最先进的技术手段,使调查结果更加科学、精确、全面、客观等。进入21世纪,遥感与无人机航空物探技术运用到环境调查中变得越来越普遍。遥感(remote sensing),顾名思义,无须对物质发生实际接触便能获取该物质的各种信息,大大减少了接触污染物的现实风险;遥感技术已广泛运用到各领域,比如水文学、生态学、气象学、海洋学、冰川学、地质学等。目前,遥感技术多利用卫星或航空器为载体,通过电磁辐射等信号探测地球上的任何物体,也包括海洋与大气层上的物质等。[③]　无人机航空物探是无人机与航空物探仪器设备有机结合形成的航空物探技术的新分支;由于无人机航空物探系统体

---

① A. Wang,Environmental Protection in China:the Role of Law,*China Dialogue*,2007,No.3,p.90.

② 环境监测,https://zh.wikipedia.org/wiki/,最后访问时间:2019年11月2日。

③ R. A. Schowengerdt,*Remote Sensing:Models and Methods for Image Processing*,Elsevier,2006,p.267.

积小、重量轻、生产成本低、多种起降方式等特点,方便在一些复杂环境、烦琐性与重复性精准测量中循环工作,且无人驾驶基本不会造成飞行事故等①,因此,受到世界各国环境保护组织的青睐并极力推广应用。目前,我国该项自主研发技术处于世界先进水平,未来进一步运用在环境调查领域必将大大推动我国生态系统的保护力度,提高环境调查整体水平。

(三)修复中的"二次污染"

环境事后治理的另一主要弊端便是容易出现生态的"二次污染"。二次污染(secondary pollutant),又称继发性污染物,是指被污染物在物理、化学、生物等因素作用下与其他物质再次发生新的污染。② 导致二次污染的原因有多种,有些固然属于一种不可抗力,但其中部分却是由于对第一次污染的事故处理不够彻底所致。一旦发生重大环境污染事故,有关责任人员与主管机关往往会采取应急处理预案,由于在处理时间上具有相当的紧迫性,则难免"顾此失彼"。表面上看,该环境污染得到了及时处理,解除了生态危机与社会压力,也在一定程度上缓解了受害民众的恐慌。但该处理一旦造成二次污染发生,则必然会导致危害性更大,处理起来更加棘手,因为二次污染一般较为复杂,污染后果也呈几何倍地扩大。比如,大气中二氧化硫和水蒸气可被氧化合成硫酸,进而生成硫酸雾之二次污染,其对人体的刺激作用要比二氧化硫强 10 多倍。③ 我国不少专家认为,国内一些城市二次污染比例高达 80%,尤其是京津冀地区重霾时城区 PM2.5 浓度增高,二次污染与复合污染使得我国雾霾治理挑战加剧等。④

美国拉夫运河(Love Canal)土壤污染事件便是国外二次污染之典型案例。19 世纪 90 年代,威廉·T.乐福先生(William T. Love)构思从尼亚加拉河(Niagara River)到尼亚加拉瀑布(Niagara Falls),再到安大略湖(Lake Ontario),修筑一条运河,希望通过运河为城镇居民提供电力动能并实现绿色通行,并在运河周围规划了社区与公园;然而,不久美国国会却通过一项法案禁止从尼亚加拉河调水,再加之威廉·T.乐福先生出现资金链短缺,运河工程在进展途中

---

① 崔志强、胥值礼、李军峰等:《无人机航空物探技术研发应用现状与展望》,载《物探化探计算技术》2016 年第 6 期。

② 二次污染,https://baike.baidu.com/item/,最后访问时间:2019 年 11 月 3 日。

③ 一次污染物和二次污染物,谁的危害更大,http://www.sohu.com/a/122865702_132101.2016-12-28,最后访问时间:2019 年 11 月 3 日。

④ 特约记者:《二次污染加剧雾霾发生》,载《人民日报》2014 年 3 月 17 日。

不得不暂停。后虎克电化公司(Hooker Electrochemical Company)为处理企业废弃物购买了该废弃运河的使用权,在 10 余年时间内陆续将超过 2 万吨的化学废料用铁桶投入运河并用泥土掩埋。[①] 1953 年,该公司以仅 1 美元的价格将该运河土地(约 6.5 万平方米)出售给了尼亚加拉教育委员会,在合同里注明该土地含有化学废物。[②] 然而,尼亚加拉教育委员会在购买该运河后第二年便开始在此地建造了一所小学(99th Street School),很快竣工后超过 400 名儿童在该小学入读,而且,当地政府还在该运河土地上建造了居民住宅区安置低收入家庭与单身者。1968 年,地方政府未做任何评估便在该运河土地上建设了一条高速公路(LaSalle expressway),阻断了雨水与地下水流入周围尼加拉河的通路,最终导致出现污染的"澡盆效应"即化学污染借助雨水与地下水在该区域叠加扩散。尽管自 20 世纪 50 年代初,越来越多的居民不断投诉该地区气味恶臭,但并未得到关注;直至 1978 年,纽约州环保部门才偶然调查发现,该运河地区竟然高达 82 种化学污染物且大多数均能直接导致人类与动物产生细胞癌变,一时引起舆论哗然。1980 年,时任美国总统卡特不得不签署命令转移并重新安置该地民众,联邦政府也专门制定了一部超级基金法案(Superfund Act),要求污染者必须付费清除被抛弃的污染物等。[③] 此外,美国政府不得不开展长达 24 年的运河清污工程,总投入高达 4 亿美元,直至 2004 年 3 月,处理该运河污染工作才宣告完成。[④] 整个污染事件跨度近 120 年,二次污染造成的危害程度不言而喻,处理成本极其巨大。

三、污染管理到风险控制的转变

风险社会是现代社会应对风险的一种组织方式,该术语的出现与几位现代

---

① C. Kim, R. Narang, A. Richards, et al. *Love Canal: Chemical Contamination and Migration*, EPA National Conference on Management of Uncontrolled Hazardous Wastes, Environmental Protection Agency Report, 1980, pp.212-219.

② A. G. Levine, *Love Canal: Science, Politics, and People*, Heath and Company, 1982, p.12.

③ M. H. Brown, *Laying Waste: the Poisoning of America by Toxic Chemicals*, Washington Square Press, 1980, p.2.

④ R. S. Newman, *Love Canal: A Toxic History from Colonial Times to the Present*, Oxford University Press, 2016, p.98.

性学派学者的论述密切相关,尤其是乌尔里希·贝克(Ulrich Beck)和安东尼·吉登斯(Anthony Giddens)。[①] 20世纪80年代,"风险社会"首次被提出便开始在学术界流行,即对现代性趋势的一种反思,也是大众对环境话语的一种升华。[②]英国社会学家安东尼·吉登斯认为,风险社会是"一个社会越来越专注于未来(和安全)而产生风险的概念"[③];德国社会学家乌尔里希·贝克将其定义为"一个系统化的方法来处理现代化本身所引导与引入的危险和不安全感"[④]。贝克将风险社会与现代性做了紧密连接:

> 科技理性化浪潮下工作与组织形式的变化。包括但并不局限于:社会特征与一般成长阅历的变化;生活方式与爱的形式变化;权力结构与影响力的变化;政治压迫与参与形式的变化;以及对现实的视野与知识体系的变化。在社会科学对现代化的理解中,卫星系统,蒸汽机与芯片是其更深层次过程中的显著标志,它们组成与重塑了整个社会结构。[⑤]

1986年,切尔诺贝利事故灾难发生后不久,慕尼黑大学社会学教授乌尔里希·贝克便发表了他极具影响力的德文著作 *Risikogesellschaft*,1992年该著作的中文版《风险社会:迈向新的现代性》问世。生态危机是当代社会分析的核心。贝克认为,环境风险已经成为工业社会的主导产品,而不再仅仅是一种令人不快,但却可控的副作用而已。吉登斯和贝克认为,尽管人类一直受到一定程度的风险,比如自然灾害,但这些风险通常被认为是由非人类力量造成的。然而,现代社会面临着污染、新发现的疾病、犯罪等风险,这些都是现代化进程本身的结果。吉登斯将这两类风险定义为外部风险和人为风险。[⑥] 高超的人类能动性正是制造这种人为风险的"元凶",人类一直在制造风险与减弱风险中徘徊。由于人为风险是人类活动的产物,吉登斯和贝克均认为,社会有可能评估正在产

---

① U. Beck, S. Lash, B. Wynne, *Risk Society: Towards a New Modernity*, Sage, 1992, p.17.

② P. Caplan, Introduction: Risk Revisited, *Risk Revisited*, 2000, No.4, pp.1-28.

③ A. Giddens, C. Pierson, *Making Sense of Modernity: Conversations with Anthony Giddens*, Stanford University Press, 1998, p.54.

④ U. Beck, S. Lash, B. Wynne, *Risk Society: Towards a New Modernity*, sage, 1992, p.17.

⑤ U. Beck, S. Lash, B. Wynne, *Risk Society: Towards a New Modernity*, sage, 1992, p.17.

⑥ A. Giddens, Risk and Responsibility, *Modern Law Review*, 1999, No.1, pp.1-10.

生或即将产生的风险水平。这种自省反过来又能改变计划中的活动本身。例如,切尔诺贝利和拉夫运河危机等灾难,公众对现代工程的信心下降,导致公众对工业、政府和专家的不信任。① 社会的关注导致对核电行业的监管加强,并放弃了一些扩张计划,改变了现代化进程本身。这种对现代工业实践与日俱增的批判导致人们对现代化进行反思,"可持续性"和"预防性原则"等概念的提出便是最好的诠释。这些概念侧重于采取预防性措施以降低风险水平。

关于风险社会与阶级差别化之间的关系问题,学者之间存在不同见解。大多数人同意,社会关系已经随着人为风险的引入和反现代化而改变。② 风险就像财富一样,在人口中分布不均,并将影响生活质量。贝克认为,以财富积累为主要基础的旧形式的阶级结构在现代风险社会中萎缩,在这个社会中,人们通过规避风险而获得社会风险地位。"在某些层面上,它们遵循阶级和阶层地位的不平等,但它们带来了一种根本不同的分配逻辑。"③他还认为,广泛存在的风险包含着一种"回旋效应"(boomerang effect),即产生风险的个人也会暴露在风险之下。这一论点表明,即便对污染负有主要责任的富人阶层也难逃遭遇损失。但这种观点似乎过于简单化,比如当污染物渗入供水系统时,富人可能有能力通过购买瓶装水等方式更容易降低风险。然而,贝克认为,这种风险分配是知识的结果,而不是财富。虽然富人可能获得资源,使他或她可以避免风险,但如果这个人根本没有意识到风险的存在,这便是一个伪命题。风险不仅仅影响某些社会阶层或具有社会地位的人;风险是没有阶级偏见的,它影响每一个人,无论你是哪个阶层,没有人能够幸免。④ 相比之下,吉登斯却认为,旧形式的阶级结构在风险社会中保持着某种更强的作用。目前可部分定义为"对自我实现和赋权形式的不同获取途径"⑤。吉登斯倾向于比贝克更积极地看待风险社会的概念,他认为"对风险采取消极态度是毫无意义的"。风险需

① G. Anthony, The Consequences of Modernity, *Cambridge Polity*, 1990, No.3, p.43.

② P. Caplan, Introduction: Risk Revisited, *Risk Revisited*, 2000, Vol.21, pp.1-28.

③ U. Beck, S. Lash, B. Wynne, *Risk society*: *Towards a new modernity*, Sage, 1992, p.17.

④ P. Caplan, Introduction: Risk Revisited, *Risk Revisited*, 2000, Vol.21, pp.1-28.

⑤ A. Giddens, *Modernity and Self-Identity*: *Self and Society in the Late Modern Age*, Stanford University Press, 1991, p.6.

要受到约束,但积极承担风险才是一个充满活力的创新社会的核心要素。[①]

(一)危机和风险:生态环境问题之基本态样

西方马克思主义或新马克思主义的重要分支——法兰克福学派,同样对生态环境问题提出过精辟论述。西方马克思主义对生态学的关注始于法兰克福学派的霍克海默(M. Horkheimer)、阿道尔诺(T.W. Adorno)和马尔库塞(H. Marcuse),之后经过威廉·莱易斯(W. Leiss)和本·阿格尔(B. Agger)的发展,最终在西方资本主义国家之中创立了生态马克思主义。[②] 1984年,法兰克福学派代表克劳斯·奥菲(Claus Offe)出版了论文集《福利国家的矛盾》,凭此在英美学界名声大噪,哈贝马斯对他的推崇更是使其为更多人所知晓。他从系统论的角度对危机的概念进行了全面考察,具体区分了偶发危机与过程危机,表示对后资本主义福利国家无法消除过程危机的担忧。[③] 当然,奥菲的危机理论仍然无法脱离批判主义之基本阵营,他在"危机管理的危机:政治危机理论的要素"章节中提出"过程危机"的概念,认为危机结果是相当不可预知的;不必把危机看成偶然产生的灾难性事件。[④] 在"不可能管理性:保守危机理论的复兴"章节中吸收马克思主义、批判理论、系统论和经验社会研究等其他一系列基础性理论和方法论,试图重构一种新的危机理论,并与新保守主义的危机理论进行区别。

生态环境问题到底是一种危机(crisis),还是一种风险(risk)?这不仅是一种对贝克理论与法兰克福学派的立场抉择,也深刻表明对生态环境问题的认识程度。既然是立场抉择,当然不存在绝对化的对错之分,两者虽然都是对未来态势的评判,但至少存在以下主要区别:(1)危机既意味着危险,又预示着机会;而风险仅仅是对未来可能造成的消极后果之预警。比如,金融危机尽管给多数人带来经济困境,也会给某些人带来更好的机会。生态环境的破坏能否给人类带来机会?上述贝克的观点恰恰说明了,面对环境风险无人能够幸免。(2)危机过后是重生,而风险过后是毁灭。从历史角度看,人类经历各种

---

① A. Giddens, *Runaway World*:*How Globalization is Reshaping our Lives*, Taylor & Francis, 2003, p.29.

② 刘仁胜:《法兰克福学派的生态学思想》,载《江西社会科学》2004年第6期。

③ 史强:《论刑法"过程危机"的金融之维》,载《学术交流》2017年第9期。

④ 郭忠华:《从危机管理到管理危机》,载《武汉大学学报(哲学社会科学版)》2008年第1期。

危机后,都是一种重生,是资源的重新分配。比如,政治危机不会永恒地延续,当终结这种危机后,权力重新分配,社会便会自动修复至和谐状态。而风险不会主动消失,当这种预示成为现实后,原有状态被打破且无法自动修复。生态环境问题亦如此,一旦某种濒危野生动物消失,则再也无法还原或恢复。(3)危机代表着紧迫性,风险代表着程度性。当人们用"危机"术语描述对未来的担忧,则往往从另一层面深刻地表达出这种危机到来的时间紧迫性;而用"风险"描述某种担忧时,人们往往却习惯性地进一步追问这种风险发生的可能性程度,以及后果的严重性程度。例如,当权威部门告诉我们某地近期存在地震风险,恐怕人们还迫切需要进一步获取以下信息:地震的发生概率是多少?可能的地震级别是多大?因此,笔者持生态环境之风险论立场。需要说明的是:的确,危机论立场一般均是一种积极态度;但风险论立场也并不意味着总是一种消极、被动,上述吉登斯对风险的论述,便是对该立场的一种澄清。

(二)管理和控制:生态环境问题之路径方向

从语言学分析,"危机"一词惯与"管理"匹配;而"风险"一词则与"控制"较融合。事实上,面临生态环境问题,是管理,抑或是控制?值得进一步研究。控制论(cybernetics)是一种跨学科的方法,用于探索监管系统——它们的结构、约束和可能性。[1] 1948年,诺伯特·维纳(Norbert Wiener)将控制论定义为"研究对动物和机器的控制和交流的科学"。[2] 在21世纪,这个词经常以一种相当松散的方式被用来暗示对任何使用技术系统的控制。换句话说,它是关于人类、动物和机器如何相互控制和交流的一门科学。控制论当被分析包括封闭符合循环(最初被称为"因果循环")关系时,具有很强的实践性。人类往往根据环境和系统之间产地的变化而采取行动,这种变化是反映系统中以某种方式(反馈)所触发的系统变化。控制论与机械、物理、生物、认知、社会系统等都存在密切关系。该理论所运用的广阔领域的基本目标是理解和定义具有目的的系统功能和过程,这些系统参与循环的因果链,从行动到感知,到与期望目标的比较,再到行动。重点研究任何事物(数字、机械或生物)如何处理

---

[1]　A. Müller, T. Kant, A Brief History of the BCL, *Österreichische Zeitschrift für Geschichtswissenschaften*, 2000, No.1, pp.9-30.

[2]　Norbert Wiener, *Cybernetics or Control and Communication in the Animal and the Machine*, MIT press, 2019, p.21.

信息、对信息作出反应,以及如何改变或可以改变以更好地完成上述任务。[①]控制论包括对反馈与"黑箱操作"及其派生概念的研究,比如生物有机体、机械和组织(包括自组织)中的交流与控制。自 20 世纪 70 年代起,新的控制理论运用在更多领域,尤其是在生物学与生态学领域。根据法国工程师、哲学家吉恩-皮尔·迪皮伊(Jean-Pierre Dupuy)所提出的"必须认识到:分子生物学所依据的程序的控制论隐喻,使得生命体自主的概念成为不可能。因此,思想家们被引导发明了一种新的控制论,一种更适合人类在自然界中发现的本质结构——并不是他们自己凭空所建构的结构"[②]之思想,法国生物物理学家、哲学家亨利·特兰大(Henri Atlan)与智利生物学家、哲学家温贝托(Humberto Maturana)、瓦雷拉(Francisco Varela)等人进一步发展了新控制理论。然而,当时对新控制理论能否运用在社会组织领域却存在较大争议。目前,控制论与博弈论早已广泛运用在自然科学与社会科学各领域。

相对而言,管理论发源较早,古典管理论注重企业的经济效率,基本以改善组织方式、提高管理职能为研究内容,而鲜见对人本身的心理因素进行分析[③];而现代管理理论却开始倾向于研究行为科学,重视个体行为、组织行为与集体行为中的心理因素与作用等。[④]"管理"与"控制"的显著区别在于:管理以人为中心,侧重体现效率价值;而控制以系统为前提,侧重体现一种相互关系。管理者与被管理者往往属于共同体,但社会地位或经济地位并不平等;控制则并不限于同一群体内部,被控制的对象一般可谓"要素"或"因素"等。管理强调一种权力(power),即管理者对被管理者的实际掌控;而控制则突出一种能力(ability),即系统内各个要素或因素的影响能力。需要指出的是,管理之力一般是单向的,被管理者往往比较被动;而控制之力却是双向的,反馈力容易引起一种循环影响等。生态,是一个系统,显然,控制论运用在生态领域相对具有一定优越性。20 世纪 50 年代末,斯塔福德·比尔(Stafford Beer)首次提出"管理控制理论"(management cybernetics),即控制论在管理和组织

---

① K. Kelly, *Out of Control: the New Biology of Machines, Social Systems, and the Economic World*, Hachette, 2009, p.89.

② J-P. Dupuy, *The Autonomy of Social Reality: On the Contribution of Systems Theory to the Theory of Society, Evolution, Order and Complexity*, Routledge, 2002, pp.79-106.

③ 陈晓坤、蔡成喜:《企业管理学》,清华大学出版社 2007 年版,第 2 页。

④ 王俊柳、邓二林:《管理学教程》,清华大学出版社 2003 年版,第 8 页。

中的运用理论；然而，该理论目前也仅局限于涉及工业生产、出版和运筹学等领域。[①] 事实上，管理控制论仍然属于一种控制论。

综上，对区域环境问题必须打破传统的治理禁锢，吸收先进的科学技术手段，重构一种新的理念与思维。既然对治理现状普遍不满，创新，便是一种突破。当然，这种创新也并非"空中楼阁"，必须基于现代研究基础，综合以其他领域新知识为依托，借鉴新理论中的思想精髓，融合新的时代背景与具体实践，进行大胆性的探索与变革。面对日趋恶化的环境污染，必须突破传统危机管理模式，以风险控制为中心，将打击环境违法（包括环境犯罪）的时间节点提前，以系统化思维针对环境违法的实害与危险，甚至将环境犯罪由实害犯或结果犯转化为危险犯或风险犯。[②]

---

① Norman M. Martin, *Cybernetics and management*, John Wiley & Sons, Inc., 1960, p.214.

② 风险犯，或许是未来刑法中环境犯罪扩大化的趋势。Kevin Stenson, Robert R. Sullivan, *Crime, Risk and Justice: The Polices of Crime Control in Liberal Democracies*, Willan Publishing, 2001, pp.123-144. 关于环境犯罪前置化之风险犯问题，将在本书第五章第二节中展开论述，在此不赘述。

第二章

澜湄流域环境犯罪治理
面临的困境

  本章主要从实然层面对澜湄流域的环境犯罪问题进行现实性分析。首先，需要对目前澜湄流域的环境状况做一简要评价。何谓"环境状况"（environmental conditions）？它是指土壤、地下水、地表水、周围空气以及在环境法律法规下任何超过适用标准或阈值的有害物质，需要依法调查或修复（包括调查研究、健康或风险评估、监测、清除、处理或运输等）各个环境因素的总体表现。①我国《环境保护法》第54条规定，各级环境保护主管部门必须定期发布环境状况公报。根据中华人民共和国生态环境部发布的《2017中国生态环境状况公报》，其中对全国2591个县域分为优、良、一般、较差、差五级进行总体评价，差级占33％；其中澜沧江流域的西藏是四个最差的区域之一。②而云南省生态环境保护厅发布的《2017年云南省环境状况公报》显示整体澜沧江流域生态环境保护形势依然严峻：一方面，大气、水、土壤等污染治理状况仍不到位；另一方面，相关部门的监管能力依然严重不足，导致局部地区并未完全遏制住生态环境严重恶化之趋势。其中，澜沧江水系河流受污染程度仅次于长江水系与珠江水

---

  ① Definition of Environmental Conditions，https://www.lawinsider.com/dictionary/environmental-conditions，最后访问时间：2019年12月3日。

  ② 其他三个区域分别是内蒙古西部、甘肃中西部、新疆大部分。中华人民共和国生态环境部：《2017中国生态环境状况公报》，http://www.mee.gov.cn/hjzl/zghjzkgb/lnzghjzkgb/，最后访问时间：2018年12月21日。

系,有 1 个河流(河段)断面水质为Ⅴ类(中度污染),2 个为劣Ⅴ类(重度污染)。[①]

而境外湄公河流域的环境现状同样不容乐观。以泰国为例,1992 年成立了专门的环境污染控制部门(pollution control department,PCD),监测流入泰国湾的四条主要河流[湄南河(Chao Phraya),塔钦河(Thachin),湄公河(Maeklong),邦巴公河(Bangpakong)]的水质。通过 10 年监测(1993—2002年),结果表明,湄南河和塔钦河下游水质恶化,主要参数均超过泰国地表水水质标准和分类。主要水质问题分别为低溶解氧(DO)、高氨氮、高粪大肠菌、高浊度和高有机质(生化需氧量,BOD)。水污染的主要来源是社区、工业和农业。然而,各水源所占的比例因河而异。例如,向湄南河下游排放污染物的主要来源是社区的有机废物和粪便大肠菌,而向塔钦河下游排放污染物的主要来源是工业。湄南河整体水质正在退化,恢复的速度很慢。河底溶解氧(DO)低于国家标准,而现有的污水处理厂仅能覆盖有限的地区。2002 年,曼谷只有 20％的污水处理量。湄南河污染恶化不仅影响到其水质,也严重影响其他自然资源等。[②] 然而,时至今日湄南河的水质污染问题仍未得到明显改善。笔者在 Chao Phraya 河岸泰国国立法政大学(Thammasat University)学习期间,目睹每日穿梭不息的燃油公交船与豪华游轮,从上游漂浮而来的大量水草(因污染导致水质有机营养化),河岸两侧的生活垃圾随处可见。

因此,澜沧江与湄公河虽同源不同段,但同样面临环境治理困境。本章仅以中国立场为背景,围绕环境犯罪治理为核心,从国内与国外两种不同视域展开探究:其一,环境治理是一项复杂工程,每个国家都有自己独特的政治文化与管理模式,仅立足于我国针对澜沧江—湄公河环境治理的立场,突出研究其现实性与可行性。其二,治理环境污染应当系统化、法治化,采取灵活多样的手段与方式,比如行政、民事与刑事手段等。刑法,是最后一道防线,加强环境犯罪治理,就是要守住环境生态恶化的底线。其三,环境犯罪治理,有别于打击普通刑事犯,必须坚持国内治理与区域国际合作双管齐下,才能真正实现澜湄流域整个生态系统发展的良性循环。

---

① 云南省生态环境保护厅:《2017 年云南省环境状况公报》,http://www.7c.gov.cn/xxgk/read.aspx? newsid＝180464,最后访问时间:2019 年 1 月 12 日。

② W. Simachaya, *A Decade of Water Quality Monitoring in Thailand's Four Major Rivers: the Results and the Implications for Management*, Paper for the 6th International Conference on the Environmental Management of Enclosed Coastal Seas,2003,p.21.

第一节　澜沧江流域环境犯罪国内治理的主要困境

环境犯罪是一种直接危害环境的严重违法行为。目前,二十国集团、国际刑警组织、欧洲联盟、联合国环境规划署、联合国区域间犯罪和司法研究所等国际机构已承认下列为环境犯罪:(1)违反《濒危野生动植物种国际贸易公约》(CITES)非法进行濒危野生物种贸易;(2)违反1989年《关于消耗臭氧层物质的蒙特利尔议定书》走私消耗臭氧层物质;(3)违反1989年《控制危险废料越境转移及其处置巴塞尔公约》,倾弃和非法贸易危险废物;(4)违反各区域渔业管理组织实施的管制,进行非法、未经报告和未受管制的捕鱼活动;(5)非法采伐和与之相关的违反国家法律的木材买卖。① 这些罪行一旦被起诉,则将面临刑事责任。国际刑警组织作为共同打击环境犯罪的一个重要国际组织,自1992年起,积极促进国际警察合作,协助其成员国有效地执行国内与国际环境法与条约。事实上,各国国内法中对环境犯罪的刑事规制均有所不同。例如,我国针对环境犯罪立法经历法典化后,又进行过三次修正:1979年前环境犯罪规制的"虚无模式"②、1979—1997年环境犯罪规制的"混合模式"③、1997年后环境犯罪的刑法典模式④;通过2001年《刑法修正案(二)》、2002年《刑法修正案(四)》、2011年《刑法修正案(八)》三次修正,我国已基本确立了15种专门环境犯罪罪名(《刑法》分则第六章第六节)以及分散在各章的派生罪名相结合的基本格局。由于取消了单行刑法与附属刑法的适用,尽管澜沧江流域大部分属于民族地区,但在民族自治立法中却尚未有相关环境犯罪的特别规制,也就是说,目前该地区环境犯罪的刑事规制仍仅适用统一刑法典。⑤

---

① M. Rice, *Environmental Crime : A Threat to our Future*, Environmental Investigation Agency, 2008, p.101.

② 该阶段刑法中仅规定了盗伐、滥伐林木罪,非法捕捞水产品罪,非法狩猎罪三个具体破坏环境的行为,并未规制污染环境的行为。

③ 该阶段对环境犯罪的刑事规制除法典中的三个具体罪名,还包括单行刑法与附属刑法中规定的内容。

④ 付立庆:《中国〈刑法〉中的环境犯罪:梳理、评价与展望》,载《法学杂志》2018年第4期。

⑤ 我国民族地区环境犯罪变通立法建议将在本书第四章第一节中具体阐述。

一、环境犯罪地方保护主义的阻碍

目前,我国澜沧江流域环境犯罪治理所面临的制度障碍与现实困境,基本与我国其他流域环境犯罪治理具有很大的共通性,这是由规则体系与治理机制完全相同所决定的。2015 年 2 月 6 日,公安部召开新闻发布会,明确指出打击环境污染犯罪严重受到地方保护主义干扰;一些非法排污化工采矿企业往往都是被当地扶持的高利税重点项目,一旦因污染关停,税收和当地就业等一系列问题都会受到严重影响,导致地方管理部门习惯性对企业采取"睁一只眼闭一只眼",公安部门查处受到地方干扰困难重重。[①]

(一)澜沧江源头:青海省环境犯罪治理现状

2016 年 1 月,环境保护部(现"生态环境部")牵头成立了中共中央环保督察委员会即中央环保督察组,并由中纪委、中组部相关领导参加,分批次对全国各地开展环境保护督察。青海省纪委在中央环保督察组巡查前先对该省生态环保领域进行了内部自查。截至 2017 年 6 月,共查处 56 件环保典型案例,259 名干部受到问责处理,对生态环境领域违法犯罪形成了一定的震慑;并同时将首批六起典型案件进行公开曝光,其中包括澜沧江源头玉树藏族自治州已关闭的加吉矿业再度偷偷开采,而相关责任人员却因履职不利,监管不到位,给生态环境造成严重影响。[②] 2017 年 8 月,中央环保督察组对青海省开展了为期一个月的环境保护督察,交办 2299 件被群众举报的环境问题,有 2000 多家企业单位被要求整改,对近 50 家企业单位进行正式立案处罚,对近 200 名领导干部问责;其中,涉嫌构成刑事犯罪的案件共 4 起,对 30 多名涉及环境犯罪者采取了刑事拘留(如表 2-1)。中央环保督察组强调,青海省作为黄河、长江、澜沧江的发源地,在整体国家生态安全的地位极其关键;然而,该省的生态环境又极为脆弱,部分领域和地区的生态环境问题依然严峻。2017 年 12 月至 2018 年 1 月,中央环境保护督察组完成对青海等 8 省督促反馈,并同步

---

① 公安部:《打击环境污染犯罪受到地方保护主义干扰》,中央政府门户网站,www.gov.cn,最后访问时间:2019 年 12 月 23 日。

② 《青海省纪委通报六起生态环境保护领域问责典型案例》,载《青海日报》2017 年 8 月 23 日。

移交生态环境损害责任追究问题,同时通报了 7 起生态环境损害典型案例问责情况。其中,包括"青海省建设项目违规占用草原问题突出"典型案例。仅自 2013 年起,青海省共有近 150 个项目并未办理相关审批手续,农牧监管部门工作严重不到位,即便发现了问题并下达责令整改,却对违规项目并未采取任何处罚措施,直接导致大量草原土地被违规占用,实际造成草原生态的严重破坏。

由上述可知,近些年澜沧江源头的生态保护问题并不乐观。2017 年青海省在玉树市人民法院专门批准设立了三江源生态法庭,在民事、刑事、行政三方面实行"三审合一"的审判模式,依法审理三江源各类环境资源违法与环境犯罪案件。根据 2013 年《最高人民法院裁判文书上网公布暂行办法》以及 2014 年最高人民法院《关于人民法院在互联网公布裁判文书的规定》,除法律规定的特殊情形外,各级法院发生法律效力的判决书、裁定书、决定书均应在中国裁判文书网上统一公布。截至 2019 年 5 月 9 日,中国裁判文书网公布的玉树市各类有关环境的案件仅有 23 起且全部是民事、行政案件;而青海省其他相邻地区有关环境犯罪的案件也不多,而且基本都是非法捕捞湟鱼或裸鲤案件。[①] 这充分说明,目前对于澜沧江源头环境犯罪的刑事追责仍严重不足。

表 2-1　中央环境保护督察组向青海省反馈情况问题说明

主要问题	具体问题
生态优先的观念树立得还不够牢固,保护为发展让路的情况依然存在	权力机关职能部门落实新发展理念仍有欠缺,处理发展和保护的关系认识上还存在偏差。青海湖是国家级自然保护区,但《青海湖景区旅游整体策划》《青海湖风景名胜区五片区控制性详细规划》等,仍将位于核心区的鸟岛、沙岛作为主要旅游景点,与自然保护区的功能定位和管控要求明显不符
考核导向有偏差,工作推进和落实存在放松要求情况	《青海省人民政府关于进一步深化湟水流域水污染综合治理的实施意见》要求,2013—2016 年应完成 35 个水污染治理项目,截至督察时仍有 6 个未建成,5 个尚未开工,并未按要求开展年度考核问责,考核工作流于形式

① 中国裁判文书网,http://wenshu.court.gov.cn/list/list/？sorttype＝1.2019-5-9,最后访问时间:2019 年 5 月 11 日。

续表

主要问题	具体问题
《青海省水污染防治方案》降低标准、放宽要求	将《水污染防治行动计划》要求"2017 年底前依法关闭或搬迁禁养区内的畜禽养殖场"目标,放宽为"西宁、海东两市 2017 年底完成禁养区划定,2018 年底前完成关闭或搬迁禁养区内的养殖场";6 万吨未经处理的污水和 4 万吨超标污水进入湟水河。2017 年 4 月,《湟水流域水环境综合治理规划(2016—2020 年)》又将湟水流域内禁养区的畜禽养殖场依法关闭或搬迁时限放宽至 2020 年底前完成时限一拖再拖
自然保护区违规旅游开发问题突出	在鸟岛、沙岛开放旅游活动,建有大量旅游设施。青海湖管理局下属的旅游集团公司长期违规开展旅游经营,草原植被破坏、生活污水随意排放。部分自然保护区存在非法开垦行为,柴达木梭梭林自然保护区都兰分区、托素湖自然保护区非法开垦种植
生态修复进展迟缓	矿山生态环境修复滞后。按照规划要求,2015 年底前应完成 129 项废弃矿山地质环境重点治理工程,截至督察时仍有 47 项未完成。废弃矿山环境治理不力,废弃矿山地质环境重点治理工程截至督察时仍然边开采、边治理
水电开发破坏部分河流生态环境	水电开发破坏部分河流生态环境。青海省共建有各类水电站 114 座。水电开发无序,青海省目前编制了个取得发展改革部门批复、座小水电站均未建生态基流设施,公里明显减水或脱水段;大通河干流座未建生态基流设施,公里明显减水或脱水河段,造成了明显的不良生态影响
违规占用草原问题突出	环青海湖违规占用草场面积超过 14 万平方米。柴达木梭梭林自然保护区都兰分区共开垦土地 5.8 万亩,其中侵占核心区、缓冲区达 3.2 万亩。2013 年以来,21 个工矿项目违规占用草原 1.64 万亩
一些突出环境问题尚未得到有效解决。	海西州柴达木循环经济试验区部分企业环境管理水平低、治理能力弱。青海发投碱业有限公司、五彩碱业有限公司、盐湖工业股份有限公司化工分公司等企业,在 2017 年以前二氧化硫等污染物长期严重超标排放,超标率高达 90%。青海庆华煤化股份有限公司烟粉尘无组织排放严重,蒸氨废水未经处理直接用于熄焦。海东市在湟水流域禁养区内共有 110 家畜禽养殖场。污染较为严重;16 个省级以上工业园区中,只建成 7 家污水处理厂,且仅有 3 家投运

资料来源:http://www.sohu.com/a/212448382_118570,最后访问时间:2019 年 5 月 10 日。

(二)澜沧江西藏段:昌都环境犯罪治理现状

西藏珠峰作为地球之巅,是筑牢人类生态安全的重要屏障。2015年,习近平总书记对西藏生态环境问题提出要求,"西藏要保护生态,要把中华水塔守好,不能捡了芝麻丢了西瓜,生态出问题得不偿失"①。近年来,西藏自治区先后制定了30多部地方性环境法规,严格禁止冶金、化工、造纸等高污染项目进藏;在环境监管上,严格落实资源开发"一支笔"的责任审批制度,在对74个基层县市行政考核时采取环境保护"一票否决"机制,加大力度为雪域高原真正撑起"生态保护伞"。目前,我国西藏自治区共划出超过全区70%的面积区域禁止或限制开发,并在约占全区34%国土面积区域建立了47个自然保护区等。澜沧江流经西藏自治区藏东地区的昌都市。目前,该地区森林覆盖率达34.78%,森林蓄积量2.61亿立方米;湿地保护面积达8.47万公顷,占全市面积0.78%,湿地保护率达72%;有国家一级保护动物滇金丝猴、国家二级保护动物马鹿等濒危物种。由此可见,生态问题已然成为西藏当前发展必须面临的巨大挑战,在经济主义价值观与日俱增的时代,当到达峰值时必将遭遇"反噬",重拾生态价值观在西藏未来发展中具有举足轻重的作用。值得庆幸的是,西藏地区民众传统生态价值观根深蒂固。对管理者来说,未来一定时期应当是如何更加有效地平衡经济发展与环境保护的关系。由于藏区工业化程度相对不高,生活垃圾污染仍是昌都市的主要环境问题,一方面需要加大对生活污染垃圾的管理,引导人们改掉一些生活陋习;另一方面,也要时刻警惕避免工业污染对藏区的渗透,防患于未然。除加大舆论宣传外,还应当建立相应的监督检查机制等。(如表2-2)

表 2-2　中央第六次环保督察反馈问题(西藏:昌都市)

主要问题	具体问题
自然保护区建设与管理水平不高;生活垃圾及污水处理不够规范	自然保护区勘界定标不清、部分未统一设立标识,标牌生活垃圾收集清运处置工作亟待规范;城镇生活污水处理设施建设规划执行力不足
产业园区污染处理不合理;饮用水源地保护管理不到位	产业园区(集聚区)污水处理设施运行不正常;多数集中式饮用水水源地管理严重滞后

资料来源:http://www.changdu.gov.cn/1164/201809/MIT24743.shtml,最后访问时间:2019年5月20日。

---

① 2015年1月习近平总书记在中央党校第一期县委书记研修班座谈会上的讲话。

(三)澜沧江—湄公河界区:云南多个自治州环境犯罪治理现状

云南,具有丰富的自然与旅游资源,也是澜沧江—湄公河的分界区。澜沧江在云南省主要流经迪庆藏族自治州、怒江傈僳族自治州、大理白族自治州、保山市、临沧市、普洱市与西双版纳傣族自治州。2018 年 6 月,中央第六环境保护督察组对云南省环境保护整改情况开展"回头看"督察,主要针对高原湖泊环境问题统筹安排专项督察。2019 年 4 月,公开公布的反馈意见主要集中在:九大高原湖泊保护治理、自然保护区管理及生态保护、重金属污染防治及危险废物管理、城乡环境及工业园区污染防治及责任落实及检查考核等五个方面。① 2018 年 6 月,云南省高级人民法院也向社会公开发布了《云南环境资源审判》白皮书,并创新实行环境资源刑事、民事、行政、环境民事公益诉讼执行案件,归口管理"四合一"的审执模式。2017 年共审结环境资源刑事案件1750 件,审结涉及大气、水、土壤等环境污染损害赔偿等各类环境资源民事案件 2227 件。② 目前,该地区环境资源刑事案件类型主要涉及污染环境、破坏土地、矿产、森林、草原及野生动植物资源等环境犯罪。事实上,该地区自然资源丰富,也导致不同主体的利益诉求递增,成为当前环境保护的巨大障碍,各地政府不得不在平衡企业、个人利益诉求与生态保护之间艰难抉择。以云南省个旧地区为例,自 20 世纪中期该地区已逐步发展为我国"锡都",在短短半个世纪里,资源开采泛滥导致该地区最终耗尽蕴藏,群山满目疮痍,地表将被撕裂、裸露,生态环境恶化也使刑事犯罪率和总数高位运行。③ 当前,污染环境的犯罪动因呈现多元化趋势,必须汲取过去一味强调发展经济而导致生态恶化的惨痛教训。比如云南省红河州首例污染环境罪案件中,被告人李某某因沉淀池容量不足便将 9 车选矿有毒废水运至他处倾倒,该废水中含有大量

① 生态环境部:《云南省公开中央环境保护督察"回头看"及高原湖泊环境问题专项督察整改方案》,https://www.cenews.com.cn/subject/2018/,最后访问时间:2019 年 6 月2 日。

② 云南省人民政府:《云南严惩环境资源犯罪　2017 年审结刑事案件 1750 件》,http://www.yn.gov.cn/ztgg/hbdc/zxqk/201902/t20190225_63249.html,最后访问时间:2019 年 6 月 2 日。

③ 范承刚、邵世伟:《云南个旧陷"资源枯竭魔咒":毒品与艾滋病泛滥》,载《南方周末》2013 年 4 月 18 日。

有毒有害物质,其中砷、铜等含量均超过国家标准 20 倍。[1] 而"王某某等环境污染罪案"中,3 名犯罪人违反国家规定使用氰化物进行土法选金,在选矿过程中产生含有氰化物的废水 16.92 立方米、废渣 2100 立方米等。[2]

二、环境犯罪立法体系安定性孱弱

目前,我国环境犯罪立法体系相对较为复杂,出现大量授权立法与空白罪状。这种体系模式导致环境犯罪整体立法体系在安定性层面相对孱弱。刑法安定性包括两层含义,即刑法规范本身的安定,通过刑法规范的稳定性、确定性与实用性等具体要素实现;刑法确保的秩序安定,通过刑法和平性要素加以实现。安定性、正义与合目的性,是法的三大核心价值。随着自然法学派陷入低迷之轮回,法律实证主义占据上风,鼓吹法律变动的合理性,甚至个别学者夸大地嘲讽对安定性的坚守是一种"恋父情结"的残留。于是,立法者以各种借口倡导刑法规范体系的可变性,比如风险社会对环境刑法的影响、刑事法益模糊化与前置化,这种立法体系安定性的孱弱也最终动摇最基本的罪刑法定原则。

(一)环境犯罪立法的稳定性

这里的环境犯罪立法渊源不仅仅包括刑法典。如前所述,环境立法中存在大量的空白罪状与授权立法,往往需要援引具体的环境法律、环境行政法规、环境行政规章等,甚至还包括一些民族区域自治立法等。法律的稳定性是人们普遍认可的法治基本组成部分,在法律缺乏稳定性的情况下,公民很难有效地管理自己的行为和事务。[3] 法律稳定性也具有道德价值,因为它确保了类似案件可以获得平等对待。在普通法系中,司法遵循先例可以促进法律的稳定性;而在大陆法系中,立法的自我节制可有效确保法律的稳定性。针对环境犯罪的刑事立法,我国改革开放之初对生态环境保护意识不足导致相关立

---

[1] 语安:《红河州首例污染环境案公开宣判》,载《中国环境报》2017 年 10 月 24 日。

[2] 云南法院网,http://ynfy.chinacourt.gov.cn/article/detail/2017/09/id/3337843.shtml,最后访问时间:2019 年 6 月 2 日。

[3] F. H. Easterbrook, Stability and Reliability in Judicial Decisions, *Cornell Law Review*, 1987, Vol.73, p.422.

法不受重视,反而出现规制的相对稳定;而近些年由于民众对环保的诉求普遍增强,原有刑事规制或许远远无法满足现实需求,加之环境刑法的体系化推动整体刑事规制必须更进一步,立法不得不进行及时调整,这也势必影响环境刑法规范的整体稳定。当然,稳定性是一个相对概念,如何判断环境刑法是否稳定,必须借助一定的参照,而且应在一定的时间语境中考察。换句话说,相对于多数自然犯的刑法规制而言,环境犯罪属于一种法定犯,其具体规范的稳定性明显要弱于自然犯,这是由于该类型犯罪本身属性所决定的。事实上,所有法定犯规制的稳定性也并非完全同步,环境刑法相对于金融刑法,其稳定性强于后者,目前我国金融刑法稳定性问题已达一种极端——变动性极大,在短短的十几年,刑法修正的范围已涵盖所有金融犯罪,甚至出现同一条款连续修正三次的现象,不禁让人嘘唏这些金融刑法的"寿命"如此短暂,还是由于每次刑事立法与修正不够慎重?尽管环境刑法的稳定性略强于金融刑法,但其仍然存在较为严重的孱弱性,可预期的是,未来随着生态环境保护诉求的逐渐高涨,该问题则表现得更为突出。此外,考察稳定性必须在一定时间节点内,例如,某类规范 100 年内修正率超过 80%,不能言之其稳定性差;而在 10 年内修正率超过 50%,不能言之其稳定性强,至于以多少年作为衡量目标,值得进一步研究。

(二)环境犯罪立法的明确性

环境犯罪立法的明确性,主要表现在具体规范是否具有可预测性(predictable)。通常认为,明确性属于立法技术问题,即立法应当做到精确、具体,不可过于抽象、模糊。事实上,随着罪刑法定原则的广泛运用,刑事立法基本可做到具体、明确。但环境犯罪的具体刑事规制是否具有较强可预测性却是确保其明确性的前提与基础。法律的可预测性一般是指公民对自己行为法律后果预见的可能性。以环境犯罪立法为例,行为人作出破坏环境具体行为前是否对该行为的法律后果具有一定的预见。例如,A 长期以在澜沧江捕鱼为生计,却在禁渔期或禁渔区大量捕捞鱼类,按照我国《刑法》第 340 条的规定,符合非法捕捞水产品罪犯罪构成。A 是否对这种在禁渔期或禁渔区大量捕捞鱼类的行为后果具有预见性分为两个层次分析:(1)主体标准即以一般人标准、专业人标准,还是具体行为人标准衡量。以专业人标准往往被认为属于一种精英人士标准或者法律人标准,这种标准在某种程度上与普通民众对法律的理解存在一定差距,完全以精英人或法律人标准会推高预见性程度,尤其是在法律救济或律师服务程度较低的司法管辖区域,大大影响法律体系整体的明确性。以具体行为人作为主体的衡量标准,往往会使预见标准泛化、主观化与模糊化,也就是说,具体行为人对法律预见性的辩解往往站在一种利己的功利立场。此外,对于法律素质越高则要求预见性程度也越高,这对于知识水平相对较高者反而是不公平的。因此,采用一般人的主体立场较为客观、合理,既能克服标准的精英化,又能避免衡量过于主观。当然,并不排除其他国家分别采用专业人标准(如德国刑法)与具体行为人标准(如日本刑法)等。(2)内容标准即后果预见可能性是抽象结果还是具体结果。以抽象结果为标准,则要求行为人仅认识到该行为违法,需要承担否定性法律后果即可,并不苛求行为人必须认识到违法性程度或者犯罪的严厉程度;而以具体结果为标准,则要求行为人不仅要认识到行为本身的违法性,还应当对行为后果作出预判。上述例子倘若以前者为标准,在要求 A 仅认识到在禁渔期或禁渔区捕捞为一种违法便具有预见可能性,而以后者为标准则要求 A 还必须认识到该行为属于一种犯罪,甚至对刑事违法性的严重程度有所认识。从环境犯罪的角度分析,显然站在抽象结果标准更有利于最大化保护生态环境,也就是说,刑事立法只要与民众的违法性认识相一致即可认为该立法合乎理性,并不苛求该立法必须与民众的违法性程度或是否构成犯罪的认识相一致。

(三)环境犯罪立法的实用性

环境犯罪立法的实用性主要表现在:其一,具有较强的司法可操作性;其二,该具体规范在一定条件下能够被多次运用。目前,我国环境刑法的司法可操作性并不强,尤其是存在大量的空白罪状与授权立法的前提下。同样以上述非法捕捞水产品罪为例,司法机关单以《刑法》第 340 条几乎无法判定行为人是否构成犯罪,因为该刑法规范的行为模式存在大量空白之处。"禁渔区""禁渔期""使用禁用的工具、方法"均需要援引具体保护水资源的行政法规,更何况不同水源或水域的上述"三禁"内容不尽相同,即便在同一水域对不同水产品的"三禁"内容也存在差异,更何况"三禁"内容有时还会受气温、降雨等条件变化而有所变化。至于该条款中的"情节严重"亦是一个相对变量,即便借助刑事司法解释也很难精确判定每种行为是否属于"情节严重"。2016 年最高人民法院审判委员会发布了《关于审理发生在我国管辖海域相关案件若干问题的规定(二)》,其中第 3 条至第 6 条详细规定了刑事立案标准,即对"情节严重"予以司法解释。但这种司法解释也并非能够做到充分的实用性,例如

"非法捕捞水产品价值十万元以上"如何评估,仍具有一定的不确定性,因为水产品价值会因时因地而有较大差异。刑法实用性的另一表现即能否循环适用。如果某一规范仅为一次性适用规范,则根本不具有实用性,目前这种情况是极为罕见的;但是我国刑法规范中确实存在一些"休眠"或"半休眠"罪名,即这些罪名很少被"启动"。例如,全国各地法院很少审判涉嫌重婚罪案件,即便在现实中存在一些事实上的重婚现象。因此,该罪名的刑事规制实用性极差。事实上,关于环境犯罪在我国司法实践中也曾为一种"半休眠"罪名,尤其在全国各地以经济建设为中心忽略生态环境保护的社会背景下,往往对一些环境违法甚至犯罪的行为进行非犯罪化处理。这种"违法不究""执法不严"的现象最终酿成了环境生态系统的"崩溃",也大大腐蚀了刑法的威慑力,影响了刑法整体的安定。

(四)环境犯罪立法的和平性

环境犯罪立法的和平性主要体现在过程和平性与结果和平性两个层面。过程和平性是指在追究环境犯罪刑事程序过程中,手段与方法的和平性。一方面,在环境犯罪刑事司法中不可采用"以暴制暴"的手段。尽管追究环境犯罪行为具有强制性与紧迫性,也不可采取暴力司法手段。环境犯罪的受害者往往是不特定的多数人,而且容易引发群体性事件,个别地方权力机构通常为了尽快平息事件或消弭舆论压力,会采取较为激进的方式期望能尽快处理此类突发性事件。当然,为了社会秩序的和平性目的,秩序价值凌驾于公平、正义之上,在极端个案中也并非绝对化错误,例如当出现诸如"非典""冠状病毒"等一些突发公共卫生安全事件之际,采取强制手段限制民众的迁徙自由等。但这种做法绝不可成为环境犯罪刑事司法的常态。"以暴制暴"极易激化民众强烈的反抗情绪,引起社会广泛不满,对整体刑事司法造成一定的抵触,不利于刑法安定。另一方面,在环境犯罪刑事司法中不可利用刑讯逼供的方式。尽管我国刑事诉讼法中明令禁止以刑讯逼供的手段获得任何证据,但不排除目前仍存在个别司法人员非法取证的"野蛮"行径。刑讯逼供不仅极易产生冤假错案,也令法律的安定性消失殆尽。环境犯罪刑事立法结果的和平性是指具体法律所指引的司法结果不可出现任意性与随意性。倘若刑事立法留有很大的弹性空间,同样行为所面临的法律结果存在巨大差异,或者针对环境犯罪案件采取"隔墙抛砖"式的追责效果,不但不能令犯罪人对裁判结果信服,还会给民众产生一种集体剥夺感与司法不公平感,大大降低了刑法的和平性。如何判定环境犯罪刑事立法的和平性,从此类案件申诉率以及同案不同判的发生率等指标可见一斑。

三、环境犯罪具体刑事规制的"稚嫩"——以污染环境罪为例

总体上,目前我国环境犯罪的具体刑事规制仍略显"稚嫩",对生态环境的刑法保护理念未来仍有很大发展空间,尤其是在与经济主义"碰撞"过程中还会出现妥协与迂回。污染环境罪是环境犯罪中最突出,也最常见的适例,从对该罪的分析可见一斑。2011 年《刑法修正案(八)》将 1997 年《刑法》中第 338条所规定的"重大环境污染事故罪"修改为"污染环境罪"。这不仅是罪名的变化,其内容也重新做了重大调整(如表 2-3)。尽管多数学者认为,该罪名的修改对生态环境的刑事保护而言具有重大的推动价值与意义,但同时也暴露出具体规制上的"稚嫩"即仍存在许多亟待改进之处,这也是该条规定被理论界和实务界不断诟病的原因。尽管两高分别于 2013 年、2016 年联合发布司法解释,对办理污染环境刑事案件中适用《刑法》第 338 条进一步解释,但这两次的司法解释实际上并未从根本上解决该罪名本身的规制缺陷,反而加大了对《刑法》第 338 条司法适用中的分歧。[①]

表 2-3　污染环境罪主要修正的内容

主要调整范围	修改前	修改后
扩大了刑法保护的环境要素范围	仅限于土地、水体、大气	将所有环境要素都纳入其中
扩大了行为对象范围	有放射性的废物、含传染病病原体的废物、有毒物质或其他危险废物	有放射性的废物、含传染病病原体的废物、有毒物质或其他有害物质
放宽了对犯罪结果的要求	致使公私财产遭受重大损失或者人身伤亡	严重污染环境

---

① 田国宝:《我国污染环境罪立法检讨》,载《法学评论》2019 年第 1 期。

(一)罪名设置不够精准

罪名在刑法体系中起到的作用不言而喻。其一,罪名是对某项具体刑法规范的抽象与概况。不能脱离刑法规范文本之初衷,更不得与刑法规范内容相矛盾或背离,否则该罪名便失去了存在的价值与意义。其二,罪名必须精练、明确、通俗易懂。罪名措辞应当精练,不得冗长,否则便失去"名"之本义,而且透过罪名简短词语能够高度涵盖刑法规范的全部;罪名的明确要求是不能出现对罪名理解上的歧义,尤其不宜使用模糊不清、过于宽泛的词语;罪名对于刑法知识的普及与宣传至关重要,通常一般民众未必知晓某一刑法规范的具体内容,但对罪名较为敏感,因此,罪名应当通俗易懂,不可过于专业化。其三,罪名的实用性是其最基本价值。通过罪名设置能够减少司法沟通的时间与经济成本,大大提高司法效率。一旦某一罪名丧失实用性或实用性较低,则自然不具有存在的必要。"污染环境罪"源于"重大污染事故罪",显然这种重新修正更能贴合上述调整范围的扩大,但修正后的罪名也同样遭到一定诟病。一方面,《刑法》第 338 条仅规制故意污染环境行为,排除了过失犯罪。事实上,过失污染环境所造成的社会危害往往也很大,立法者仅设立"污染环境罪"而未设立"过失污染环境罪"是一大立法缺陷,应当通过修正刑法增设"过失污染环境罪"予以弥补。[①] 另一方面,污染环境罪过于概括、宽泛,也容易导致司法上的罪名竞合,毕竟污染的方式较为多样。例如,在司法实践中曾出现投放危险物质罪与污染环境罪的竞合两难。[②] 此外,侵害的环境要素多样,也导致罪名过于"口袋化"。按照国外环境刑法的通常惯例,往往会根据不同的具体污染进行罪名细化。例如,大气污染罪、水域污染罪、土地污染罪、噪声污染罪等,而我国则没有设定如此具体的罪名。

(二)罪状设置不尽科学

罪状是对行为模式的具体描述,因此,环境刑法规范的罪状必须科学且具有逻辑性。《刑法》第 338 条规定的罪状即"违反国家规定,排放、倾倒或者处置有放射性的废物、含传染病病原体的废物、有毒物质或者其他有害物质,严

---

① 田国宝:《我国污染环境罪立法检讨》,载《法学评论》2019 年第 1 期。

② 曾粤兴、卢义颖:《再论 S 市水污染案罪名的两难》,载《河南社会科学》2019 年第 1 期。

重污染环境的",这一内容在设置上不够科学严谨。其一,何为"违反国家规定"？倘若根据扩大解释,"国家规定"的范围极其广泛,包括宪法、基本法律,行政法规与规章,部门规章、地方性法规等。如根据《刑法》第96条规定排除了地方性法规与规章,但仅宪法、基本法律与行政法规的数量就非常庞大。倘若对违反所有基本法律与行政法规的严重污染案件一律追究刑事责任,显然不够现实。例如,对于一些烟草、化工等行业在生产、运输与消费过程中均存在造成环境污染的高度风险,按照罪刑法定原则进行追责将会导致这些行业不得不停产停业。因此,在罪状设置中必须对"违反法律规定"的范围进行明确限定。其二,目前罪行方式仅包括排放、倾倒及处置等三种,不仅此类行为方式存在大量的交叉,而且对于光污染、声污染与核磁等污染均无法准确适用,缺乏"释放"行为方式等。随着科学技术的进步发展,更多类型的污染物、排放方式等更加层出不穷,而目前仅有的三种处置方式无法囊括未来将会出现的新的处置方式。其三,行为对象采取"有放射性的废物、含传染病病原体的废物、有毒物质或者其他有害物质"列举方式,这些对象之间并非并列关系,而且"有害物质"本身亦包含了前三种。其四,本罪对犯罪主体并未特殊规定,按照刑法原理,犯罪主体应为自然人；而根据司法解释与司法实践,环境犯罪的犯罪主体往往是单位且占比例较大。

(三)法定刑设置不尽合理

《刑法》第338条规定的法定刑为"处三年以下有期徒刑或者拘役,并处或者单处罚金；后果特别严重的,处三年以上七年以下有期徒刑,并处罚金"。该法定刑沿袭了原"重大环境污染事故罪"的法定刑,但由于重大环境污染事故罪属于过失犯罪,而污染环境罪属于一种故意犯罪,显然,这种法定刑的保留与沿袭和故意犯罪的法定刑并不相符,也就是说,法定刑规定相对较轻。故意犯罪之罪状却配置过失法定刑,不仅与罪责刑相一致原则相违背,而且与加大环境犯罪处罚力度、提高生态环境保护意识的发展趋势大相径庭。此外,法定刑中的刑种相对单一,也不能满足实践需要。其一,并未明确罚金的具体比例或者数额。其二,资格刑往往对犯罪人更具威慑力。一旦某企业故意造成重大环境污染事故,仅处罚单位主管或主要负责人,或给予一定的经济处罚,并不能从根源上杜绝污染事故再发生,个别企业完全可以用"替罪羊"规避法律责任,而往往犯罪经济成本要远远低于因破坏环境而获取的巨额利润,如若在法定刑中增加资格刑,通过限制或剥夺从事该行业从业资格或资质的方式,则可有效地遏制一些企业规避刑责继续犯罪的风险。其三,在法定刑设置中新增一些多元化的非刑罚处理方法,在一定程度上或可减缓部分社会矛盾。例如,通过企业公开赔礼道歉,对当地受污染侵害的民众在心理上起到一定程度的抚慰作用,通过刑事制裁的方式要求犯罪人承担责任远远比民事赔偿更能发挥刑法的预防犯罪功能等。

四、环境犯罪追究刑责制度的障碍——以污染环境罪为例

我国自 2014 年起,对环境犯罪追究刑责出现大幅度提升。以污染环境罪为例,2012 年仅 6 起,2013 年 44 起,而 2014 年增加到 900 起,案件数量增长近 20 倍,2015 年案件增长率约为 49%,2016 年增长率为 14%,2017 年增长率约为 13.5%,而 2018 年污染环境罪案件审理数量却出现大幅下降(如图 2-1)。根据《刑法》第 238 条规定,污染环境罪追究刑事责任的刑责包括两档法定刑,即"三年以下有期徒刑、拘役,并处或单处罚金";后果特别严重的,处"三年以上七年以下有期徒刑,并处罚金"。以 2018 年全国公布的污染环境罪 1380 起刑事判决为例,华北、华东、华南三个地区仍然是环境污染重灾区,这些地区经济发达,企业排污量大,污染环境刑事案件数量占全国总体的 84%,而澜沧江流域的西南地区污染环境刑事案件数量仅占 3%,这种比例不平衡

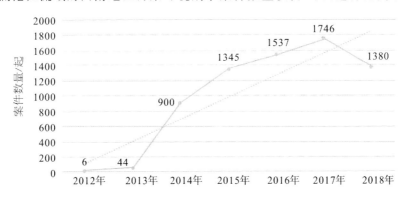

图 2-1　污染环境罪 2012—2018 年公开判决统计情况[①]

---

① 金杜律师事务所:《2018 年环境污染刑事犯罪报》,https://www.chinalawinsight.com/2019/03/,最后访问时间:2019 年 7 月 2 日。

既有经济因素即西南地区重污染企业相对较少,也并不排除与地方司法机关对环境监管力度以及司法水平有关。就目前来看,对污染环境追究刑责仍然存在一系列的制度障碍。

(一)"后果特别严重"适用率低导致"重拿轻放"

如何适用"后果特别严重"量刑幅度,尽管两高司法解释予以补充说明,但在实践中仍较少适用该较重法定刑。2018年,在已决的刑事判决中量刑适用3年以下有期徒刑的案件数量约占案件总数的74%,仅有66起案件最终被法院认定为"后果特别严重"并判处3年以上7年以下有期徒刑,约占案件总量的5%。与之相比,有超过20%的案件被认定为"犯罪情节较轻",判处拘役案件占19%,个人单处罚金仅占1%,免予刑事处罚者约占1%。2019年2月20日,最高人民法院、最高人民检察院、公安部、司法部、生态环境部联合印发了《关于办理环境污染刑事案件有关问题座谈会纪要》(以下简称《座谈会纪要》)第10条列举了从重处罚的情形:

(1)跨省(直辖市)排放、倾倒、处置有放射性的废物、含传染病病原体的废物、有毒物质或者其他有害物质的;

(2)向国家确定的重要江河、湖泊或者其他跨省(直辖市)江河、湖泊排放、倾倒、处置有放射性的废物、含传染病病原体的废物、有毒物质或者其他有害物质的。

同时,在第4条中规定,将造成生态环境损害规定为污染环境罪的定罪量刑标准之一,是为了与生态环境损害赔偿制度实现有效衔接。考虑到该制度尚在试行过程中,在司法实践中,全国各省(自治区、直辖市)可以结合本地实际情况,因地制宜、因时制宜,根据案件具体情况准确认定"造成生态环境严重损害"和"造成生态环境特别严重损害"标准。换句话说,除了跨省(区)污染环境案件外,确定是否符合"后果特别严重"并适用较重法定刑的裁量权应该下放给地方司法机关。但由于造成环境污染的企业在当地往往属于"纳税大户",一旦对该企业追究刑事责任时重罚,会引起地方财政收入减少,减缓地方经济发展、减少地方劳动就业率等连锁反应,地方司法机关往往在经济利益与环境保护中权衡利弊,选择妥协,导致对环境污染事故处理时出现"重拿轻放"之尴尬局面。

(二)基础量刑比例过大导致缓刑适用率过高

据统计,目前我国污染环境罪缓刑适用率总体上已超过 40%,排除"后果特别严重"根据较重法定刑无法适用缓刑的案件,在基础量刑幅度内的污染环境刑事案件缓刑适用率高达 54%[①];也就是说,在基础量刑幅度内处罚污染环境罪的案件超过一半适用了缓刑。这种比例远远高于其他轻罪缓刑适用率。根据刑法规定,对于判处缓刑的被告人,一般应当同时宣告禁止令。然而,目前在污染环境刑事案件中,超过 90% 的案件并未判处禁止令;同时判处禁止令的案件比例不足 10%。因此,《座谈会纪要》第 11 条规定严格适用不起诉、缓刑、免予刑事处罚。环境污染犯罪案件的刑罚适用直接关系到加强生态环境保护打好污染防治攻坚战的实际效果,在适用不起诉、缓刑等既要考虑具体案件中的从宽情节,还要考虑是否存在从严情节;既要做到刑罚与犯罪相当,又要做到刑罚执行方式与犯罪相当,切实避免从宽处罚不当适用造成的消极影响。

为此,具体列举以下情形不再适用不起诉、缓刑或者免予起诉:

(1)不如实供述罪行的;

(2)属于共同犯罪中情节严重的主犯;

(3)犯有数个环境污染犯罪依法实行并罚或者以一罪处理的;

(4)曾因环境污染违法犯罪行为受过行政处罚或者刑事处罚的;

(5)其他不宜适用不起诉、缓刑、免予刑事处罚的情形。

同时,该条还规定拟适用缓刑的案件应当分析案发前后的社会影响和反应,注意听取控辩双方提出的意见;对于情节恶劣、社会反应强烈的环境污染犯罪不得适用缓刑等;人民法院对判处缓刑的被告,一般应当同时宣告禁止令,禁止其在缓刑考验期内从事与排污或者处置危险废物有关的经营活动;生态环境部门根据禁止令,对上述人员担任实际控制人、主要负责人或者高级管理人员的单位,依法不得发放排污许可证或者危险废物经营许可证等。

(三)单位犯罪总体占比过低且对责任人员的刑责略轻于个人犯罪

尽管刑法典中并未明确规定单位可构成污染环境罪,但根据司法解释的规定,污染环境罪的犯罪主体既可以是自然人,也可以是单位。根据统计,目

---

① 　金杜律师事务所:《2018 年环境污染刑事犯罪报告》,https://www.chinalawinsight. com/2019/03/,最后访问时间:2019 年 7 月 10 日。

前我国污染环境罪涉及单位犯罪的案件仅占约 9%;也就是说,超过 90% 的污染环境刑事案件主体由自然人单独构成。对于单位犯罪的责任人员采取缓刑、单处罚金、免予刑事处罚或者未追究刑事责任的比例(约占比 61%)明显高于总体案件的比例(约占比 43%)。[①] 这与实际情况及司法诉求形成巨大落差。2019 年公布的《座谈会纪要》已充分意识到该问题的严重性,认为办理环境污染犯罪案件认定单位犯罪时应当依法合理把握追究刑事责任的范围,贯彻宽严相济刑事政策,重点打击出资者、经营者和主要获利者,既要防止不当缩小追究刑事责任的人员范围,又要防止打击面过大。同时,列举以下情形应当认定为单位犯罪:(1)经单位决策机构按照决策程序决定的;(2)经单位实际控制人、主要负责人或者授权的分管负责人决定、同意的;(3)单位实际控制人、主要负责人或者授权的分管负责人得知单位成员个人实施环境污染犯罪行为,并未加以制止或者及时采取措施,而是予以追认、纵容或者默许的;(4)使用单位营业执照、合同书、公章、印鉴等对外开展活动,并调用单位车辆、船舶、生产设备、原辅材料等实施环境污染犯罪行为的。

应当认定单位犯罪的环境污染犯罪案件,司法机关未作单位犯罪移送的,应当退回补充侦查或补充起诉等。

(四)重污染企业仍占主流且环保绿化企业明显增多

当前,污染环境罪所涉行业越来越多样化。随着环保意识及水平的逐年提高,一些新兴行业也面临着环境保护问题。然而,传统的重污染企业依然占据主流;另外,一些环保绿化行业出现污染环境行为也开始逐渐增多,值得警惕。针对行业分类,不同组织依据不同的标准存在不同的分类法。比如,印度环境、森林及气候变化委员会根据工业污染指数将企业分为红色(污染指数在60 以上)、橘色(污染指数为 41~59)、绿色(污染指数为 21~40)、白色(污染指数在 20 以下)四种。[②]《财富中国》依据发达国家的行业界定与行业演变规则,对中国的行业进行了重新划分,其中"绿色环保"主要包括以下行业(如表2-4):以污水处理设施、垃圾处理设施为主业;目前在澜沧江流域这些行业企

[①] 金杜律师事务所:《2018 年环境污染刑事犯罪报告》,https://www.chinalawinsight.com/2019/03/,最后访问时间:2019 年 7 月 10 日。

[②] https://www.bestcurrentaffairs.com/classification-industry-red-orange-green-white-category/,最后访问时间:2019 年 9 月 2 日。

业也竟成为主要环境污染"力量"。这些企业本以生态环境保护为目的而设置,可一旦保护体系不合理、不科学,却能"反噬"生态环境,造成二次污染。比如,我国环保部曾经对污染源普查发现,大型污水处理厂本应是环保的最后一道关卡,如今相当一部分却沦为当地超标排污"大户"。[①] 造成这种现象的主要原因在于:需要持续性地投入资金,一些污水处理企业建成后不愿再主动继续投入使用,直接排放未经处理的污水;城市中的生活污水增多,导致一些处理企业超标排放问题严重等。2014 年,四川省生态环境厅监测出污水处理企业排放不达标比率竟高达所有企业不达标比率的一半以上。[②] 澜沧江流域各地的污水处理同样面临不同程度的污染问题,这也是中央环保督察组先后在青海、西藏、云南三地所发现的环保共性问题之一。图 2-2 为 2008 年我国污染环境罪行业分布情况。

表 2-4　"绿色环保"行业主要范围

1.废金属处理设施;

2.纺织废料处理设施;

3.皮革废料及处理设施;

4.化工废料及处理设施;

5.废气处理设施;

6.水、污水处理设施;

7.废料回收再利用;

8.降噪声设备;

9.公共环卫设施;

10.公共环卫机械;

11.园林绿化用品及机械;

12.园林绿化工程;

13.垃圾处理、荒山绿化、天然林保护、防沙等工程和设施;

14 其他

资料来源:国家生态环境部:《2018 中国生态环境状况公报》,https://www.mee.gov.cn/hjzl/sthjzk/zghjzkgb/,最后访问时间:2019 年 12 月 28 日。

---

① 环保部:《污水处理厂反成污染源　最后一道关卡失守》,载《经济参考报》2014 年7 月 25 日。

② 四川省生态环境厅,http://sthjt.sc.gov.cn/.2019-7-1,最后访问时间:2019 年 9 月2 日。

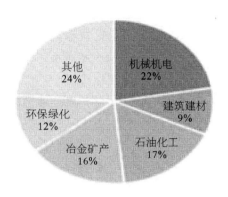

图 2-2　2018 年我国污染环境罪行业分布情况

第二节　澜湄流域跨国环境犯罪治理的主要困境

关于跨国环境犯罪(Transnational Environmental Crime, TEC),在犯罪学、国际法、行政管理学、国际政治经济学、生态保护学等不同学科领域均赋予其明确的定义,尽管内容略有差异。然而,在一些文献与政策文本中,却常常与"国际环境犯罪"(International Environmental Crime, IEC)一词混用。[①] 事实上,跨国环境犯罪与国际环境犯罪有着明显区别,它是不同相关部门对非法跨越国(边)境而实施针对野生动物、森林、渔业等犯罪活动而使用的专业化术语。跨国环境犯罪作为犯罪活动类型化的一项集合名词,它不仅便于不同权力机关在行政与司法中统一应用,而且有利于人们更多地关注跨国环境犯罪问题,呼吁人们建立有效的全球或区域性的合作机制打击此类犯罪。而国际环境犯罪往往危害的是整个人类社会的共同生存环境,诸如厄尔尼诺现象、南极与北极的臭氧层空洞等问题,责任主体仅限于国家或政府机构。[②] 显然,两

---

①　L. Elliott, Cooperation on Transnational Environmental Crime: Institutional Complexity Matters, *Review of European Comparative* & *International Environmental Law*, 2017, Vol.26, No.2, pp.107-117.

②　胡平、王文一:《论跨国环境犯罪》,中国犯罪学研究会第十二届学术研讨会 2003 年,第 276 页。

者间纵使存在内容交叉,但所属领域范围及界限却是较为清晰的。

为了打击跨国环境犯罪,相关国家或政府间建立区域合作治理机制,其意义无须赘述。然而,在具体规范化研究中,却存在一项潜在的基本前提,即哪些制度安排更有助于某一区域国家不同部门实现共同打击跨国环境犯罪,以及哪些原则最适合指导打击跨国环境犯罪的区域间合作。一方面,制度合作包括政策、法律与操作指南(operation dimension),其共同构筑成一道打击非法活动(预防、阻截与诉讼)的监管链,这些渊源的共同目标是尽量减少甚至消除非法跨国环境犯罪活动。[①] 另一方面,对跨国环境犯罪的执法、司法及有效监管均高度依赖于对合作机制的充分理解。[②] 不仅应尽可能多地掌握静态的制度体系、具体规范,了解它们的优势、劣势及后果,还要从动态上分析歧义根源、立法背景、合作初衷及所面临管理上的不安定性因素。这些都注定了跨国环境犯罪区域合作是一项复杂的系统工程。

目前,许多国家基于国内政治、经济、文化等原因在共同打击区域跨国环境犯罪时顾虑重重。以澜湄流域为例,尽管自 1996 年中国与湄公河委员会已逐步建立起一种良性对话伙伴关系;2018 年 4 月,湄公河委员会成员国在柬埔寨召开的第三届最高层会议上共同通过了《暹粒宣言》,其中在第 26 条中充分肯定了由中国所发起的"澜湄合作"机制的积极意义;2018 年 12 月,在老挝举行的"澜湄合作"第四次外长会议中,六国共同提出应加快"澜湄环境合作"运行,提高公众对"澜湄合作"的认知等。但同时,笔者也注意到在国外一些学者中却仍不乏对"澜湄合作"持有某些质疑立场,比如泰国法政大学东亚研究中心普文·布雅威群(Poowin Bunyavejchewin)教授在《潜在区域领导理论视野下的澜湄合作》一文中片面地论证出"中国试图创建将竞争对手日本排除在外的机制,对湄公河沿岸国家实施排他性影响"之结论。[③] 亚洲开发银行研究员山塔·哈曼那卡(Shintaro Hamanaka)甚至认为"中国正渴望取得在区域内

---

① L. Elliott, Cooperation on Transnational Environmental Crime: Institutional Complexity Matters, *Review of European, Comparative & International Environmental Law*, 2017, Vol.26, No.2, pp.107-117.

② R. O. Keohane, D. G. Victor, The regime Complex for Climate Change, *Perspectives on Politics*, 2011, Vol.9, No.1, pp.7-23.

③ Poowin Bunyavejchewin, The Lancang-Mekong Cooperation (LMC) Viewed Considering the Potential Regional Leader Theory, *Journal of Mekong Societies*, 2016, Vol. 12, No.3, pp.49-64.

独有的领导权"等。① 这些对中国在"澜湄合作"中的诚意与动机之误解、偏见,在某种程度上会对区域合作造成消极影响,也不可避免地会对政府间的合作产生某些负面效应。当合作机制被赋予过多的政治色彩,犹如在共同打击跨国环境犯罪时戴上了一双"厚重的手套",貌似能最大化保护本国利益而不受伤害,却严重影响合作方向,无法精准地控制"手指"去拾捡(钳制)撒落在地面(社会中)的颗粒(犯罪),更容易导致目标物的脱落。因此,区域合作各方必须清楚地认识到打击跨国环境犯罪所面临的客观困境,共同采取措施消除思想壁垒,积极消减这双无形"手套"的厚度,使在共同打击跨国环境犯罪时能够更加精准、有效。

一、跨国环境犯罪"政权复合"的非等级性

在区域合作中绕不开权力问题,这也是无法回避而又颇具争议的难题。近些年,国外学者曾提出一种"政权复合体"(regime complex)理论。美国加利福尼亚大学法学院卡尔·劳斯迪亚教授与维克托教授将其描述为"具有部分重叠且不存在等级性的一系列机构(即没有单一的法律权力来源)管理某些特定领域……它们设置相对固定的论坛,由不同国家不同领域的相关人员参与,并制定一些合法的协议"②。这也是比尔曼教授所指出的"当前环境问题全球化治理的最显著特征"。③ 为了克服刚性分析弊端,政权复合体恰能更好地诠释问题,又能保持管理上的连续性。卡尔·劳斯迪亚教授与维克托教授还将这种"闭连集"(continuum)划定出两个极端即全面、等级结构完备的制度规则体系与高度分散、不存在核心、彼此不互相联系的政权要素集结,该政权复合体则介于两者之间。根据该理论,学者普遍认为,越来越多地相互联系却不具有等级性的协议所构成的制度体系则必将变得越来越复杂,最终导致

① Shintaro Hamanaka, ADB, AMF, AMRO and AIIB: Comparative Analysis of Establishing Regional Financial Institutions, *Review of Global Politics*, 2016, No.1, pp. 119-134.

② K. Raustiala, D. G. Victor, The Regime Complex for Plant Genetic Resources, *International Organization*, 2004, Vol.58, No.2, pp.277-309.

③ F. Biermann, P. Pattberg, H. Van Asselt, et al. The Fragmentation of Global Governance Architectures: A Framework for Analysis, *Global Environmental Politics*, 2009, Vol.9, No.4, pp.14-40.

制度的不一致性、法律的不确定性、规范的模糊性、监管的随意性。令人担忧的是,这种越来越复杂的管理模式将导致成员实施否决权频率激增,使原本有效的合作变得更加困难。

(一)内部权力来源缺乏导致决议不具有强制执行力

区域合作是区域内国家发展相互依存关系与谋求共同利益之必然结果。新自由制度理念的学者通常认为,为了解决国家利益冲突、公共产品供给不足和交易费用上升等问题,国家之间通过协商方式,共同构建国际机制、制定相关法律及规范,并将合作制度化。[1] 然而,这种区域合作往往是经济上的互助模式,不排除合作各国共同对抗外部经济霸权之目的。针对打击跨国环境犯罪的区域合作而言,这种理念似乎并不匹配该类区域合作的动机。新功能主义学派代表人物大卫·米特拉尼(David Mitran)主张除技术与经济的国际合作外,对所有具体问题都可以采取合作的方式,因此,更应强调非政府行为体对区域合作的推动作用。[2] 欧洲国家无疑是区域合作的开创者。中世纪之前,欧洲国家为了追求区域和平与稳定,需要构建一个在地理意义上由中心向四周辐射的区域合作模式即建立单一城邦为权力中心向四周分散,以解决区域城邦之间的公共秩序问题。[3] 然而,这种"帝国合作模式"并未真正带来欧洲的和平与稳定,由于帝国与各城邦之间权力的失衡,反而将该地区陷入战争的深渊。随着罗马帝国的消亡,这种区域合作模式被欧洲国家彻底抛弃。但欧洲思想家们却从未放弃通过合作方式获得区域和平的设想,他们通过对帝国合作模式的反思,逐渐认识到"权力均势"在区域合作中的作用,于是,又构建出现代区域合作的"契约合作模式"。也就是,各个成员体单凭自身能力无法完全解决个别公共问题,理性会驱使它们签订社会契约,主动让渡部分权力建立起一种共同体组织。显然,区域合作的前提是各成员体在解决本国社会问题时出现重复性集体无效,为了走出"囚徒困境"而"不得已"的选择。建立某种区域合作的基础是各主体之间必须存在一定程度上的观念认同。正是这

---

[1] 高程:《区域合作模式形成的历史根源和政治逻辑:以欧洲和美洲为分析样本》,载《世界经济与政治》2010 年第 10 期。

[2] David Mitrany, *A Working Peace System : the European Union*, Springer, 1994, pp.77-97.

[3] [美]埃里克·沃格林:《城邦的世界:秩序与历史(卷二)》,陈周胜译,译林出版社2009 年版,第 192～195 页。

种观念认同在调停各主体间纠纷与冲突时发挥着重要作用,它们往往以信任机制和交往习惯为核心,通过协商手段,意见达成相对统一。为了避免重复性卷入纠纷当中,区域合作组织还会形成一系列的书面决议,甚至构建出一套争端解决机制等。然而,这种观念认同往往是"脆弱"的,一旦彼此之间失去信任,单个主体很容易打破这种平衡,轻易地撤回让渡的权力,原本共同达成的决议同时也就根本丧失了约束力。目前,关于国际环境犯罪尚且依赖缔约国通过谈判或以自行选定任何其他和平方式谋求争端解决。① 2016 年 9 月,国际刑事法院曾对国际追究环境犯罪展开更深层次的辩论,最终检察官办公室(The Prosecutor of the International Criminal Court,PICC)发布了一份关于案件选择和优先排序的政策文件,国际刑事法院仍然只能处理种族灭绝罪、战争罪和危害人类罪等案件,国际环境犯罪仅能夹杂在上述案件中才可顺便审理,并建议国际环境犯罪应通过其他国际机制进行解决。② 更何况,通常跨国环境犯罪危害程度远不及国际环境犯罪,即便该问题在区域合作中达成一定决议,协商主体多是一些非政府性组织、民间团体等,更不具备强制执行的效力等。

(二)管理等级结构模糊促使弱方过于强调主权平等

1945 年《联合国宪章》第一章第 2 条原则中首先规定了"本组织的基础是所有成员国主权平等原则"。"主权平等"也逐渐成为区域合作的基石。何为主权? 通常认为,主权是指一个国家在国际公共事务中的独立法律人格,具有一定权利和相应义务。这些权利包括对其领土的独立控制权、对常住人口及其他国内事务的管理权等。相应义务是指不干涉其他国家事务,当然,也包括不干涉其他国家专属管辖权等。③ 自 20 世纪 70 年代以来,主权国家逐渐认识到环境中的许多问题不能仅在国内法层面得到有效解决。相反,人们已经普遍意识到环境问题必须在国际社会背景下寻求多边合作。因此,环境相互依赖的主权国家基于对某些自然资源共享、对迁徙物种共管等目的,需要对保

---

① 《巴塞尔公约》第 20 条。

② Environmental Crimes at the International Criminal Court, https://www.conectas.org/en/news/crimes-ambientais-no-tpi,最后访问时间:2018 年 12 月 3 日。

③ S. Richardson, Sovereignty, Trade, and the Environment—The North American Agreement on Environmental Cooperation, *Canada-United States Law Journal*, 1998, Vol.24. No.26, pp.183-199.

护全球或地区环境进行对话并试图达成协议等。[①] 1972 年《斯德哥尔摩人类环境宣言》确立了在跨国环境合作中对主权的限制即主权国家在对领土管理享有排他性权利的同时，不得对其他国家造成侵害。1997 年联合国《国际水道公约》[②]第 10 号指南所谓"资源分配理论"中将主权分为两种类型即绝对领土主权（又称哈蒙主义 Harmon Doctrine）与绝对领土完整。[③] 该公约虽然在提高全球对国际水资源问题的重视上具有积极意义，但试图通过对资源重新分配改变既有现状即限缩河道上游国权利来取悦下游国请求的方法并未得到广泛认可。这种"一刀切"式倡议不仅不能解决所有区域跨国环境纠纷，反而容易助长或挑起区域内环境主权问题纷争。多数所谓国际水道权利诉诸国往往国土面积相对较小，经济综合实力与资源开发能力普遍不强，它们往往会过于担心主权问题，在处理环境问题纠纷时过于敏感、多疑，倘若再将环境纠纷解决机制上升为一种政治问题，夹杂一些民族主义色彩，则必将大大阻碍区域间的积极合作。上述泰国与日本的两位学者之观点可见一斑。以澜湄流域为例，中国倘若批准该公约，则必然会损害作为上游国的正当利益。也就是说，不能以削弱上游国主权的方式去扩张所谓下游国主权。当然，对该公约持保留态度并不意味着在国内开发利用水资源时完全无视下游国利益，而是主张采取一种更加灵活的方式，通过对话、谈判等途径进行解决。

二、跨国环境犯罪"行为混合"的不确定性

诚如西班牙格拉纳达大学环境犯罪研究中心特雷萨·法加杜（Teresa Fajardo）教授所言，跨国环境犯罪既是一个具有挑战性的现实，也是一个正在形成的法律概念。[④] 澳大利亚国立大学洛林·艾略特（Lorraine Elliott）教授

---

① H. M. Kindred，P. M. Saunders，R. J. Currie，et al. *International Law，Chiefly as Interpreted and Applied in Canada*，Emond Montgomery Publications，2014，p.820.

② 该公约 2014 年正式生效。公约签署国多是一些水道下游国家或无国际水道国家，而且从起草到正式生效历经 50 年。我国对该公约内容持有保留态度。

③ A. Rieu-Clarke，R. Moynihan，B-O. Magsig，*UN Watercourses Convention：User's Guide*，IHP-HELP Centre for Water Law，Policy，and Science（under the auspices of UNESCO），2012，p.103.

④ T. Fajardo Del Castillo，Transnational Environmental Crime：A Challenging Problem but not Yet A Legal Concept，*Völkerrechtsblog*，2017，No.6，p.98.

甚至对跨国环境犯罪是否能成为一种新的国际犯罪类型表示质疑。[①] 2016 年 6 月,国际刑警组织发布的报告显示,跨国环境犯罪中的总体损害价值上升 26%(目前为 91 亿～258 亿美元,而 2014 年为 70 亿～213 亿美元);各国海关人员每年截获的走私象牙数量激增,数百吨穿山甲鳞片与烘干壁虎夹杂在集装箱中进行非法交易,对森林中一些高价值林木进行掠夺性砍伐,渔业犯罪活动猖獗,非法跨境处置危险废物等,这些环境犯罪严重威胁着生态系统。[②] 2012 年,联合国毒品和犯罪问题办公室在其跨国有组织犯罪威胁评估报告中列入了关于环境资源非法交易的章节,将其与走私武器私人口贩卖等较为熟悉的跨国有组织犯罪并驾齐驱。[③] 当前,联合国大会和联合国经济社会理事会通过决议,正敦促各国政府将非法野生动物买卖指定为《联合国打击跨国有组织犯罪公约》中所界定的严重犯罪,即应受到剥夺人身自由刑期至少 4 年的刑罚。[④] 尽管长期以来跨国环境犯罪一直被视为一种非法行为类别,但这个概念进入公众视野也仅 10 余年时间,当前在刑事司法领域仍处于激烈讨论之中。在严格的国际法条款中,尚不存在跨国环境犯罪定义即目前没有任何条约将环境犯罪定义为国际犯罪。在缺乏严格的法律定义下,跨国环境犯罪(Transnational Environmental Crime,TEC)也仅作为犯罪学、全球公共政策、国际政治经济学、生态保护学等领域的“习惯性术语”。倘若将跨国环境犯罪法律化,则不得不面对其行为特点有别于传统犯罪类型之困境。

(一)侵害对象的不确定

根据联合国环境规划署官方网站中的相关信息,将“跨国环境犯罪”列举为行为人跨国进行非法采伐、走私木材,走私物种,消耗臭氧层物质黑市交易,

---

[①]　Lorraine Elliott,‘Green Crime’:Transnational Environmental Crimes as a New Category of International Crimes? *Völkerrechtsblog*,2017,No.6,p.23.

[②]　UNEP-INTERPOL Report:Value of Environmental Crime up 26%,https://www.unenvironment.org/news-and-stories/,最后访问时间:2018 年 12 月 3 日。

[③]　联合国毒品和犯罪问题办公室官网,http://www.unodc.org/unodc/en/,最后访问时间:2018 年 12 月 4 日。

[④]　T. Fajardo Del Castillo, Transnational Environmental Crime:A Challenging Problem but not Yet A Legal Concept, *Völkerrechtsblog*,2017,No.6,p.98.

有毒有害废物与其他违禁化学物品的非法活动等。[1] 然而,不同国际组织对跨国环境犯罪侵害对象范围的界定并不完全一致。例如,2015 年国际刑警组织将跨国环境犯罪的直接对象范围限定在环境污染、野生动植物、林业和渔业犯罪。[2] 同时,该组织还对 190 多个成员国关于跨国环境犯罪重点问题进行了问卷调查。最终研究表明,几乎所有国家除关注跨国环境犯罪所侵犯的直接对象外,还十分关注此犯罪行为与其他犯罪的混合问题(如表 2-5)。与跨国环境犯罪相交叉的犯罪类型极其广泛,包括危害国家安全、公共安全犯罪、破坏经济秩序与管理秩序犯罪、侵犯公民人身权利犯罪、侵犯财产犯罪与职务犯罪等。[3] 尽管不同跨国环境犯罪主要侵害的直接对象跨域性较大,但仍能抓住一些根本性的东西即并非完全不可控。也就是说,这些跨国环境犯罪即便呈现出越来越复杂的复合趋势,但仍无法脱离以谋求经济利益为主要犯罪动机之劣源。例如,近些年一些跨国环境犯罪与网络犯罪相互叠加与重合,借助电子商务平台进行非法交易,再利用个别国际物流渠道的监管漏洞,完成一整套跨国环境犯罪行为链之过程。跨国环境犯罪的网络化,加剧了各国单独打击某种具体环境犯罪的难度,也促使区域化合作不得不走向更加密切。如何更加有效地预防与惩治跨国环境犯罪,是区域各国合作的最终目标。经济手段,无疑仍是一种最有效的路径。在纷繁复杂的犯罪态样中总能发现一条主线贯穿于整个犯罪过程始终——利益驱动。因此,需要抽丝剥茧般找出跨国环境犯罪的利益主体,以非法交易的资金流向着手,精准厘清跨国环境犯罪复杂的刑事法律关系。此外,国际刑警组织的该项调查还统计出一些国家围绕跨国环境犯罪重点关注的具体对象存在较大差别。

不同国家对跨国环境犯罪的认识并不完全一致,在一定时期重点打击的具体犯罪类别也存在较大差异。例如,近些年澳大利亚正在不断收紧移民政策,自 2015 年成立的打击非法移民组织(Illegal immigration in Australia)的

---

[1] 联合国环境规划署官网,http://web.unep.org/divisions/delc/,最后访问时间:2018 年 12 月 11 日。

[2] 国际刑警组织(INTERPOL)(2018),Environmental Crime and its Convergence with other Serious Crimes,https://www.interpol.int/,最后访问时间:2018 年 12 月 15 日。

[3] 国际刑警组织关于与跨国环境犯罪密切联系主要犯罪类型包括:恐怖活动犯罪、贩卖人口犯罪、买卖枪支犯罪、非法移民犯罪、毒品犯罪、假冒商品犯罪、排放交易欺诈犯罪、网络犯罪、腐败犯罪、暴力犯罪、敲诈勒索犯罪、金融犯罪、洗钱犯罪。

主要目标即是侦破与瓦解非法移民透过移民体系所进行的各种犯罪活动。因此,不难理解,该国在打击跨国环境犯罪时仍不失与非法移民问题相结合。随着一些发展中国家逐步禁止"洋垃圾"进口,美国、欧洲一些发达国家不得不重新考虑国内的废物处置问题。例如,由于法国一些造纸商具有购买废品需求,周边国家开始转向对法国进行垃圾出口,也最终导致法国开始加大对进出口废物进行管制;跨国环境犯罪与非法进出口废物进行联合治理,自然成为近期法国跨国犯罪重点关注的问题之一。由此可见,世界各国开始普遍注重跨国环境犯罪与其他传统犯罪的混合,也从另一侧面反映出跨国环境犯罪行为本身的不确定性等。

表 2-5　国际刑警组织:不同国家对跨国环境犯罪重点关注的问题(2015)

澳大利亚——非法移民、非法捕鱼与人口贩卖
加拿大——假冒伪劣商品、消耗臭氧层物质非法交易
哥伦比亚——恐怖主义犯罪、向河流非法倾倒废油
法国——在非法进出口废物中隐藏武器
德国——与农药非法交易有关的假冒伪劣商品
危地马拉——伪造或非法签发许可证贩运珍贵木材
匈牙利——与走私废物有关的腐败与伪造类犯罪
瑞典——在冰箱上贴与虚假非氯氟烃(CVC)标识及与污染有关的犯罪
瑞士——与非法运输、处理废物有关的金融犯罪
多哥——支持非法开发森林资源的腐败犯罪

资料来源:INTERPOL. Environmental Crime and its Convergence with other Serious Crimes, www.interpol.int/crime-areas/environmental-crime,最后访问时间:2018 年 12 月 7 日。

(二)侵害法益的不确定

在大陆法系国家中,刑事法益一直以来都是确定刑事处罚范围的价值判断标准,它亦是刑事立法的基本指导原则。近年来,随着各国刑事立法不同程度地出现处罚早期化以及重罚主义倾向,不断地对传统法益保护原则提出挑战,甚至有学者主张应以比例原则替代法益保护原则等。[①] 当然,不少学者仍坚持刑法的法益保护原则立场,认为比例原则根本无法超越法益保护原则的

---

① 姜涛:《追寻理性的罪刑模式:把比例原则植入刑法理论》,载《法律科学(西北政法大学学报)》2013 年第 1 期。

内容等。^①引发这些激烈讨论的问题根源之一便是诸如环境犯罪问题很难在传统刑法中找寻适格的法益。也有不少学者提出应创制出一种"生态法益"或"环境法益"等。^②事实上,无论是"生态法益",抑或"环境法益",都是对传统刑事法益理论的一种挑战。传统刑事法益以人类为中心,满足人类利益需求为导向,并以利益多寡作为法益损害程度的基本标尺。而环境犯罪的扩大化正逐渐突破这一桎梏,促使人们不断地追问与反思是否应当坚守刑法中的"人本主义"。尽管环境犯罪最终仍会侵犯到人类的生存利益,但受时空与科技的局限,很难再以人类利益的多寡对法益损害进行评估。例如,一些贫困地区为了发展地方经济不得不打破原有生活状态下的生态平衡,如果仅以人本主义立场考察,或许解决基本生存(温饱问题)才是当地民众最为迫切之需求。倘若跳离人类私欲之利益,人类任何破坏环境行为对于其他生物来说岂止公平!回归问题本源,刑法到底是否应当突破人本主义,这才是"生态法益"或"环境法益"在刑法中能否独立化的思想根基。因此,目前这种所谓新型法益学说尚未在刑法学界得到普遍认可。那么,跨国环境犯罪所指向的具体法益自然更无法明确,这也是导致在国际社会虽早已确立"跨国环境犯罪"这一专业术语,却仍无法在一些正式公约或文本中赋予具体规制内容的理论根源之一。联合国环境规划署在其官方网站中虽明确说明跨国环境犯罪活动"直接可能导致腐败、金融犯罪与税收损失;与其他形式的犯罪活动交织,间接性地破坏合法的市场秩序"^③,但显然并未将跨国环境犯罪所侵犯的法益进行独立化,只是间接性揭示了其犯罪行为的复合性,不得不将法益依附于其他传统型犯罪等。倘若一些跨国环境犯罪并未夹杂腐败犯罪、金融犯罪、税收犯罪等,仅仅是造成严重的环境污染,由于刑事法益极其模糊或根本不够确定,是否就大大削弱甚至丧失了该跨国环境犯罪行为的刑事违法性与刑事可罚性等,值得进一步商榷。

---

① 张明楷:《法益保护与比例原则》,载《中国社会科学》2017 年第 7 期。

② 陈伟、熊波:《人类—生态刑法法益的提倡与现实运用》,载《内蒙古社会科学(汉文版)》2018 年第 3 期。

③ T. Fajardo Del Castillo, Transnational Environmental Crime: A Challenging Problem but not Yet A Legal Concept, *Völkerrechtsblog*, 2017, No.6, p.98.

三、跨国环境犯罪"制度拼接"的碎片化

跨国环境犯罪制度体系异常庞杂,或许根本无法实现全球该制度体系的"汇编化"。具体规制跨国环境犯罪不仅涉及大量国内法,仅就国际法领域中的公约、条约、协定等相关调整内容已相当广泛。更为重要的是,除了一些原则、合作意向或合作程序等概况性规定外,具体制度却往往散见在不同的法律形式之中。也就是说,通常具体跨国环境犯罪制度是对众多碎片化内容的一种拼接。例如,泰国某企业在蒙河(湄公河最大的支流)内故意排放大量有毒有害物质,导致越南九龙江大量渔业受损。虽然泰国与越南均属于湄公河委员会的重要成员国,但在追究跨国环境犯罪问题上仍离不开上游国中国的合作与参与,需要通过"澜湄合作机制"提供协助;老挝、缅甸两国需分别提供湄公河在流经其境内未发现该污染源的证明材料;柬埔寨亦需提供湄公河在该国境内发现该污染源但同时并未加重污染的证明材料等,而越南、泰国与老挝、缅甸、柬埔寨五国之间则可通过湄公河委员会合作机制予以解决。倘若澜湄六国针对环境犯罪中的"举证责任倒置"规则尚未达成共识,不仅需要上述大量材料证明泰国企业的故意排放行为与越南渔业受损结果之间存在必然因果关系,还需要分别对比泰国、越南两国的环境法与刑法,援引或适用相对应规范中的具体规制等。目前,泰国环境刑法仍主要采用一种授权立法的形式,即泰国刑法典中并未规定环境犯罪的内容,环境刑法规范散见在各类环境法以及一些具体行政法规、行政规章之中。这些规范的碎片化将跨国环境犯罪区域合作带入巨大的困境之中,唯有对这些规范碎片进行拼接,才能在一定程度上解决现实中的跨国环境犯罪问题等。

(一)调整范围的精细化

目前,全球性的区域环境合作越来越走向精细化深耕,不再停留于一种宏观性建构,而是针对某一项或几项专门环境议题进行深度合作等。以亚洲为例,1993年,为了遏制"金三角"及周边大湄公河次区域的毒品蔓延和发展,中国、缅甸、老挝、泰国共同成立了次区域禁毒合作机制(MOU),该机制也是世界上较早成立的次区域禁毒合作机制。为了促进亚太地区迁徙水鸟及其栖息地的保护,1996年亚太地区部分国家通过了迁徙水鸟保护合作战略,在此基础上重点对迁徙水鸟、鹤类和雁鸭科生物进行保护。为了推动东亚国家酸沉

降监测技术和数据交换,防止跨国酸沉降污染危害,1998 年东亚十三国成立了东亚酸沉降监测网络(EANET)。2001 年,中国和哈萨克斯坦两国签署了《关于利用和保护跨界河流合作协定》并成立了利用和保护跨界河流委员会。为防止一些发达国家将危险废物向亚洲国家进行转移,巴塞尔公约九个亚洲缔约国家在 2004 年倡议成立"亚洲预防危险废物非法越境转移"合作框架。2008 年,中俄之间签署了《跨界水体利用和保护合作协议》。为了打击野生动物走私犯罪,2013 年中国与东盟各国通过了"东盟野生动植物执法网络"(ASEAN-WEN)、"南亚野生动植物执法网络",并成功地发起了"眼镜蛇专项行动"……显然,上述环境问题的区域合作非常具体,而且突出体现了实践性;但同时,由于许多跨国环境犯罪并非单一行为,常常会涉及多国海关、金融、税收,甚至腐败犯罪,因此,在真正解决某一具体跨国环境犯罪时,也不得不对众多碎片化的规范进行整合,减少或排除争议,才能使刑事司法合作更稳妥、长久。也就是说,未来跨国环境犯罪的制度构建必将呈现一种"调整范围精细化—具体规制碎片化—制度体系整合化"之循环态势,而且循环周期也正逐渐缩短等。需要注意的是,目前全球刑法正居于"安定—变动"钟摆效应的最大摆幅时空,即各国刑法具体规范正处在频繁修正的"高峰期","风险社会"成为刑事立法者的理想借口,环境风险便是其中最大亮点。各国环境刑法不安定性加剧也进一步推动了这种"制度拼接"的碎片化。

(二)管辖适用的双边或多边化

尽管各国对于环境犯罪的具体刑事规制存在较大差异,但毋庸置疑,针对跨国环境犯罪所涉国均不愿放弃刑事司法管辖权。鉴于对域外司法管辖权的现实性限制,各国不得不在跨国刑事司法中进行合作,建立相应机制等。跨国犯罪刑事司法合作机制主要有三种形式,即引渡、合法驱逐与司法协助。[①] 以"澜湄合作"中的跨国环境犯罪为例,刑事司法管辖权的适用基本上都是双边或多边的,也就是说,一旦出现跨国环境犯罪,两国或多国都有权进行刑事司法管辖。目前,我国与湄公河流域五国所建立的刑事司法合作主要机制如表2-6 所示。

---

① Dan E. Stigall, Ungoverned Spaces, Transnational Crime, and the Prohibition on Extraterritorial Enforcement Jurisdiction in International Law, *Notre Dame Journal of International & Comparative Law*, 2013, No.3, p.1.

表 2-6　中国与湄公河流域五国主要刑事司法合作文件一览

国家	刑事司法合作文件名称
缅甸	尚未建立稳定的刑事司法合作机制*
老挝	1999 年《中华人民共和国和老挝人民民主共和国民事和刑事司法协助条约》 2002 年《中华人民共和国和老挝人民民主共和国引渡条约》
泰国	1993 年《中华人民共和国和泰王国引渡条约》 2003 年《中华人民共和国和泰王国关于刑事司法协助的条约》 2011 年《中华人民共和国和泰王国关于移管被判刑人的条约》
柬埔寨	1999 年《中华人民共和国和柬埔寨王国引渡条约》
越南	1998 年《中华人民共和国和越南民事和刑事司法协助条约》

　　注:由于缅甸部分地方政府具有一定的特殊性即缅甸中央政府的政令难以在地方畅通和有效实施,造成了缅甸与其他国家刑事司法协助的障碍。

　　资料来源:杨荣刚:《中缅边境地方司法协作问题研究》,载《云南大学学报(法学版)》2009 年第 3 期的。

　　而湄公河流域各国之间又相互建立起双边刑事司法合作机制,这使得处理跨多国环境犯罪时管辖适用问题变得更加复杂。例如,某柬埔寨籍犯罪团伙从泰国走私象牙运送到中国,途中在老缅边境被老挝警方扣留。除了老挝对该跨国环境犯罪具有刑事司法管辖权外,根据属地原则,泰国与中国均具有刑事司法管辖权(犯罪行为地在泰国、犯罪结果地在中国),而根据属人管辖原则,柬埔寨同样具有刑事司法管辖权。显然,仅依赖双边合作机制很难解决此类跨国环境犯罪问题,这不仅涉及对各国实施刑事主权的一种平衡,而且会影响对刑事被告人的公正裁决。唯有建立共同打击跨国环境犯罪的联动机制,才能有效避免某些犯罪分子利用犯罪的跨国性进行规避制裁,真正遏制与威慑区域内的环境犯罪,保护不同国家共同的生态环境等。

结语:消除跨国环境犯罪区域合作之无形"厚手套"

　　正视当前跨国环境犯罪区域合作困境的同时,与国际环境犯罪治理相比较,也应当积极、客观地看到一些明显优势。其一,区域合作的主体之间通常地理位置毗邻,这是天然且无法摆脱的关系。它们之间往往对某些自然资源具有共享性,"一损俱损"、无法"独善其身"的地缘关系使各国之间不得不走向紧密的区域合作化。其二,区域合作主体在文化方面多具有一定的共通或契合性。以澜湄流域为例,中国的傣族、壮族与泰国的泰族等在民族语言与传统文化上具有很大的相似性,尤其是在生态保护方面有很强的民族文化共通性。其三,区域合作主体成员数量相对不多,往往会使它们之间的合作具有很强的灵活性。与参与国际环境合作主体动辄上百相比,跨国环境犯罪区域合作的主体通常均在 10 个以下,它们之间合作方式更加强调实用性,在完成具体共同目标时更容易达成共识。而一旦出现新情况或面临新的困难,主体间也能较快地进行及时调整。但恰恰这些优势一旦得不到充分利用,反而在特殊情况下会转化成一定的劣势。比如,地理位置的毗连常常会夹杂一些地缘政治因素,由于参与国家相对较少,受彼此经济发展水平、国家面积等客观因素限制,很容易令一些小国家产生势力不平衡、受"压迫"之错觉。从上述分析可知,跨国环境犯罪区域合作的最大障碍根源在于一些国家往往过于担忧主权问题,甚至对单纯生态保护合作动机进行无端猜疑、在处理争端时容易失去信任且过于敏感,导致合作主体在钳制跨国环境犯罪时彼此都戴上一双无形的厚重"手套",避免自身政治利益受到任何侵蚀或不良影响。甚至个别国家国内政治选举时,不同政党的国际理念都会对区域环境合作产生重要影响。因此,未来跨国环境犯罪区域合作必须摒除一些政治等非积极因素,尽可能地主动消减主观猜疑所形成的这双无形的"手套",将跨国环境犯罪区域合作之目的回归生态保护本身。

第三章

绿色犯罪学兴起对澜湄流域环境
犯罪治理的启示

　　治理环境犯罪,必须从深入认识该犯罪开始。何为环境犯罪(environ-mental crime)?从字面而言,环境犯罪是直接危害环境的违法行为。而关于环境犯罪的外延,国内外专家学者意见不一。"环境犯罪"沦为一个复杂而模棱两可的术语,主要在于它常被用作与生物多样性、野生动植物、自然资源,危险废物、违禁物质和环境质量等有关犯罪的笼统术语;同时,学者们也用类型学创制该术语,试图捕捉每种形式环境犯罪的独特内容。[1] 但无论如何,多数学者认为环境犯罪学自从 20 世纪 30 年代芝加哥学派的先驱性研究肇基以来,其理论羽翼至臻丰满。[2]

　　近些年,随着国际打击环境犯罪的全方位合作,理论界对环境犯罪的研究方兴未艾;国外一些学者提出用一种新的开放式思维解决环境犯罪问题,逐渐形成了独特的"绿色犯罪学"理论体系。

---

　　[1] Carole Gibbs, R. Boratto Environmental Crime, *Oxford Research Encyclopedia of Criminology and Criminal Justice*, 2017, Vol.8, p.83.

　　[2] 梅建明:《论环境犯罪学的起源、发展与贡献》,载《中国人民公安大学学报》2006 年第 5 期。

第一节　绿色犯罪学的发展脉络

绿色犯罪学(green criminology)是犯罪学的一个分支,涉及对环境危害和危害环境犯罪的研究,其研究思路较为广泛,包括环境刑事政策研究、企业环境犯罪研究、环境犯罪正义研究等。"绿色犯罪学"一词,最早由迈克尔·林奇(Michael J. Lynch)于 1990 年提出,并在 1992 年与南希·弗兰克(Nancy Frank)合著的《法人犯罪与法人暴力》一书中加以延续,该书探讨了绿色犯罪与司法不公的政治经济根源以及环境法的界限范围等。[①] 1998 年,皮尔斯·贝恩(Piers Beirne)和奈杰尔·索斯(Nigel South)在《理论犯罪学》杂志上发表了一篇关于绿色犯罪学的专栏介绍后,该术语被广泛适用。[②] 近年来,绿色犯罪学也开始陆续出现在犯罪学等学科课程与专著教材中。随着时间的推移,绿色犯罪学研究亦得到了显著发展,并得到国际绿色犯罪学组织(international green criminology working group)等的广泛支持。越来越多的学者在绿色犯罪学研究中逐渐将复杂的实证分析与传统理论进行结合,重点关注环境危害与犯罪类型;将主流犯罪学与刑事司法纳入"绿化"进程中,让监狱或缓刑人员积极参与到生态司法倡议中,努力促使生态环境更加可持续化。[③] 尽管绿色犯罪学最初以政治经济学的视角,在环境刑事危害、环境犯罪、环境法律与环境司法等领域展开研究,截至目前,该研究领域已经逐渐壮大,主要包括以下几种类型化的具体研究分支。

一、政治经济、环境正义与产业单一化

如前述,绿色犯罪学最初的研究基础便是政治经济学理论。1990 年,迈克尔·林奇在著名学术期刊《犯罪学家评论》中发表了《犯罪学绿色化:以二十

---

① Nancy Frank, Michael J. Lynch, *Corporate Crime, Corporate Violence: A Primer*, Harrow and Heston, 1992, p.254.

② Piers Beirne, A. Brisman, R. Sollund, *Editors' Introduction to the Special Issue: For a Green Criminology—20 Years and Onwards*, SAGE, 2018, p.76.

③ D. Moran, Y. Jewkes, "Green" Prisons: Rethinking the "Sustainability" of the Carceral Estate, *Geographica Helvetica*, 2014, No.5, p.345.

世纪九十年代为背景》一文。该文以 20 世纪 90 年代的环境保护主义觉醒为时代背景,认为应当重新确立一种打击犯罪的新型方法即将环境主义、激进主义与人本主义进行融合,构建出一套"绿色犯罪学"(GC)体系;绿色运动已经逐渐转化并融入一些激进组织的政治纲领中,甚至催生了自己独特的运动形式——绿色政治的发展。绿色运动的主要动机是保护地球免受人类的破坏,为人类与动植物共同营造更适宜生存的环境。绿色政治运动将行动主义与政治经济学理论联系起来,认为生态环境的破坏是现代资本主义工业化生产和消费结构模式下的产物,往往受企业意识形态、政府行政支出与宽松的监管制度等多重保护;为了在犯罪学领域体现对"绿色"的重点关注,必须拓展"绿色"保护范围。^① 事实上,林奇所提出的"绿色犯罪学",是一种激进犯罪学延伸,将其研究重点放在政治经济学理论分析上。在这种观点下,必须审查绿色犯罪和司法的政治经济方面,以便了解我们这个时代的主要环境问题以及它们如何与资本主义的政治经济相联系。林奇和保罗·斯特雷斯基(Paul B. Stretesky)在《批判犯罪学家》的另外两篇文章中对政治经济学方法进行了扩展。在这些文章中,林奇和保罗扩展了绿色犯罪学的范围,将其应用于环境正义之中,并在此基础上开展了一系列关于环境正义研究^②、环境犯罪与危害分布研究^③,以及环境正义运动和执法实证研究等^④。后来,他们又先后与迈克尔·A.朗(Michael A. Long)、金伯利·L.巴雷特(Kimberly L. Barrett)等学者合作,汲取艾伦·施奈贝格(Allan Schnaiberg)论著中的观点,从环境社会学、生态社会主义、马克思主义生态学等理论中不断学习借鉴,对绿色犯罪的政治经济学解释和实证研究进行修正,提出一系列对绿色犯罪学造成结构性

---

① Michael J. Lynch, *The Greening of Criminology: A Perspective on the 1990s*, *Green Criminology*, Routledge, 2017, pp.165-170.

② Paul B. Stretesky, Michael J. Lynch, Environmental Hazards and School Segregation in Hillsborough County, Florida, 1987-1999, *The Sociological Quarterly*, 2002, Vol. 43, No.4, pp.553-573.

③ P. B. Stretesky, M. J. Lynch, Coal Strip Mining, Mountaintop Removal, and the Distribution of Environmental Violations Across the United States, 2002-2008, *Landscape Research*, 2011, Vol.36, No.2, pp.209-230.

④ M. J. Lynch, P. B. Stretesky, The Distribution of Water-monitoring Organizations Across States: Implications for Community Environmental Policing and Social Justice, *Policing An International Journal of Police Strategies & Management*, 2013, No.5, p.175.

影响的论断。[①] 纵观这种以政治经济学的方法对绿色犯罪学进行研究的整个发展过程,学者们采用翔实的科学数据与文献资料进行实证分析,逐渐形成了该方法体系的特征,并将其与其他绿色犯罪学类型进行了区分。

近些年,巴内特(Barnett Harold)[②]、费伯(Faber Daniel)[③]、冈萨雷斯(Gonzalez Carmen)[④]、皮尔斯(Pearce Frank)[⑤]等批判主义学者主张环境法应趋向于反映并重现强大的经济利益。他们对于法律的批判观察与生产单一性(treadmill of production,TOP)的概念是一致的,甚至主张"经济标准仍然是(环境)决策的基础"。2018 年 11 月,林奇、保罗与迈克尔三位学者在 Capitalism Nature Socialism 上共同发表题为《生产与法律的单一化:生态无序与犯罪的分析法命题》一文,扩展了生产单一性视角,提请人们注意通过环境立法和司法实践有助于塑造和维护强大的经济利益,而这种做法恰恰属于法律的单一性(treadmill of law,TOL),但这一问题却尚未受到批判主义学派的足够重视。为了阐明这一论点,他们除了对"TOL"进行概念化,继而提出建构 TOL 的三个基本命题:(1)反对提高环境法律规范无须通过国家(企业)法人犯罪法案的形式;(2)以可能改变生产经营的方式不执行刑法;(3)强烈反对将生产单一性"TOP"利益者与行为者定为犯罪。[⑥] 当然,在环境法律监管过程中必然会造成社会政治冲突,而林奇等学者的绿色环境学研究方法并不能解决这些冲突。例如,生产经营者之间存在竞争关系,经济利益斗争的激化会

---

① Michael A. Long, P. B. Stretesky, M. J. Lynch, et al. Crime in the Coal Industry: Implications for Green Criminology and Treadmill of Production, *Organization & Environment*, 2012, Vol.25, No.3, pp.328-346.

② Barnett Harold, *Toxic Debts and the Superfund Dilemma*, University of North Carolina Press, 2000, p.98.

③ Faber Daniel, *Capitalizing on Environmental Injustice: the Polluter-industrial Complex in the Age of Globalization*, Rowman & Littlefield Publishers, 2008, p.21.

④ Gonzalez Carmen, Trade Liberalization, Food Security, and the Environment: the Neoliberal Threat to Sustainable Rural Development, *Transnational Law & Contemporary Problems*, 2004, No.4, p.419.

⑤ Pearce Frank, S. Tombs, *Toxic Capitalism: Corporate Crime and the Chemical Industry*, Routledge, 2019, p.238.

⑥ M.J. Lynch, P.B. Stretesky, Michael A. Long, The Treadmill of Production and the Treadmill of Law: Propositions for Analyzing Law, Ecological Disorganization and Crime, *Capitalism Nature Socialism*, 2018, Vol.31, pp.107-122.

导致法律冲突;此外,竞争利益关系数量还要受到法律单一性冲突的性质影响,无论是地方性法规、国内法律,还是区域间法律。简言之,任何既定的法律单一性下的环境冲突都将在一定情形下影响生产经营者采取哪些具体行为、使用何种设备、如何形成战略联盟,以及法律冲突该当如何结束等。也可以说,法律冲突均由资本组织有关的要素结构所产生与形成。

二、非物种与非人类动物研究

绿色犯罪学的第二种主要方法是 1999 年由美国犯罪学教授皮尔斯·贝恩(Piers Beirne)在《犯罪学》杂志中所提出的"非物种论"命题。① 在贝恩看来,对非人类动物的危害研究是一项需要引起重视的犯罪学议题;同时说明了当前犯罪学关于犯罪/伤害、法律和正义的理论局限性研究几乎只针对人类利益。② 这种方法还包括有关动物权利的讨论。贝恩的绿色犯罪学方法极具影响力,现在绿色犯罪学文献中有大量针对非人类动物犯罪和虐待的研究。③ 除了对动物虐待的研究之外,非人类生物研究还包括那些针对野生生物非法捕猎、走私、贩运、交易以及濒危物种国际买卖研究。④ 绿色犯罪学家在这一研究领域中进行的许多研究都是理论上的或定性的。然而,罗恩·克拉克

① Piers Beirne, For a Nonspeciesist Criminology: Animal Abuse as an Object of Study, *Criminology*, 1999, Vol.37, pp.117-148.

② Piers Beirne, *Confronting Animal Abuse: Law, Criminology, and Human-animal Relationships*, Rowman & Littlefield Publishers, 2009, p.198.

③ G. Cazaux, Beauty and the Beast: Animal Abuse from a non-speciesist Criminological Perspective, *Crime Law and Social Change*, 1999, Vol.31, No.2, pp.105-125.

④ Tanya Wyatt, *Green Criminology & Wildlife Trafficking: the Illegal Fur and Falcon Trades in Russia Far East*, LAP Lambert Academic Publishing, 2012, p.77. Tanya Wyatt, Exploring the Organization of Russia Far East's Illegal Wildlife Trade: Two Case Studies of the Illegal Fur and Illegal Falcon Trades, *Global Crime*, 2009, Vol.10, No.2, pp.144-154.

(Ron V. Clarke)与其同事一起探究出用实证方法考察非法买卖与走私动物犯罪①,这也逐渐成为当前考察绿色犯罪最有效的方法之一。由于克拉克的方法大量借鉴与运用了更为传统的犯罪学理论,比如理性选择理论、犯罪机会理论等。因此,不少研究者不将其视为绿色犯罪学主流范畴。然而,克拉克的这种研究方法无疑引起了人们对绿色犯罪主要经验解释的关注与讨论。

值得一提的是,2019 年,皮尔斯·贝恩出版了题为《贩运野生动植物罪:正义、合法性和道德问题》的专著②;2020 年 1 月,《批评犯罪学》杂志也刊发了该论著的主要内容③。该书回顾了近 20 年绿色犯罪学对环境危害研究发展的历程,从地区、国家、国际不同层面论述了环境犯罪、受害者、刑事法律与司法等具体问题;有针对性地探讨濒危动物交易和贩运,以及这种贩卖如何使越来越多的生物物种置于濒危边缘。关于非法贩运,该书运用挪威和哥伦比亚的实证案例比较了非法买卖与根据法律合法贩运的危害性,进一步讨论了如何应对这一全球性跨国趋势;同时,对背后推动交易的动机及其后果进行了分析,提出在动物虐待和环境危害方面,应加强国际交流与合作,通过国际公约等方式禁止非法交易。该论著运用了绿色犯罪学原理,以生态女性主义理论为框架,对环境危害、动物权利、物种正义等概念提供了更为广阔的研究视野。

三、生物专利侵权与经济犯罪

一些绿色犯罪学家通过研究企业如何影响环境犯罪来探索绿色犯罪问

---

①　Andvew M. Lemieux,Ronald V. Clarke,The International Ban on Ivory Sales and its Effects on Elephant Poaching in Africa,*The British Journal of Criminology*,2009,Vol.49,No.4,pp.451-471. Ronald V. Clarke,Rolf A. de By,Poaching, Habitat Loss and the Decline of Neotropical Parrots:A Comparative Spatial Analysis,*Journal of Experimental Criminology*,2013,Vol.9,No.3,pp.333-353. Stephen Pires,Ronald V. Clarke,Are parrots CRAVED? An Analysis of Parrot Poaching in Mexico,*Journal of Research in Crime and Delinquency*,2012,Vol.49,No.1,pp.122-146. Stephen Pires,Ronald V. Clarke,Sequential Foraging, Itinerant Fences, and Parrot Poaching in Bolivia,*The British Journal of Criminology*,2011,Vol 51,No.2,pp.314-335.

②　Rognhild Aslang Sollund,*The Crimes of Wildlife Trafficking:Issues of Justice,Legality,and Morality*,Routledge,2019,p.88.

③　Piers Beirne,Ragnhild Aslaug Sollund,The Crimes of Wildlife Trafficking:Issues of Justice,Legality and Morality,*Critical Criminology*,2020,No.1,p.64.

题,该研究与第一种方法相似,但又缺少政治经济学理论基础。① 除其他问题外,这种方法还包括对生态犯罪和活动的讨论,例如,奈杰尔·索斯教授曾在皮尔斯·贝恩主编的《绿色环境犯罪学》一书中以"'企业对自然的殖民化':生物勘探、生物专利和绿色犯罪学的发展"对生物专利权展开讨论。② 生物专利在很大程度上是公司为使本地知识商品化将其转化为营利性产品而作出的努力,同时剥夺了当地人民对该知识和产品权利,并且在大多数情况下,规避了向本地人就知识或产品支付报酬。生物专利包括当地人民的社会与经济正义问题。此类犯罪也属于经济犯罪范畴,这与里斯·沃尔特斯(Reece Walters)的相关专著所提出的"经济犯罪"术语是一致的。③ 里斯·沃尔特斯提出对企业经济犯罪的审查还包括应对其他生态有害的公司行为进行分析,例如,转基因食品的生产④和各种形式的有毒污染⑤等。

事实上,韦氏词典在1993年首次将"生物专利侵权"定义为在不向该国家或地区的政府和人民提供公平经济补偿的情况下,不道德或非法挪用或商业开发特定于某个国家或地区的生物原材料(例如药用植物提取物)等。⑥ 当然,近些年也有学者对"生物专利权"是否属于绿色犯罪学研究问题提出质疑。例如,美国学者林奇与斯特雷特斯基两位教授在2017年曾撰文《绿色犯罪学与绿色科学之间的相似之处:走向绿色犯罪学类型化》一文中,指出绿色犯罪学的发展因该领域的分歧与方法的多元性而减慢发展速度,他们提出"绿色犯罪学类型化"主张,即应借鉴自然科学在生态毒理学、环境毒理学和绿色化学等不同领域所建立的文献分类。具体来说,他们倡导一种将绿色科学划分为

---

① Vincemzo Ruggiero,Nigel South,Green Criminology and Crimes of the Economy: Theory,Research,and Praxis,*Critical Criminology*,2013,Vol.21,No.3,pp.359-373.

② Nigel South,Bio-Piracy and the Development of Green Criminology,*Transnational Environmental Crime*,2017,Vol.13,p.341.

③ Reece Walters,Crime,Bio-Agriculture,and the Exploitation of Hunger,*British Journal of Criminology*,2006,Vol.46,No.1,pp.26-45.

④ Reece Walters,Food Crime,Regulation,and the Biotech Harvest,*European Journal of Criminology*,2007,Vol.4,No.2,pp.217-235.

⑤ Reece Walters,Toxic Atmospheres Air Pollution,Trade,and the Politics of Regulation,*Critical Criminology*,2010,Vol.18,No.4,pp.307-323.

⑥ https://www.merriam-webster.com/dictionary/biopiracy,最后访问时间:2019年2月18日。

经济方法、环境方法和政策导向方法等。通过回顾绿色科学的发展脉络，可对传统的绿色犯罪学进行"绿色环境学"与"绿色经济学"区分，鼓励绿色犯罪学家进一步拓展"绿色"类型，推动该领域的发展。[①] 这种类型化倡议实际上是对学术领域进行切割，将绿色犯罪学回归到以研究环境违法与犯罪为中心，避免涉足领域过于分散，不利于绿色犯罪学本身的可持续发展。但这种学科类型化的观点也同样遭到部分学者的批判，例如 2020 年，杰西卡·卡勒（Jessica S. Kahler）、梅勒迪斯·戈尔（Meredith L. Gore）在《野生动物犯罪研究梳理：趋势和对未来发展的启示》中提到，野生动物犯罪是犯罪学和刑事司法（criminology and criminal justice，CCJ）研究中的一个新兴课题，学者们应当更好地了解随着时间的推移该研究领域的演变进程，以及在何处存在扩展的机会等；从"刑事司法摘要"数据库中搜索到的数据表明，在文献中鲜见定量研究，大多数研究本质上是概念性或理论性的；学者们过分依赖某种方法，缺乏实践性与信息整合性。[②]

四、生态灭绝研究

"生态灭绝"表述为一种人类活动的犯罪化，这些活动将导致在特定区域的生态系统遭受大范围损坏、毁灭或消失，且削弱了包括人类在内的这些生态系统中所有物种的健康和福祉。它涉及违反环境正义、生态正义和物种正义原则等犯罪行为。该研究倡导者认为，一旦这种情况是由于人类行为而产生时，即发生犯罪。目前联合国尚未将此视为国际罪行。[③] 保利·希金斯（Polly Higgins）在《生态灭绝的削减：预防我们星球毁灭的法律与管理》一书中提到导致"生态灭绝"的主要诱因包括：（1）过分依赖于技术。很多行业相信技术可以提供解决所有问题答案的这种狂妄自大。（2）企业的许多责任被免除，不仅包括对员工的责任，也包括对更广泛的生态区的责任。（3）未能预料到科技的

① 　Michael J. Lynch，Paul B. Stretesky，Similarities Between Green Criminology and Green Science：Toward a Typology of Green Criminology，*International Journal of Comparative and Applied Criminal Justice*，2011，Vol.35，No.4，pp.293-306.

② 　S. C. Mcfann，S. F. Pires，Taking Stock in Wildlife Crime Research：Trends and Implications for Future Research，*Deviant Behavior*，2020，Vol.41，No.1，pp.118-135.

③ 　R. White，D. Heckenberg，*Green Criminology：An Introduction to the Study of Environmental Harm*，Routledge，2014，p.101.

潜在威胁所导致的失败,也就是说,未能采取适当措施阻止灾难的发生。因为卷入的企业最担心的是由个人和集体损失引起的诉讼成本以及盈利收入的减少。这种严重犯罪击败了我们的预估,不仅在于灾难的规模上,而且在于法律控制上的失效。①

面对"生态灭绝",我们能做些什么呢?法律完全可以创造性、建设性地予以运用,或许可以在一夜之间"扭转乾坤"。推动法律在新的领域进行创新,"如果关上一扇门,就再打开另一扇窗",法律可能会无意间产生积极的效果。法律也可以改变我们对价值观的理解,反之亦然。有时法律置于一种"不利"位置,不仅法律本身遭到破坏,也直接或间接地损害了人类利益。我们必须根除、修正和改变旧的法律,避免故步自封,这种变化更为重要的是,通过改变法律继而改变我们当前破坏生态的行为轨迹与习惯。消除"生态灭绝"需要积极与勇敢决定。为了消除"生态灭绝"危机,我们早已在遣词时将"警告"嵌入其中。从字面上看,我们必须阻挡这个无法自动停止的遭到破坏之"列车",仅轻轻地踩刹车是行不通的。它本身具有一个强大的驱动力,当已完全失控时去停止它,需要勇敢,无论从外面拉动铁路轨道的人,还是从里面拉动紧急制动的人,都要勇敢。如果两者都熟练而迅速地完成,几乎没有人会受伤,火车将安全地突然停止。消除意味着从根与源头上彻底清除。"Ecocide"一词的古英语起源于拉丁语词根——"root","eradicat"由"roots"拼写而成。"Ecocide"一词的前缀是"eco",源自16世纪希腊语oikos,意为"房屋,住所,家园"。后缀"cide"的意思是"杀手",源于法语cide的使用,更可追溯到拉丁文caedere的"击倒、砍碎、根除生态杀手",意味着强行清除正在破坏我们栖息地的系统。"生态灭绝"论就像致命的日本虎杖(Japanese Knotweed)——它正四处散布控制力,使生活陷入混乱,令人们拼命摆脱窒息。为了阻止它,必须从根本上进行清除。以石油工业为例,问题的根源在于关掉"上游"、关闭源头,这意味着停止以原始状态提取和消耗自然资本过程。

五、生态全球犯罪学研究

一些研究环境犯罪和正义的人常常习惯引用澳大利亚塔斯马尼亚大学罗

---

① Polly Higgins, *Eradicating Ecocide*, Shepheard Walwyn, 2012, p.89.

伯·怀特(Rob White)教授的"生态全球犯罪学"术语。① 怀特在提出这一术语时建议,有必要对环境犯罪在其全球背景和联系中的发生进行批判性分析。② 与林奇关于绿色犯罪学的政治经济学方法相似,怀特还指出,最好论及环境犯罪的政治经济学以及社会、环境正义等问题。怀特教授还提出了构建生态全球犯罪学的四种方式,分别是本体论、认识论(认识方式)、方法论(做事方式)和价值论(评估方法)。他假设并断言,全球化的犯罪学方法对绿色犯罪学至关重要,特殊背景下的环境犯罪等有害活动需要在广泛的国际政治、经济与社会背景下进行分析;全球化研究必须始终包含来自世界各地,尤其是世界大都市中心及边缘外围的声音,接受对坚持认识论者、殖民主义与帝国主义物质现实和传统社会关系的批判。的确,采用这种方式也同样会产生许多悖论与难题。简言之,生态全球犯罪学对环境问题的回应非常简单,即需要更多对话、更多地分享观点、更多地合作研究与仔细聆听来自不同领域知识的思想碰撞。事实上,生态全球犯罪学的使命是促进全球合作,关注点在于对环境可能造成危害的合法与非法行为,以及不作为方式的环境危害行为等。生态全球犯罪学试图打破"常识"思维禁锢,认为"常识"具有一种神奇能力,即它能把各种分散的、矛盾的、完全对立的思想汇集成一个统一但又混乱的框架。在某种程度上,常识可以用习惯性的非思维"明显性"来解释,即根深蒂固的思维存在、行动方式等很少得到批评或重新思考。但是,这种所谓"常识性"意识形态还受到霸权意识形态过程的熏陶,这种思想过程既可以允许也可以拒绝存在,诸如,针对全球气候变暖等现象的态度。因此,"善良""公平""公正"这些术语容易存在不同解读。生态全球犯罪学的一个目标就是设法使这种混乱变得更加敏感,为那些正在迅速摧毁我们所知的生活基础与具体实践提供一种连贯性、批判性的叙述机会。③

　　但同时也应注意到,当今反全球化浪潮正与全球化展开一场思潮上的"殊

---

① Rob White, *Transnational Environmental Crime*, Routledge, 2017, p. 342. R. Sollund, *Eco-global Crimes: Contemporary Problems and Future Challenges*, Routledge, 2016, p.9.

② Rob White, Researching Transnational Environmental Harm: Toward an Eco-global Criminology, *International Journal of Comparative and Applied Criminal Justice*, 2009, Vol.33, No.2, pp.229-248.

③ Rob White, The Four Ways of Eco-global Criminology, *International Journal for Crime, Justice and Social Democracy*, 2017, Vol.6, No.1, p.8.

死搏斗",而反全球化运动恰恰是一些环保主义者所发起与推动的。这似乎是一种极大的"讽刺"! 受民粹主义思想影响,一些激进主义者反对全球化的动机是多元的,其中就包括一部分运动拥护者认为鉴于富国和穷国之间的经济差距,全球化导致大型企业(尤其是跨国企业)并没有采取有效措施来保护环境以及工人的健康和福祉,自由贸易只会增加工业化国家的权力使富裕国家更具有优势,更便于能够剥削并导致全球贫富差距扩大。[①] 在越来越多对生态环境的关注中,一个重要的问题是:全球化到底是否会对环境产生相反的影响? 换句话说,如果全球化有害,那么我们是否还可期望当前的全球化趋势能对环境的危害减少。考虑到席卷全球日益增加的反全球化情绪,目睹了英国脱欧、唐纳德·特朗普的当选、比利时反对欧盟与加拿大之间的贸易协定等,甚至在曾经作为世界上最强的全球化缔造者与拥护者的美国,近些年也出现反全球化情绪的高涨。部分支持者坚持认为,全球化的增加收益是以牺牲环境为代价的,因为更多的开放经济体采用了宽松的环境标准;全球化造成了全球竞争,导致经济活动的加剧,从而耗尽了环境和自然资源;全球化进程并不一定意味着减少了诸如二氧化碳、二氧化硫、二氧化氮等有害气体的排放,而通过所谓全球化技术创新,仅是将污染等生态问题从具有严格环境法规的国家中转移,使得更多经济不发达国家或环境法制不健全国家沦为"污染天堂"。事实上,这些观念是较为偏见的。如果没有国际贸易,消费者的选择将会有限,并且可能被迫仅购买可能是在宽松的环境标准下生产的国内商品。通过世界贸易组织等机构多边谈判实现全球化的经验表明,尽管环境保护不是世贸组织核心任务之一,却能激发其成员对可持续发展和环境友好型贸易政策的热情支持。

六、绿色文化犯罪学研究

正如阿维·布里斯曼(Avi Brisman)和奈杰尔·索斯(Nigel South)所提出的一样,绿色文化犯罪学试图整合绿色和文化两者之间的犯罪学,以探索诸如"环境"和"环境犯罪"等术语的文化内涵和意义。他们在《绿色文化犯罪学:一个具有探索性的简论》一文中认为,在过去的 20 年中,"绿色犯罪学"已经成为一个独特的研究领域,聚集了一大批具有特定研究兴趣并代表着不同理论

---

① D. J. O'byrne, A. Hensby, *Theorizing Global Studies*, Red Globe Press, 2011, p.7.

方向的犯罪学家。"绿色文化犯罪学"从微观到宏观,从个体环境违法到商业/企业环境违规,再到国家层面的破坏环境行为,包括主流研究、批判主义研究,以及跨学科研究等。之前却几乎鲜见有研究试图将文化犯罪学与绿色犯罪学进行显性或隐性整合。绿色文化犯罪学的提出,旨在将环境文化价值、环境犯罪与环境损害等这些独立分散的研究点融合到绿色犯罪学当中。首先,文化犯罪学从某种意义上已经属于环境保护犯罪学。其次,该研究试图将绿色犯罪学映射到文化犯罪学的几个关键维度上:(1)关于空间、越界和反抗的争论;(2)构成特定犯罪与媒体表达方式;(3)消费主义模式的建构。同时,该学说还认为绿色犯罪学与文化犯罪学之间的交叉融合是"互惠互利"的。[①] 英国诺桑比亚大学坦妮娅·怀亚特(Tanya Wyatt)教授认为,犯罪学领域之间的这种精妙而必要的联系大大有助于理解环境与文化之间的联系;弄清环境与文化之间的关系对于保护地球至关重要,这无疑也将在未来能够推动绿色犯罪学和文化犯罪学的界限。[②] 英国萨福克大学西蒙·霍尔斯沃思(Simon Hallsworth)教授认为,绿色文化犯罪学融合了近年来最重要的两个犯罪学发展领域:绿色犯罪学(其重点是对环境和非人类物种造成的危害)和文化犯罪学(其重点是对人类的危害),强调消费文化与文化传播在现代社会中的作用;这种整合分析便于更好地了解如何处理环境危害,同时也敦促部分文化犯罪学者走向"绿色"学科。因此,绿色文化犯罪学具有一定的挑战性,以独特的方式突破了批判犯罪学的边界。[③]

事实上,绿色文化犯罪学更适合于一种叙事性研究方法,而叙事式犯罪学则不限于对犯罪者的非虚构性描述。为了进一步强调该内核,有时需考虑犯罪分析的时效性,以及叙事描述与绿色文化犯罪学的不同步,是非常有必要的。通常认为,关于文化研究采用的方法都是定性的;那么,绿色文化犯罪研究也只能限缩于一种定性研究。然而,定量研究却是犯罪学最"引以为傲"的,尤其是相对于刑法研究而言。绿色文化犯罪学能否继续保持定量犯罪学研究范式,值得进一步探讨,更何况犯罪学大量采用定量研究本身也引起了广泛争

---

① Avi Brisman, Nigel South, A Green-Cultural Criminology: An Exploratory Outline, Crime Media Culture, 2013, Vol.9, No.2, pp.115-135.

② Nigel South, Tanya Wyatt, Comparing Illicit Trades in Wildlife and Drugs: An Exploratory Study, *Deviant Behavior*, 2011, Vol.32, No.6, pp.538-561.

③ Simon Hallsworth, Then they Came for the Dogs! *Crime Law and Social Change*, 2011, Vol.55, No.5, pp.391-403.

议。2010年,萨瑟兰(Frank Cullen)在美国犯罪学学会做的题为《超越青春期的犯罪学:选择我们的未来》报告中,曾解释道:实际所构建的定量研究规范标准:第一,要确保使用工具对少数样本进行调查。第二,制定理论变量的多个度量/或多个项目度量。如果能够结合新理论来完成,则是非常好的。第三,应包括支撑报告中的犯罪参与者。第四,进行分析以揭示支持或不支持所提出的假设。第五,宣称自己倡导的理论是成功的(就像Hirschi所做的那样),或者呼吁进一步地研究(就像我们大多数人一样)。如果遵守这些规范,那么研究成果发表的概率会很高(或许在顶级期刊中)。但这种方法的滥用却会让我们感到平淡无奇且过于功利性。① 这似乎也与卡尔·克洛克斯(Carl Klockars)的不屑一顾态度一样,即"想象力是一回事,犯罪学是另一回事。相反,我更喜欢理查德·埃里克森(Richard Ericson)和凯文·卡里尔(Kevin Carriere)更具有价值的成果:唯一可行的学术责任是鼓励人们放任自己的头脑游荡,在边界和边界之间进行一场智慧旅行,也许他们永远不会得到很好的回报"。② 的确,埃里克森和卡里尔能给各学科研究提供更多思想源泉,尤其是在绿色文化犯罪学领域适当增加文学性。用德国哲学家尼古拉斯·雷舍尔(Nicholas Rescher)的话来说:"与自然现实世界不同,小说世界在价值论上并非中立的;但却可以为我们提供穿越时空的人文领域知识,为我们提供有关人类生活行为的课程,以及更加注重自然学科无法做到的事情。"③

七、保护主义犯罪学研究

保护主义犯罪学是绿色犯罪学的补充。保护主义犯罪学最初是由密歇根州立大学渔业与野生动物系、刑事司法学院以及环境科学与政策计划的跨学

---

① Frank Cullen, Beyond Adolescence-Limited Criminology: Choosing our Future—The American Society of Criminology 2010 Sutherland address, *Criminology*, 2011, Vol. 49, No.2, pp.287-330.

② A. Brisman, On Narrative and Green Cultural Criminology, *International Journal for Crime, Justice, and Social Democracy*, 2017, Vol.6, No.2, p.64.

③ M. Emre, D. Aarsland, R.G. Brown, et al, Clinical Diagnostic Criteria for Dementia Associated with Parkinson's Disease, *Movement Disorders*, 2007, Vol.22, No.12, p.22.

科研究小组提出的，旨在寻求克服单一学科固有的局限性，并实地进行改革。① 保护主义犯罪学是一种跨学科的应用范式，用于理解全球保护风险相关的计划和政策。通过整合自然资源管理、风险和决策管理以及犯罪学理论，基于保护主义理念的方法可以理想地提高环境弹性，保护生物多样性并确保人类生存。保护主义犯罪学作为一门跨学科的科学，需要继续进一步在具体实践、教育和制定政策过程中，不断创造性地结合来自不同学科的理论、方法和技术等。关于保护主义犯罪学的跨学科性质的思考可能令学者们振奋，但却需要耐心和对核心学科的不同语言、认识论和本体论进行统筹理解与把握。目前，保护主义犯罪学已广泛应用于自然资源的开采与利用领域，例如，纳米比亚国家的狩猎野生物②、马达加斯加的环保腐败③与电子垃圾④，以及普遍不遵守保护规则的行为等⑤。通过依赖多种学科的整合，保护主义犯罪学逐渐超越理想，促进了对风险的二阶与三阶后果思考，而不仅仅是对表面、孤立趋势的探究。

　　然而，保护主义犯罪学也并不是漫无边际地超越不同学科，仍受一些因素指引：第一，试图以现有的绿色犯罪学文献为基础，包括呼吁扩大跨学科框架范围仍应保持具有高度的理论和实践价值。第二，有关人文与自然科学耦合（CHANS）的文献给保护主义犯罪学带来影响，促进跨学科研究支撑（例如，多重理论、数据收集、管理、分析和综合技术等），但必须区分研究的短期或长期时间维度，提前明确研究问题的复杂性程度与预期成果的反馈。第三，依靠

---

　　① Caole Gibbs，M. L. Gore，E. F. Mcgarrell，et al. Introducing Conservation Criminology：Towards Interdisciplinary Scholarship on Environmental Crimes and Risks，*The British Journal of Criminology*，2010，Vol.50，No.1，pp.124-144.

　　② J. B. Rizzolo，M. L. Gore，J. H. Ratsimbazafy，et al. Cultural Influences on Attitudes about the Causes and Consequences of Wildlife Poaching，*Crime Law，and Social Change*，2017，Vol.67，No.4，pp.415-437.

　　③ M.L. Gore，M.L. Lute，Ratsimbazafy J.，et al，Local Perspectives on Environmental Insecurity and Its Influence on Illegal Biodiversity Exploitation. *PloS One*，2016，Vol.11，p.4.

　　④ Carole Gibbs，E. F. Mcgarrell，M. Axelrod，Transnational White-Collar Crime and Risk：Lessons From the Global Trade in Electronic Waste，*Criminology & Public Policy*，2010，Vol.9，No.3，pp.543-560.

　　⑤ J. N. Solomon，M. C. Gavin，M. L. Gore，Detecting and Understanding Non-Compliance with Conservation Rules，*Biological Conservation*，2015，Vol.189，pp.1-4.

归纳推理原理,通过反复试验促进对既有框架的不断完善与系统考察。为了贯彻这些目标,卡罗尔·吉布斯(Carole Gibbs)等学者提出保护主义犯罪学的初步概念应从划定学科框架入手(如图 3-1),针对归纳推理的过程建立关于环境问题的通用知识,在归纳推理过程中,学者们研究特定的行为和开始建构自己的研究类型;当然,推进理论的重点放在较为具体、狭小问题上显得尤为重要,为了提出解决问题的相关对策,需要挖掘更多知识进行跨问题评估异同。① 保护主义犯罪学并非体现所谓"西方科学方法"或客观主义哲学,而是

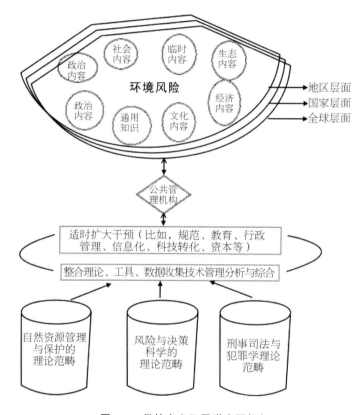

图 3-1 保护主义犯罪学主要框架

资料来源:根据 Introducing Conservation Criminology:Towards Interdisciplinary Scholarsh ip on Environmental Crimes and Risks 一文翻译绘制。

---

① Carole Gibbs,M. L. Gore,E. F. Mcgarrell,et al. Introducing Conservation Criminology:Towards Interdisciplinary Scholarship on Environmental Crimes and Risks,*The British Journal of Criminology*,2010,No.1,pp.124-144.

一种相对方法论,因为现实总是"穿梭"在文化与经验之间;所推荐的主要研究框架也旨在整合各种形式上的知识与罗列部分真相罢了! 例如,保护主义犯罪学对环境风险的定义不仅基于理论专家的推论,还涵盖公众对风险的普遍认知。该研究方法还深受实证主义认识论的影响。图 3-1 显示的框架中,明确鼓励考察政治、经济、文化和社会等因素对环境犯罪和环境风险的定义等。

综上,尽管研究分支不同,但总体上,绿色犯罪学是跨学科的,因此,常常也被诟病为本身缺乏独有的理论或对理论不具有某些偏好与倾向性的一种研究方法。通过梳理目前有关绿色犯罪学的研究成果不难看出,其中很大一部分采用的是定性和描述性方法,通常这些研究的确没有提出独特或统一的理论。即便如此,但上述个别研究方法类别中还是流露出了对某些理论上的偏向。例如,绿色犯罪学的政治经济学方法对绿色犯罪、受害和环境正义的解释与政治经济学分析的几种现有形式相吻合。皮尔斯·贝恩的研究采用跨学科的理论视角,涉及对各种动物权利模式进行论证;克拉克关于偷猎与贩运动物的研究模式是在传统犯罪学理性选择理论的基础上建立起来的。迄今为止,相对于传统或惯常的街头犯罪的犯罪学理论而言,这些不同研究的确对绿色犯罪与正义的相互融合与解释缺乏可验证性。这些也都是绿色犯罪学无法回避的研究"软肋"。

第二节　绿色犯罪学理论对澜湄流域
环境犯罪治理的启示

尽管西方绿色犯罪学理论体系经历近 30 年的发展已日趋成熟,而且各分支研究也日渐体系化;然而,该理论体系在我国的发展仍处于起始阶段且步履缓慢。笔者从中国知网搜索相关论文,目前仅寥寥数篇,且基本均是对西方绿色犯罪学的简要介绍,缺乏深层次理论对话与探讨。有学者认为,绿色犯罪学至少在以下三个方面值得我国借鉴:一是,力倡科技整合与协同;二是,多元的科学研究手段;三是,全球化的研究视野。[①] 绿色犯罪学在我国发展遇到的最大障碍在于环境犯罪相关立法缺乏独立性与体系化。国内不少学者对环境犯

---

① 陈世伟:《犯罪学的绿色视角:西方绿色犯罪学的发生、发展及借鉴》,载《国外社会科学》2016 年第 3 期。

罪的认识仍停留在空气、水、土地污染等方面,尤其是主张与野生动植物的保护进行区分。事实上,生态环境保护是一个系统工程,绝不可将野生动植物与水、空气、土壤等自然资源相隔离。更何况,我国目前对非人类生物的违法规制也仅局限于那些被列为重点保护对象的濒临灭绝的野生物种类。通过对比不难发现,当前我国就环境犯罪的理论研究与法治实践仍然相对滞后。以刑法为例,除了规制对象相对狭隘之外,在法典的结构体系上仍依附在其他类罪名之中;从破坏环境犯罪归属于妨碍社会管理秩序罪章节可见一斑,也足见对环境犯罪所侵犯的特有法益严重程度普遍存在认识不足。此外,对环境犯罪的立法研究表现出一种"头痛治头,足痛治足"现象,缺乏从犯罪原因入手进行体系化的深入研究。当然,对环境犯罪刑事规制进行适时补漏与修正是非常必要的,但立法与司法仍不能失去理性,应以成熟的理论研究为基础与前提。试问:应将哪些动物列入刑法保护范围,及原因与动机是什么?"非典"疫情结束禁止食果子狸,新冠疫情结束禁止食穿山甲……这种循环永远缺乏前瞻性。普通民众却无法知晓捕杀果子狸、穿山甲与猪、狗、牛、羊有何根本不同,仅仅因前者可知会感染病毒而禁止吃,岂不太肤浅且缺乏正当性?法律的这种不确定性也无法提升民众的普遍守法意识,如果仅仅以人类利益为中心进行环境保护,不仅刑事立法很难达到预期效果,而且偏离了刑事规制的重要价值与意义等。

毋庸置疑,绿色犯罪学理论对我国环境犯罪规制具有深远的借鉴价值。回归到本书,以澜湄流域为视域,通过梳理该理论体系进行匹配与对照,发现"绿色"理念对澜沧江—湄公河治理具有重要意义。澜湄流域环境犯罪不但具有明显的跨国性,而相应犯罪治理又具有跨专业学科性,这恰恰与绿色犯罪学方法中所倡导的多元手段与全球化视野相契合。需要指出的是,本书从上述方法分类中刨除生物专利侵权与生态灭绝之内容,主要是基于:生物专利侵权相对偏离传统环境犯罪研究中侧重以环境违法犯罪为中心,为避免涉足方法过于分散,故笔者对生物专利侵权视角分析环境犯罪予以保留;就生态灭绝方法论而言,笔者认同环境犯罪如同致命"虎杖"之蔓延态势,但由于该方法过于悲观。"星球毁灭"的预兆未免让人类失去信心,唯有相信科学力量的改变,才能避免走向环境保护的"宿命论"。

一、澜湄流域环境犯罪治理的政治经济学分析

政治经济学是一门既古老又新颖的学科,自法国学者安托万·德·蒙克莱田(Antoine de Montchrétien)于 1615 年出版的《献给国王和王后的政治经济学》一书中首次使用"政治经济学",这一术语至今已有 400 多年的发展历史;同时,作为现代经济学的一个重要分支,政治经济学从 20 世纪后半叶开始兴起对环境议题的关注。一方面,政治层面,不同政党人物惯用环境议题深耕政治号召力,继而拓展了环境对政治之间的相互影响力;另一方面,国家行政决策与执行机关往往会运用经济学的方法分析环境保护问题,平衡经济发展与生态维持之间的冲突与矛盾。例如,在全球暖化议题上,美国民主党与共和党的政策主张明显不同,以总统特朗普为代表的部分共和党政治人物为了振兴国家经济,甚至认为全球暖化是一个伪命题。还比如,法国"黄背心"运动的引燃同样与环境议题脱离不开关系。当前,许多国家提出发展"绿色经济"的目标,充分说明了在现代国家治理中很难切割政治经济学与环境保护之间的交互关系。例如,2019 年的"亚马孙热带雨林野火"使得巴西政府遭到一些环保非政治组织与法国的猛烈抨击,指责巴西总统为了重振巴西经济而推行弱化热带雨林保护政策。[1] 2019—2020 年"澳洲森林大火"已造成超过 10 亿只动物被活活烧死,澳大利亚政府对气候变化的无所作为及对石化燃料行业的支持而饱受质疑与批评。

1.政治力量对环境犯罪治理的推动与限制

各国环境政策与政治力量息息相关。有学者提出了一种环境政策形成理论,即环境政策与政治腐败程度、政治动荡程度两个变量之间相互作用。[2] 政治腐败会直接破坏环境,即便在环境保护立法健全的国家,如若国家政府官员贪腐,同样对环境犯罪无法做到真正惩处。诚如诺贝尔经济学奖获得者阿玛蒂亚·森(Amartya Sen)观察到,"不存在非政治性的粮食问题",尽管干旱和

---

① O. Dagicour, Géopolitique de l'Amazonie, *Politique étrangère*, 2020, No.1, pp. 135-146.

② P. G. Fredriksson, J. Svensson, Political Instability, Corruption, and Policy Formation: the Case of Environmental Policy, *Journal of Public Economics*, 2003, Vol.87, No.7-8, pp.1383-1405.

其他自然灾害可能引发饥荒状况,但决定其严重程度的因素通常是政府的作为或不作为,甚至常常决定是否发生饥荒。① 澜湄流域国家的政治腐败程度也会直接影响环境犯罪治理的实际效果。2020 年 1 月,"透明国际"(Transparency International)公布的最新 2019 年腐败感指数(The corruption perceptions index,CPI)显示,澜湄流域地区民众的腐败感指数普遍处于中下游水平。这份报告所公布的 180 个国家与地区中,中国大陆地区排名第 80 位、越南位于第 96 位、泰国位于第 101 位、缅甸与老挝均位于第 130 位、柬埔寨位于第 162 位。有研究发现,腐败感指数与其他两个腐败因子之间存在非常强烈的相关性,即黑市活动猖獗、不合理规制与监管泛滥。② 当然,也有学者对这项评估方法提出质疑与批评,认为腐败本身太过复杂,根本无法根据得分进行衡量;农村地区与大中城市的腐败性质并不相同但却根据统一标准进行考察;仅衡量政府公共部门却忽视了私营部门;这项评估很难不受一些媒体不客观的报道因素影响等。③ 但不可否认的是,目前澜湄流域野生动植物、毒品等交易违禁品黑市依然猖獗。例如,《曼谷邮报》曾做过《湄公河走私》的系列报道,大量濒临灭绝的野生动植物、毒品与其他商品通过货车、摩托车沿着湄公河与老挝的边界进入泰国。暹罗紫檀(payung)从乌汶府(Ubon Ratchathani)的赫马拉特(Khemarat)地区转移到老挝,然后运送到中国;那空拍侬(Nakhon Phanom)地区已成为将穿山甲和老虎送往老挝的中转站,这两种濒危物种主要通过南部边境省份从印度尼西亚和马来西亚带入泰国,而最终目的地是中国。泰国打击海上非法交易中心主任波尔·根·苏瓦特(Pol Gen Suwat)甚至认为,目前很难对付湄公河上这些违法行为,而且泰国还成为象牙从非洲向中国非法运输的特别通道。④

---

① K. K. Tummala, Corruption in India: Control Measures and Consequences, *Asian Journal of Political Science*, 2002, Vol.10, No.2, pp.43-69.

② P. G. Wilhelm, International Validation of the Corruption Perceptions Index: Implications for Business Ethics and Entrepreneurship Education, *Journal of Business Ethics*, 2002, Vol.35, No.3, pp.177-189.

③ D. Hough, Here's this year's (flawed) Corruption Perception Index. Those Flaws are Useful, *Washington Post* (blog). 27, January 2016.

④ Jon Fernquest. (16 Nov, 2010) Mekong smuggling, https://www.bangkokpost.com/learning/learning-news/206660/mekong-smuggling,最后访问时间:2020 年 3 月 10 日。

2.经济因素对环境犯罪治理的内在控制

2014 年,联合国环境署在《环境犯罪正在恶化》报告中分析,环境犯罪的原因虽千差万别,但最根本原因除了政治干预与宽松治理和腐败泛滥外,犯罪低风险与高回报、较低的政府环境执法与司法的预算导致机构管理严重不足,以及不断增长的市场需求都是导致环境犯罪恶化的重要因素,尤其是在亚洲;对于最直接的犯罪参与者来说,贫穷也是一项重要原因,这也使得环境犯罪在经济不发达地区找到了真正的"自由天堂"。① 贫困被认为是根本原因之一,仅在于穷人们为了满足基本生活需求,促使他们成为低端犯罪者、走私者或犯罪被招募者而狩猎森林动物;贫穷也是偷猎的源头,因为政府为了加大对自然保护区生物的保护,土地短缺再加之他们原有合法狩猎权逐渐丧失,缺乏就业与教育机会的穷人开始走向盗伐、滥杀之路。政府提供的过渡方案必须使民众的收益在很大程度上超过偷猎的收益;否则,政府的强制措施往往是无力的。一旦地方政府无法提供有效的经济替代方案,为了改善地方经济与缓和民众矛盾,不得不对环境犯罪采取"睁一只眼、闭一只眼"的管理懈怠。塞伦盖蒂(Serengeti)教授的一项研究发现,在坦桑尼亚普通民众偷猎所得丰厚报酬比其他任何活动都高,每年约 425 美元;而相比之下,从事小规模商业经营平均为 118 美元,农作物种植为 79 美元,牲畜养殖为 61 美元。② 事实上,在湄公河流域亦是如此,根据国际货币基金组织 2019 年 9 月所公布的 2018 年世界各国人均 GDP 排名,该地区整体不高,在统计的 186 个国家或地区中,中国排名第 6 位,泰国第 80 位、越南第 130 位、老挝第 131 位、柬埔寨第 146 位、缅甸第 156 位。而大量的消费需求也是刺激环境犯罪的重要驱动力。从野生动植物、木材、纸浆到廉价的非法化学品以及未经登记的黄金和矿物质,市场的大量需求使得非法交易永将继续下去,很大程度上是由于该交易的经济回报极其丰厚;当购买者认为非法野生物及其制品是稀有或罕见的,他们会为其赋予更高的价值,从而推高其价格;当环境犯罪执法与司法收紧,供应方的狩猎法律成本提高,反而也会助推价格上涨。

---

① A. Luttenberger, L. R. Luttenberger, Challenges in Regulating Environmental Crimes, *International Maritime Science Conference*, 2017, p.187.

② E. J. Knapp, Why Poaching Pays: A Summary of Risks and Benefits Illegal Hunters face in Western Serengeti, Tanzania, *Tropical Conservation Science*, 2012, No.4, pp. 434-445.

二、澜湄流域环境犯罪治理的非人类物种分析

预防犯罪远远比惩罚犯罪更为重要。如何更有效地预防环境犯罪,提高普通民众的环境守法意识,是一项系统工程;因此,预防环境犯罪应当做到理性治理。首先,现代国家治理本质上是理性的重构问题。从卢梭等构建的"理想理性"到韦伯、罗尔斯构建的"公共理性",再到哈贝马斯构建的"交往理性"①,个体理性与集体理性之间纠缠不清、公共治理常常陷入"剪不断理还乱"的混沌状态。从当今美国政治"反精英化"可见一斑。其次,环境犯罪治理应当以先进理论为基础。这就要求研究者必须不断探索推动学术进步,为环境犯罪治理做好智力支撑;管理者也要始终保持学习状态,汲取相关环境治理的最新资讯。再次,环境犯罪治理应当全面具体,切忌陷入"形式主义"。一旦环境治理者缺乏"剥洋葱"式的态度,仅仅将环境保护作为治理口号,不深入、务实,"走过场"式治理不仅起不到任何改善生态环境的效果,而且劳民伤财、误国误民。最后,环境犯罪治理应当长期持久,切忌"一时兴起"。我国环境保护部门需要深刻反思:为何贩卖野生动物屡禁不止?缘何"非典"的惨痛后果并没有令民众吸取教训而禁食野生动物?有关部门是否采取有效措施阻断野生动物交易链?从国内大量非法交易的野生动植物来源与交易渠道来看,澜湄流域无疑是最大"货源地"或"中转站"。因此,加强该流域环境犯罪治理的非人类物种研究,恰逢其时、刻不容缓。

1.动物权利意识与禁止虐待动物

动物权利是一种观念,在这种观念中,一些或全部非人类动物具有基本的生存权,并且应将其最基本的利益(如避免痛苦的需要)与人类所类似利益给予同等对待。② 也就是说,动物有权被视为具有自己的欲望和需要的个体,而

---

① 罗诗钿:《现代国家治理中的理性重构与理性困境:卢梭、韦伯、罗尔斯、哈贝马斯理性治理的比较研究》,载《广西社会科学》2019 年第 7 期。

② D-Y. Kim, T. J. Kaiser, K. Horlen, et al. Insertion and Deletion in a Non-Essential Region of the Nonstructural Protein 2 (nsp2) of Porcine Reproductive and Respiratory Syndrome (PRRS) Virus: Effects on Virulence and Immunogenicity, *Virus Genes*, 2009, No.1, pp.118-128.

不是被视为绝望的财产。① 1970 年,理查德·赖德(Richard D. Ryder)创造了"物种主义"(speciesism)这一术语,反对基于物种隶属关系对道德价值和基本权利进行分配。② 物种主义拥护者坚持认为,动物不应再被视为财产或用作食物、衣服、实验对象、娱乐活动或负担的野兽。世界各地一些文化、宗教团体也开始积极响应某些形式的动物权利运动。而动物权利批评者却认为,非人类动物无法缔结社会契约,因此不能成为权利的拥有者。哲学家罗杰·斯克鲁顿(Roger Scruton)曾辩驳道,只有人类才有责任,因此也只有人类才具备权利。③ 坚持功利主义者的论点是,只要没有不必要的痛苦,就可以将动物视为一种资源。④ 它们可能具有一定的道德地位,但远远不如人类,当有"必要的"苦难或合法利益牺牲时,它们拥有的任何利益都应当被忽略。⑤ 事实上,某些激进的动物权利暴力行动也招致了广泛的社会反感与批评。例如,动物解放阵线的破坏皮草养殖场和动物实验室举动等;甚至美国国会颁布法令允许将这些活动起诉为一种恐怖主义。尽管动物权利立场仍存争议,但禁止虐待动物的呼声却从未止息。边·雅克·卢梭(Jean-Jacques Rousseau)在 1754 年《论人类不平等的起源与基础》中试图论证将动物纳入自然法保护对象中,"通过这种方法,我们可以结束由来已久的有关动物纳入自然法的争端:因为很明显,由于它们是智力与自由的被剥夺者,无法认识到该法;可一旦它们享有自然权利时,虽在某种程度上刺激了我们的敏感性,但即使面对动物的野蛮,人类也必须承担某种义务,因为我们一定不会伤害同胞,这不是因为它们是理性的,而是因为它们也是有情感的生物,而且这种情感对于人类和野兽都

---

① H. Silverstein, *Unleashing Rights*: *Law*, *Meaning*, *and the Animal Rights Movement*, University of Michigan Press, 2009, p.325.

② Richard D. Ryder, *Speciesism*, *Painism and Happiness*: *A Morality for the Twenty-first Century*, Andrews UK Limited, 2017, p.47.

③ Roger Scruton, *Animal Rights and Wrongs*, A&C Black, 2006, p.88.

④ G. R. Liguori, B. F. Jeronimus, T. T. De Aquinas Liguori, et al. Ethical Issues in the Use of Animal Models for Tissue Engineering: Reflections on Legal Aspects, Moral Theory, Three Rs Strategies, and Harm-Benefit Analysis, *Tissue Engineering Part C*: *Methods*, 2017, Vol., pp.850-862.

⑤ J. P. Garner, Stereotypies and other Abnormal Repetitive Behaviors: Potential Impact on Validity, Reliability, and Replicability of Scientific Outcomes, *ILAR Journal*, 2005, No.2, pp.106-117.

是普遍的,应该使后者至少享有不被前者大肆虐待的权利"①。康德也曾呼吁仅因为有些动物对人类有害而遭受虐待是完全错误的。他在 1785 年提出论点,对动物的残酷与人类自身责任背道而驰,因为它破坏了对动物所遭受痛苦的怜悯之情,因此削弱了一种在道德上对他人非常重要的自然本性倾向。②

2.动物权利立法与修正

不可否认,动物权利运动始终没有在众多奉行人类功利主义各种团体鞭挞中"销声匿迹",其思想精髓反而在各国立法中予以体现。19 世纪之前,由于对动物的治疗不善而遭到起诉,但这仅仅是基于对动物治疗不善视为一种财产损害。例如,在 1793 年约翰·康沃尔(John Cornish)被诉其拔出动物舌头却没有犯下致残一匹马的罪行,因法官裁定仅当有证据表明这匹马对主人不存恶意时,康沃尔才能被判有罪。③ 1809 年,英国埃斯金勋爵提出了一项法案,以保护牛和马免受肆意残酷殴打等伤害。该法案虽由上议院通过,却遭到了下议院反对。④ 1821 年,爱尔兰戈尔韦国会议员理查德·马丁上校提出了《马匹治疗法案》,却遭到下议院的讥笑——接下来的事情就是驴、狗、猫的权利了吧。但 1822 年《禁止对马和牛的虐待条例》⑤终获皇家机构通过,这也是世界上第一个重要的动物保护措施立法,以禁止对牛、马、驴、羊的残忍和不当对待;否则,可并处以罚金与监禁刑。⑥ 1849 年,该法案被《禁止残害动物法案》所取代,进一步拓宽了法律所保护的对象范围。⑦ 进入 21 世纪后,新西兰、美国、奥地利、玻利维亚、西班牙、加泰罗尼亚等国相继颁布立法保护动物权利。例如,奥地利议会曾向欧洲人权法院提出上诉要求赋予黑猩猩至少包

---

① K. Anderson,'The Beast Within': Race, Humanity, and Animality, Environment and Planning D, *Society and Space*, 2000, No.3, pp.301-320.

② G. Deleuze, *Kant's Critical Philosophy*: *The Doctrine of the Faculties*, A&C Black, 2008, p.87.

③ S. Brooman, D. Legge, *Law relating to animals*, Cavendish, 1997, p.54.

④ W. Windham, *Speeches in Parliament*: *Of the Right Honourable William Windham*, Longman, Hurst, Rees, Orme, and Brown, 1812, p.201.

⑤ The Cruel Treatment of Cattle Act 1822,也被称之为"马丁法案"(Martin's Act)。

⑥ M. Tichelar, *The History of Opposition to Blood Sports in Twentieth Century England*: *Hunting at Bay*, Taylor & Francis, 2016, p.77.

⑦ Baron Thomas Erskine Erskinc, *Cruelty to Animals*: *the Speech of Lord Erskine*, *in the House of Peers*, *on the Second Reading of the Bill for Preventing Malicious and Wanton Cruelty to Animals*, Richard Phillips, 1809, p.9.

括生命权、有限行动自由权、人身安全、索取财产权利等四项人格权并为其指定法定监护人。美国颁布实施的第106—152号法案(第18条第48款)规定,制作、出售或展示动物的残酷视频以意图从中牟利的,属于重罪。2001年,美国著名法官查德·波斯纳(Richard Posner)在第七巡回上诉法院辩论动物权利时曾生动地举例:"道德直觉告诉我,人类更喜欢自己的狗。但如果狗只是吓到自己的婴儿时,我们为了宠爱保护孩子,即便狗需要尽快简单止伤,但却选择把狗扔掉,这简直太可怕了!"①截至2019年11月,目前已有29个国家颁布法令禁止此类人动物实验;2014年,阿根廷还授予圈养猩猩基本人权。② 此外,越来越多国家立法中开始考虑非人类动物的感觉与痛苦。澜湄流域六国中,除越南外其他各国均有法律体现出考虑到非人类动物的痛苦,但六个国家的立法中均尚未体现出对非人类动物的感受。需要注意的是,中国作为世界动物卫生组织(OIE)的成员国,正积极认可OIE所规定的各项动物福利的原则和标准,包括动物享有不受饥渴的自由,生活环境舒适的自由,不受痛苦、伤害和疾病的自由,免受恐惧和表达天性的自由。因近些年连续出现"硫酸伤熊""高跟鞋虐猫"等虐待、残害动物事件引发民众的普遍强烈谴责,关于保护动物感受的法律也正在积极酝酿之中。③

三、澜湄流域环境犯罪治理的生态全球化分析

随着全球经济一体化发展,环境犯罪也必然呈现全球化趋势。全球各区域的主要环境犯罪类型略有不同,而澜沧江—湄公河流域以走私、贩卖象牙、犀牛角、穿山甲等野生动物及其制品,木材及木制品,海洛因、可卡因等毒品及其他违禁品为主要犯罪标的,湄公河五国不仅均为货品来源地,而且充当了从其他大洲国家贩运的中转地,中国与其他东亚国家是这些珍稀野生动植物及其制品、毒品的最终运输目的地与最大消费地;而我国香港地区作为避税天

---

①　T. Regan, *Empty Cages: Facing the Challenge of Animal Rights*, Rowman & Littlefield, 2004, p.407.

②　V. Nijman, M. X. Zhang, C. R. Shepherd, Pangolin Trade in the Mong La Wildlife Market and the Role of Myanmar in the Smuggling of Pangolins into China, *Global Ecology and Conservation*, 2016, No.5, p.118.

③　吴平:《呼唤动物福利时代》,http://www.drc.gov.cn/xscg/20170711/182-473-2893949.htm,最后访问时间:2019年8月13日。

堂,也正沦为在澜湄流域国际环境有组织犯罪团伙洗钱的主要场所。资料显示,在过去的几十年中,全球环境犯罪的年增长率在5%～7%,但某些生物物种走私与贩卖的年增长率高达21%～28%。吊诡的是,东南亚环境犯罪的增长率与GDP增长率呈正比例关系,这些国家是非法野生生物、消耗臭氧层物质、化学药品等替代品(如毒品)的主要生产地与消费地,因此,环境犯罪的年增长率也是全球增长率的2～3倍。[①] 以下仅以走私、贩卖穿山甲环境犯罪类型进行简要分析,说明澜湄流域环境犯罪的严峻状况。

穿山甲通常被称为鳞翅目食蚁动物,具体有八个属种即非洲有四种、亚洲四种。[②]《濒危野生动植物种国际贸易公约》附录二中列出所有种类穿山甲均属于濒危野生动物,亚洲每年列出的出口配额为零。而且,自然保护联盟将两种亚洲穿山甲物种列为严重濒危物种。[③] 然而,亚洲穿山甲繁衍受到非法交易影响最为严重,每年数十万吨的穿山甲从东南亚各国运往中国,澜沧江—湄公河便是主要贩运通道。非法交易对象主要是活的穿山甲、穿山甲肉和鳞翅,其中奢侈品消费、传统医药和肉类需求规模最大的地区是中国,其次是越南,这大大推动了穿山甲的非法交易。[④] 目前,关于穿山甲非法交易记录并没有充分记载,由于实际管控效果不佳使得很难精准评估交易规模,尤其是近些年非洲和亚洲之间的交易规模逐年递增。但因每年的缉获量不少于10000次,这一数字保守估计也仅占实际交易量的10%;[⑤]自然保护联盟穿山甲专家小

---

① Global Economic Prospects 2016: Spillovers Amid Weak Growth, http://www.worldbank.org/en/publication/global-economic-prospects,最后访问时间:2019年8月13日。

② 亚洲穿山甲分为中国穿山甲、印度穿山甲、苏丹穿山甲、菲律宾穿山甲四种。

③ Z-M. Zhou, Y. Zhou, C. Newman, et al. Scaling up Pangolin Protection in China, *Frontiers in Ecology and the Environment*, 2014, Vol.12, No.2, pp.97-98.

④ D. W. Challender, C. Waterman, J. E. Baillie, Scaling up Pangolin Conservation. IUCN SSC Pangolin Specialist Group Conservation Action Plan, *Zoological Society of London*, 2014, No.1, p.57.

⑤ Z-M. Zhou, Y. Zhou, C. Newman, et al. Scaling up Pangolin Protection in China, *Frontiers in Ecology and the Environment*, 2014, No.2, pp.97-98.

组曾评估,在过去 10 年中,有超过 100 万人从事野外捕猎,这便是现实。[①] 尽管并未具体区分走私活体穿山甲与穿山甲皮(自 2000 年亚洲已实行对穿山甲皮交易零配额)、肉(2007 年至 2015 年共查获 55000 吨)与鳞翅(用于传统中药)之间交易量差异,但野生穿山甲在中国自 1990 年以来可能早已灭绝,然而在中国的交易却异常频繁[②];而且从近些年缉获的趋势来看,穿山甲非法交易大有扩大趋势。因地理位置便利条件,再加之地方政府管控相对薄弱,缅甸已沦为穿山甲主要来源国与过境国。仅 2010—2014 年,缅甸及其周边国家共缉获 52 起重大贩运穿山甲案件,价值超过 300 万美元。[③] 在这种交易泛滥情势下,亚洲穿山甲也逐渐面临灭绝,非洲四种穿山甲均已被列为濒临灭绝极其脆弱物种。迄今为止,非洲捕杀穿山甲的环境犯罪也正在逐年递增,2015 年上半年,仅在津巴布韦缉获量就近 8 吨,这些穿山甲来自乌干达、刚果、肯尼亚和尼日利亚等国,主要销往亚洲;而在 2013 年之前,该地区每年缉获量均不超过半吨。[④]

四、澜湄流域环境犯罪治理的绿色文化分析

文化是一种多维度的社会现象,很难对文化的内涵与外延进行精准定义。研究范围过于分散,也是绿色文化犯罪学被其他学派诟病的主要原因。事实上,阿维·布里斯曼和奈杰尔·索斯在提出绿色文化犯罪学理论之时便认识

---

① V. Nijman, M. X. Zhang, C. R. Shepherd, Pangolin Trade in the Mong La Wildlife Market and the Role of Myanmar in the Smuggling of Pangolins into China, *Global Ecology and Conservation*, 2016, No.5, p.118. D. Challender, C. Waterman, J. Baillie, Scaling up Pangolin Conservation. IUCN SSC Pangolin Specialist Group Conservation Action Plan, *Zoological Society of London*, 2014, No.1, p.57.

② D. W. Challender, C. Waterman, J. E. Baillie, Scaling up Pangolin Conservation, IUCN SSC, Pangolin Specialist Group Conservation Action Plan, *Zoological Society of London*, 2014, Vol.22, p.21.

③ V. Nijman, M. X. Zhang, C. R. Shepherd, Pangolin Trade in the Mong La Wildlife Market and the Role of Myanmar in the Smuggling of Pangolins into China, *Global Ecology and Conservation*, 2016, No.5, p.118.

④ C. R. Shepherd, E. Connelly, L. Hywood, et al. Taking a Stand Against Illegal Wildlife Trade: the Zimbabwean Approach to Pangolin Conservation, *Oryx*, 2017, No.2, pp. 280-285.

到这一点,他们将关注焦点集中在犯罪空间、特定犯罪构成与媒体表达方式、消费主义模式构建等几个方面,主要是基于文化犯罪学在过去十几年发展经历过丰富的、动态的、不稳定的,有时难以捉摸的取向,最终从亚文化中汲取灵感、从后现代讽刺与矛盾中探索、构建出一种犯罪控制体系。亚文化的独特魅力在于其不仅停留于对内部特征进行定义,也对外部中介结构进行分析;而在文化犯罪学家眼中,往往将犯罪概念视为一种亚文化现象并专注于犯罪动态发展。因此,文化犯罪学家在亚文化群体中不只是简单地提出建议,而是对媒体动态、罪犯习俗等给予关注,用后现代精神对既有社会科学提出质疑。当然,部分文化犯罪学甚至还经常进行人种学研究,以发展犯罪学形式,从而使研究人员对人类更具有同情心与欣赏力等,也由此极易被误读为一种"种族主义"而被和平主义者进行猛烈抨击。在此仅从环境犯罪的媒体表达与消费模式两个层面进行分析,主要是基于以下理由:舆论媒体是文化宣传阵地,而媒体对环境犯罪的表达直接影响民众的普遍意识,甚至毫不夸张地讲,社会主流媒体控制着环境犯罪的价值倾向;而大众消费模式是部分环境犯罪的主要根源,在澜湄流域走私、贩卖野生动植物市场的扩大也与该地区消费模式之间存在最为直接的因果关系。

1.环境犯罪的媒体表达

绿色文化犯罪学家坚称,媒体表达影响个人和集体行为,因此,他们努力理解"犯罪的媒体形象和集体表征所产生的情绪"及其控制,认为这些形象和表征影响对犯罪的态度,产生个人和集体的恐惧和脆弱感觉,并继而塑造出刑事司法政策。[①] 因此,绿色文化犯罪学的目标便是"在后现代社会背景与形成犯罪的经验范式下,理解文化的产生和交流过程"。[②] 就像巴拉克所言,新闻对环境犯罪的报道并不一致,导致媒体并不是环境犯罪现实的一面镜子,而成为一面棱镜。新闻媒体不系统地报道环境犯罪和受害者,他们往往强调一些罪行而故意忽视其他罪行,他们对受害者的同情往往是有选择性的,这种同情的另一倾向便是去指责另外一群人。[③] 笔者不对媒体报道的偏向性过多苛

---

① 武向朋:《文化传播视角下环境犯罪的预防机制》,载《广西政法管理干部学院学报》2019 年第 11 期。

② A. Brisman, Fictionalized Criminal Law and Youth Legal Consciousness, *NYL Sch. L. Rev.*, 2010, Vol.55, p.1039.

③ G. Barak, Media, Crime, and Justice: A Case for Constitutive Criminology, *Humanity & Society*, 1993, Vol.17, No.3, pp.272-296.

责,仅对具体语言与图像表达进行审视,便不难发现存在诸多问题。例如,在中国"山珍海味"常常被主流媒体描述为菜肴的丰富与珍贵,尤其是作为待客的一种褒扬。笔者在我国最大的搜索引擎"百度"搜索"山珍海味"一词,结果详细列举了众多珍贵食材,其中大多数都属于濒临灭绝的生物物种,还将这些"食材"划分为"上八珍"、"中八珍"、与"下八珍",顾名思义,上八珍更意味着这些所谓"食材"的珍贵程度优于"中八珍"与"下八珍",猩猩、骆驼、猴子、鹿、豹、果子狸等均在其中(如表 3-2)。"没有买卖就没有杀戮",这是近些年中国环保公益广告常见的宣传语,但在一些自媒体解读或其他广告、影视场景中充斥对动物血腥屠宰的画面却屡见不鲜。

表 3-2　百度解读"山珍海味"所包括的食材一览

上八珍	猩唇、驼峰、猴头、燕窝、凫脯、鹿筋、黄唇胶,或者猩唇、燕窝、熊掌、豹胎、鹿筋、蛤士蟆、猴头
中八珍	银耳、广肚、鲥鱼、蛤士蟆、鱼唇、裙边,或者鱼骨、龙鱼肠、大乌参、广肚、鲍鱼、江瑶柱、鲍鱼
下八珍	海参、龙须菜、大口蘑、川竹笋、赤鳞鱼、江瑶柱、蛎黄、乌鱼蛋,或者川竹笋、银耳、大口蘑、猴头、裙边、鱼唇、乌鱼蛋、果子狸

2.环境犯罪的消费模式

如前述,中国成为澜湄流域最大的环境资源消耗地。一方面,前些年经济迅猛发展虽给国家、民众带来财富,但同时也付出了巨大的环境代价,大部分地区空气 PM 2.5 严重超标,水资源污染严重等;另一方面,目前中国对野生动植物市场需求惊人,不仅造成国内大量野生动植物濒临灭绝,也严重影响世界生态的平衡。据笔者观察,这种趋势与中国民众中消费模式的不少陋习不无关系。以食物消费模式为例,中国传统饮食文化追求选料严格、烹饪精细、花样品种繁杂多样;宴请八方宾客为彰显热情好客,更是追求"三牲五鼎""七碟八碗",造成严重的食物浪费。世界自然基金会(WWF)和中国科学院地理科学与资源研究所联合研究公布的《2018 年中国城市餐饮食物浪费报告》显示,中国的食物浪费相当严重,其中大型餐馆、商务聚会类型平均浪费率高达38%;学校盒饭食物浪费也极为严重,浪费量高达每餐每人 216 克,约占食物供应量的1/3。根据该报告研究结果推算,2015 年中国城市餐饮食物浪费总量为 1700 万～1800 万吨,相当于河北省同年粮食产量(3363.8 万吨)的一半。这仅仅是餐桌上的浪费,还没有考虑食品加工前造成的浪费和损失,如若统计进来,情况会更令人触目惊心。设想倘若没有这些铺张浪费,势必会大大减少上述诸多环境资源的负面效应,不仅能给超载的地球减负,也可以给人类自身的未来留下更美好的生存发展空间等。①

五、澜湄流域环境犯罪治理的保护主义分析

环境犯罪会破坏经济发展的努力,有时甚至威胁国家安全。各国为应对环境犯罪带来的风险,制定可持续的方案与政策,呼吁多个部门采取跨学科的风险管理应对措施,共同贯彻统一政策、加强干预行动措施的同步性。解决全球风险、化解澜湄流域环境犯罪危机,保护主义犯罪学研究同样能提供一种良策,能够对环境犯罪活动所基于的人类行为原因和后果进行更理性的科学分析。也就是说,保护主义绿色犯罪学促使人们思考不可持续的自然资源开采是社会冲突的原因和后果,该研究方法的最显著特点便是跨学科性,能够综合多种理论实现保护生态环境目的。根据我国 2009 年修正的《中华人民共和国国家标准学科分类与代码》的规定,目前共分 5 个门类、62 个一级学科、748 个二级学科、近 6000 个三级学科。五大门类分别为自然科学类、农林科学类、医药科学类、工程与技术科学类、人文与社会科学类。目前,与生态环境保护内容相关的主要学科,见表 3-2。由此不难看出,在国家学科标准设置中,很难找出环境犯罪学所属学科分类,这是由于犯罪学本身在我国目前尚不属于一门独立学科,而犯罪社会学也仅隶属于社会学一级学科。这与西方多数国家重视犯罪学研究,继而将其归为独立的一级学科,甚至一些国家将刑法学归为犯罪学有所不同。另外,关于环境保护的内容几乎分散在所有五大门类学科之中,由于专业跨度过大也必将影响学术间的交流与合作,不利于研究成果的有效整合与实际运用。

对科学知识进行学科分类固然具有很大的研究价值与意义,最为突出的便是容易形成“专业巢”,有利于研究内部的专业化、精细化,但这也恰恰暴露出一些弊端,例如,环境保护是一个系统工程,整合各学科最新资源才是一种最佳路径,一旦研究仅在“专业巢”内部“墨守成规”迂回式“蜗行”,视野的局限很难有大的突破,最终导致在此指引下出台的相关政策与法规容易出现“顾此

---

① 世界自然基金会(WWF),中国科学院地理科学与资源研究所:《2018 年中国城市餐饮食物浪费报告》,http://www.wwfchina.org/,最后访问时间:2019 年 8 月 20 日。

失彼"，缺乏科学性与合理性，也会影响法的安定。如何采用保护主义方法论治理澜湄流域环境犯罪问题，恐怕不仅是国内法与相关学科的知识融合，还要对该流域六个国家不同学科的相关研究成果进行及时交流、整合。显然，这是一项庞大的系统工程，除与环境保护相关的各学科学者需加强定期学术交流外，最有效的方式便是构建一个权威的平台，及时发布最新统计资讯与研究成果，便于该区域诸如环境犯罪学、环境生态学等多门学科研究的发展与壮大，为实现澜湄流域环境改善与生态可持续发展最终目标而共同努力。

表 3-3　与生态环境保护相关学科一览表

自然科学类	180 生物学	18044 生态学
农林科学类	210 农学	21060 植物保护学
	220 林学	22030 森林保护学；22035 野生动物保护与管理
医药科学类	330 预防医学与公共卫生学	33031 环境医学；33057 环境卫生学
工程与技术科学类	440 矿山工程技术	44070 采矿环境工程
人文与社会科学类	570 水利工程	57055 环境水利
	610 环境科学技术及资源科学技术	61010 环境科学技术基础学科；61020 环境学；61030 环境工程学；61050 资源科学技术；61099 环境科学技术及资源科学技术其他学科
	790 经济学	79043 生态经济学；79051 环境经济学；79052 可持续发展经济学
	820 法学	82030 部门法（8203075 环境法学）82040 国际法学（8204050 国际环境法学）
	840 社会学	84027 应用社会学（8402734 环境社会学）
	910 统计学	84071 人口学（8407140 人口生态学）91050 环境与生态统计学（9105010 自然资源统计学；9105020 环境统计学；9105030 生态平衡统计学；9105099 环境与生态统计学其他学科）

资料来源：根据《中华人民共和国国家标准学科分类与代码》归纳汇总。

第四章

澜湄流域环境犯罪治理的
刑事规制原则调适

　　什么是法律原则？德沃金教授在与哈特论战中开启了原则在法律体系
（Legal System）中所发挥的关键作用以及对法律原则进行审查。[①]他认为，
"规范"（norm）、"标准"（standard）、"规则"（rule）和"原则"（principle）等表述
在法律中被广泛运用，需要区分它们之间适用偏差。德沃金教授还指出，规则
与原则之间的区别是合乎逻辑的；规则和原则是不同逻辑类型的法律；任何假
设所有通常被称为"规则"的法律都属于同一逻辑类型，或者所有被称为"原
则"的法律也属于同一类型，这些假设都是错误的。[②]关于原则的定义，国外
学者争议较大，约瑟夫·拉兹（Joseph Raz）教授在 1972 年《法的原则与法律
界限》一文中用插图对"原则"在法律中的地位进行说明（如图 4-1）。他还认
为，像其他法律一样，法律原则可以由立法机关和行政机关制定或废除，也可
以通过法院认定而具有法律约束力。不同法律体系均认识到，具体的规则和
原则都可以被视为法律，也可以通过先例而丧失其效力。但规则和原则在效
力方面又有所不同。在英美法系，法院可以在单一判决中确立新规则而称谓

---

　　① S. J. Shapiro, The Hart-Dworkin Debate: A Short Guide for the Perplexed,
SSRN Review, 2007, No.2, p.98.

　　② R. M. Dworkin, The Model of Rules, *The University of Chicago Law Review*,
1967, No.1, pp.14-46.

先例；原则不能仅凭一个裁判便成为法律，只有当它演变成一种习俗且具有相当权威时才具有约束力。像习惯法一样，司法裁判采用原则时也不必在权威文书中非常精确地注明，但原则的确是法院作出大量判决的基础。[①] 而我国学者普遍认为，法律原则是指贯穿于法律始终起到指导作用的具体准则。只有在缺乏法律规则且必须作出裁判时，才能在司法中适用原则；而且，应当严格限制直接援引法律原则进行刑事司法裁判，认为这将严重违背罪刑法定原则。但不可否认，法律原则在刑事立法与司法中的价值是极其重要的，不仅对立法具有指引作用，能够确保法律的稳定，在刑事司法中对法官自由裁量权的行使也产生影响，而且决定着具体司法解释的权威性。

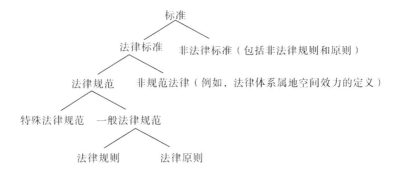

图 4-1 "原则"在法律中的地位

法律原则可分为一般原则与基本原则。基本原则顾名思义侧重于在法律体系中的根本性与基础作用，因此，基本原则应具有明确性、稳定性与共识性。本书中"刑事规制原则"的语境限定于一种一般原则，重点强调这些原则内容的灵活性与阶段性；当然，这些内容仍应不失原则性的基本特征即具有高度概括性与全局指导性等。

第一节　目标明确原则

目标明确，本是管理学领域惯用术语，常常描述企业或组织管理具有清晰

---

① Joseph Raz，Legal Principles and the Limits of Law，*Yale Law Journal*，1971，No.8，p.23.

的发展战略方向。本杰明·迪斯雷利（Benjamin Disraeli）曾说过，成功的秘诀在于目标明确。目标具有提升人与组织的潜力、实现从危机到贡献的转变。当危机倾向于将我们的视野限制在当下时，目标将可能性扩展到一个充满意义的未来。危机是管理的产物，而目标是领导力的一部分。什么决定或定义一个企业或组织所面临的危机？一场金融危机、一个关键人物或关键客户、一项关键投资损失、一个与市场脱节的董事会？所有这些都会让首席执行官遭遇"寒冬"。什么样的领导特质最能帮助我们从模糊到清晰，从恐惧到希望，从绝望到有意义？目标是真正领导力的桥梁，目标也是创造价值意义的改革力量。利用领导力服务比我们自身更重要的事情，是实现个人和集体目标的动力。目标不是仅为设定而产生，它也不是凭空想象的一个口号或所谓"伟大理想"，它是从我们事业和生活的失败教训中提炼而来的。[①] 既然在澜湄流域构建生态"命运共同体"已成为一种共识，那么，六国在环境管理目标上必须发展战略方向清晰、统一，迎战严峻的生态危机时凝聚成一股合力。目标明确，既是环境犯罪治理改革的"冲锋号"，更是体现治理生态危机的决心与信心。因此，本书将"目标明确"作为澜湄流域环境犯罪治理刑事规制原则调适的首要内容。

一、澜湄流域环境犯罪治理刑事规制目标的确立

如何确立环境犯罪治理刑事规制的目标，需要从实践中寻求答案。该目标的确定还需要综合考量各国利益与立场，否则，片面地完全以本国利益为核心，不仅起不到国际合作的良性效果，而且容易产生跨国环境犯罪治理争端与摩擦。也就是说，该目标首先应当是澜湄流域各国的共识。其次，目标必须具有前瞻性，仅以当下完全以接近实现的任务为目标，无法体现目标的高度，也丧失了确立目标的基本意义。再次，目标并非简单的口号，应当坚持理想与现实、抽象与具体相结合，这就要求目标必须是一个体系，区分最终目标与阶段性具体目标。因此，参考近些年"澜湄合作机制"框架下的一些重要文件，"抽丝剥茧"般梳理出该流域环境犯罪治理刑事规制原则的最终目标与具体目标，真正用于指导环境犯罪治理之实践。

---

① K. Cashman, Purpose Principle, *Leadership Excellence*, 2010, No.7, p.108.

(一)澜湄流域环境犯罪治理刑事规制的最终目标

1972 年,《联合国人类环境会议宣布》(《斯德哥尔摩宣言》)确立了一系列国际环境法原则,主要包括预防原则、谨慎行事原则、污染者负担原则、可持续发展原则、平等获得与非歧视原则等。这些原则中最为重要的原则便是可持续发展原则。事实上,"可持续发展"思想源于 17 世纪和 18 世纪欧洲关于可持续森林管理的理念。现代的可持续发展概念主要来自 1987 年《布伦特兰报告》(*Brundtland Report*),即指"既能满足我们现今的需求,又不损害子孙后代能满足他们需求的发展模式"。[①] 该定义仍植根于可持续森林管理和 20 世纪环境问题的早期思想。后来,随着概念发展,"可持续发展"已将重点更多地转移到子孙后代的经济发展、社会发展和环境保护上。也有学者提出,应将"可持续性"一词看作人类生态系统平衡的目标,而"可持续发展"是指将我们引向可持续性终点的整体方法和时间过程。[②] 现代经济正在努力调和蓬勃发展的社会经济与维护自然资源、生态系统的关系,两者在现代经济中被视为具有严重的冲突性。当然,可持续发展概念也一直饱受批判。部分学者争辩道,根本不存在可持续利用不可再生资源的问题,因为任何积极开采最终都会导致地球有限资源的枯竭。[③] 这种趋势使整个工业革命难以为继。[④] 也有学者认为,"可持续性"的含义是从"保护管理"到"经济发展"的机会性延伸,而《布伦特兰报告》只提倡一种守旧的世界发展战略,并附带一个模棱两可的概念,只是公共关系的一个口号罢了。[⑤]

但不可否认的是,目前"可持续发展"已逐渐被多数国际组织视为环境保护的一项基本原则。世界自然保护联盟(International Union for Conservation of Nature,IUCN)于 1980 年发布的《世界保护战略》(The World Conservation

①　G. Rees, C. Smith, *The World and its Welfare*, *Economic Development*, Springer, 1998, p.13.

②　R. R. Shaker, The Spatial Distribution of Development in Europe and its Underlying Sustainability Correlations. *Applied Geography*, 2015, No.6, pp.304-314.

③　R. K. Turner, Resource Conservation and Pollution Control, *Sustainability*, 1988, No.6, p.76.

④　N. G. Roegen, *The Entropy Law and the Economic Process*, Harvard University Press, 1971, p.235.

⑤　T. O'riordan, The Politics of Sustainability, *Sustainability*, 1988, No.6, p.98.

Strategy)中首次引入"可持续发展"一词①,并将其作为全球保护生命资源的优先事项②。两年后,《世界自然宪章》提出了五项对影响自然的人类行为进行指导和判断的保护原则,其中便包括可持续发展目标原则。目前,联合国几乎与环境有关的所有会议中,均将"可持续发展"作为终极目标。可持续性的定义也得到进一步拓延,即通过用等价或更高价值的资源替换所使用的资源而不破坏或危害自然生物系统,无限期地维持世界生产力(自然或人为)的实践。③可持续性与发展联系在一起,关系到自然系统的承载能力与人类面临的社会政治和经济挑战等。④

2014年11月,在第十七次中国—东盟领导人会议上,泰国首先提出在澜湄次区域的"可持续发展"倡议;中国除呼应支持该倡议外,还建议应建立澜沧江—湄公河具体合作机制。2015年11月,在中国云南景洪举办的澜湄合作首次外长会议中第一次提出"澜沧江—湄公河次区域和平、稳定、可持续发展"之目标,并共同发表了《关于澜湄合作框架的概念文件》和《联合新闻公报》。2016年3月,该目标正式列入《澜沧江—湄公河合作首次领导人会议三亚宣言——打造面向和平与繁荣的澜湄国家命运共同体》之中。2018年1月,在《澜沧江—湄公河合作五年行动计划(2018—2022)》中再一次重申了"可持续发展"这一合作目标。

(二)澜湄流域环境犯罪治理刑事规制的具体目标

根据《澜沧江—湄公河合作五年行动计划(2018—2022)》中的内容,在此五年内环境保护合作的具体目标为:

推动澜湄环保合作中心建设;对接澜湄六国环境保护发展规划,制定"澜湄国家环境合作战略";制定并实施"绿色澜湄计划",重点推动大气、水污染防治和生态系统管理合作,加强与相关次区域机制沟通;加强环境保护能力建设

---

① J. D. Sachs, *The Age of Sustainable Development*, Columbia University Press, 2015, p.324.

② R. Allen, *World Conservation Strategy*: *Living Resource Conservation for Sustainable Development*, Internet (IUCN), 1978, p.90.

③ L. R. Kahle, *E. Gurel-Atay*, *Communicating Sustainability for the Green Economy*, ME Sharpe, 2013, p.21.

④ D. Finn, *Our Uncertain Future*: *Can Good Planning Create Sustainable Communities*? University of Illinois at Urbana-Champaign, 2009, p.90.

和宣传教育合作,提高民众环保意识。

针对环境犯罪治理的刑事规制也必须围绕该目标进行展开。

1.推动澜湄环境犯罪治理合作平台建设

目前,在澜湄机制框架下建构一套有效的合作平台是当务之急,其中包括打击环境犯罪的合作平台。通过该平台可以及时发布预警信息,并将该区域环境犯罪的司法裁判用相关国家语言及时公布,做到公开、透明,有利于六国共同打击环境犯罪时彼此间刑事司法协助;更新不同国家学者最新的研究成果,便于将较先进理论更加高效地运用于司法实践。

2.制定澜湄环境犯罪治理共同合作战略

制定合作战略避免治理环境犯罪的盲目性,可以将有限资源利用最大化;否则,分散管理不利于集中"火力"对环境犯罪进行强有力打击,尤其是当前跨国环境犯罪呈规模化、集团化之态势,犯罪手段越来越隐蔽,打击的难度也越来越大。当然,这种合作战略必须与澜湄六国环境保护发展规划进行衔接,才能真正调动各国司法资源使合作更具有现实性。

3.重点打击大气、水污染与走私、贩卖野生动物等犯罪

尽管各国环境犯罪重点关注的范围不尽相同,但大气、水污染,野生动物走私、贩卖一直都是近些年各国除毒品犯罪外引起民众普遍担忧的环境犯罪类型。而且这三种犯罪主体多由企业或法人所构成,往往会形成跨国犯罪产业链,国际合作则具有紧迫性,也是恢复整个生态系统平衡的重点与前提。

4.加强环境法制宣传教育,预防跨国犯罪

现阶段,各国均应利用好各种媒体资源,尤其是自媒体,加强对环境法制的宣传与教育,威慑跨国集团环境犯罪,发动民众联动机制,方便办案机关及时收集犯罪线索。通过宣传教育,提高民众整体环保意识,最终实现预防环境犯罪目的。

(三)澜湄流域环境犯罪治理刑事规制目标的实现

如何采取高效策略,稳步推进实现上述既定目标,也是考验各国共同打击环境犯罪执行力的重要指标。实现治理刑事规制目标至少应做到:其一,逐步完善各国国内环境刑事立法。虽然无法做到各国立法统一,但至少在规制范围上做到同步,避免犯罪分子借助法律漏洞规避风险。其二,进一步细化行动方案与指南。倘若将目标付诸真正行动,必须通过密切沟通制定具体行动方案与办案指南,尤其是落实主体责任并同时优化奖惩机制,鼓励打击环境犯罪

的积极性与主动性。其三,采取分层优先的实现路径。尽管确立了相关具体目标,但在实现该目标时仍然无法回避优先性问题,即在打击各类环境犯罪无法同时兼顾时何种犯罪治理优先,这是一项非常困难又不得不作出的抉择。笔者认为,并不存在一个绝对化的合理标准,只能在现实状况下综合评估问题紧迫性、效果最优化等因素。其四,量化完成任务与时间表。比如,严厉打击环境犯罪,把空气污染指数、水污染情况、野生动物繁衍状况等这些良性变化均通过数字或图表的量化如实反映,这样做既能直观地反映治理效果,又能使具体执行机构树立信心,进一步优化实施方案等。

二、澜湄流域环境犯罪治理刑事规制目标的明确

(一)必然性:目标为何应做到明确?

目标明确方能使目标完成事半功倍。物理学家劳伦斯·克劳斯(Lawrence M. Krauss)提出,在各个领域包括一些决策及对科学的理解,人们对于明确性程度的需求并未得到充分认识。这是因为不同的目标需要不同程度的明确性,而政客们并不总是知道(或不清楚)我们正在处理的棘手问题中有多少是归属于明确性问题。[①] 鲁道夫·卡纳普(Rudolf Carnap)将明确性视为可以客观衡量的程度问题(明确性程度)。[②] 贝叶斯(Bayesian)分析解释明确性程度为一种主观心理信念的量度。这些量度标准(参考法律明确性程度)包括:没有可信赖的证据—具有一定的可信赖证据—大量清晰且令人信服的证据—超越合理怀疑且不存在任何疑问的可能(毫无疑问,这种程度一般被公认为是一种不太可能满足的标准,仅适用于逻辑上量度的极端)。[③] 为了说明目标明确的价值与意义,我们不妨做一反证,即假使目标不明确可能会出现或导致哪些可预见的后果。首先,需要对不明确性进行梳理分类(如图 4-2),不难发现,有些事情是可以判定真假,但仍有许多事情却永远无法知道其真实性或虚假

---

① M. Mizrahi, You Can't Handle the Truth: Knowledge = Epistemic Certainty, *Logos & Episteme*, 2019, No.2, pp.225-227.

② Rodolf Carnap, P. A. Schilpp, *The Philosophy of Rudolf Carnap*, Cambridge University Press, 1963, p.179.

③ P. J. Lucas, Certainty-factor-like Structures in Bayesian Belief Networks, *Knowledge-based Systems*, 2001, No.7, pp.327-335.

性。尽管具备广泛的知识背景,这些就是所谓的不明确性或不确定性。过去的很多事情都是隐藏的,我们目前尚不了解;未来的一切又具有很大的可变性。因此,不明确性无处不在,人们永远无法脱逃。[①] 这充分说明明确性也仅是相对的,永远不要苛求事物的绝对明确。那么,目标不明确最直接的后果便是提升了未来风险,如同射击无法瞄准标靶、在沙漠中行走丢失罗盘,失败系数递增,成功多取决于偶然。

图 4-2 "不明确性"的主要类型

(二)可能性:目标如何做到明确?

如何做到澜沧江—湄公河流域环境犯罪治理刑事规制目标的明确? 如前述,该明确亦是相对的,但至少应做到具体目标的可了解、可预见与可验证。

1.刑事规制目标的可了解

一方面,可了解内容的语言文字需简单、明了,不能出现理解歧义。这就要求确定具体目标时应尽量使用通俗易懂且不存在争议的语言文字,普通读者能够迅速地捕捉到实质内容,无须进一步深度解读或解释。需要指出的是,由于刑事规制目标在澜湄六国通用,则翻译成不同语言的文本应精准、统一;同时,指定一种语言文本作为标准,一旦出现歧义避免出现理解冲突与纷争。另一方面,可了解的渠道必须顺畅。刑事规制目标内容除在正式的国际性文件中予以体现,还需在一些官方网站能够顺利地被搜索查询,扩大目标内容的透明度。

2.刑事规制目标的可预见

可预见性主要是指对结果的一种预期推测性。显然,刑事规制目标的可预见便是对该目标在未来的发展动态以及可能出现的结果走向是可预测及可控制的。例如,在执行该目标时会不会严重影响社会局势变动,一旦出现负面或否定性后果能否及时控制等。以泰国为保护生态环境于 2019 年颁布的禁

---

① D. V. Lindley, *Understanding Uncertainty*, John Wiley & Sons, 2013, p.88.

塑令为例,在出台相关政策后短短数周全境几乎所有超市都不再提供免费塑料袋,出台该法令时就应评估执行该法令的正负结果;事实证明,禁塑令的强制执行的确并未造成市场恐慌。行政法令目标的可预见性尚且如此,刑事规制目标更应具有高度的可预见性。当然,关于可预见性标准一直以来存有争议。主观标准说多认为这种可预见应以目标制定者或刑事立法者的主观为依据,拟定的目标内容对执行后结果具有相对精准预测性;客观标准说站在普通民众的立场,认为这种预测性应当以社会一般的认知程度来评估,而非高度依赖于专业性等。

3.刑事规制目标的可验证

任何目标均应具有可验证性,否则,这种目标仅是一种口号式的政策宣导,刑事规制目标亦如此。这种可验证在实现目标不同阶段的主要表现略有不同:在初始阶段,刑事规制目标的可验证主要是指该目标所针对对象、实施方案等应当明确,即该目标应具有可贯彻性。倘若目标确定后,具体执行机关仍束手无策或置若罔闻,那么,该目标便不具有可验证性。在实施阶段,刑事规制目标的可验证性主要表现在可通过量化指标或其他手段对该目标实现的步骤进行管控。倘若在实现该目标的过程中,无法验证所实施的每一政策、法令之后果,则很容易导致在实施阶段偏离目标。在实现后阶段,刑事规制目标的可验证性主要在对目标是否按预期已完成,以及完成效果的优劣能够被合理、准确地客观评估。一旦目标无法做到可验证性,那么对目标完成就无法精准推进,所作出的诸如五年规划、十年规划等目标则变得毫无意义,该目标也只能沦为一个虚无的口号罢了。

第二节　原则性和灵活性相统一原则

刑事规制坚持高度原则性是非常必要的,既能在静态上保持刑事立法的稳定,又能在动态上使规制过程保持连续;同时又不能使刑事规制失去弹性,保持适当的灵活也同样重要。也就是说,刑事规制应当在原则性与灵活性之间博弈并保持平衡,才能使每一条具体规则既具有弹性又不失去韧性,实现规制效应的最大化。关于刑事规制的高度原则性,在此不做过多赘述,本节重点阐述刑事规制的灵活性问题,以及在与原则性相冲突时应当如何保持平衡。

一、澜湄流域环境犯罪治理刑事规制的灵活性

(一)刑事规制灵活性的必然性

当法律规制体系选择确定性时,意味着什么? 从最狭隘的理解与反对灵活性的立场来看,确定性意味着缺乏司法裁量权。这个规制体系必须提供给法官无任何偏离的唯一答案。相比之下,灵活的规则体系却允许司法自由裁量:如果符合系统要求的答案似乎并不正确,灵活体系便被允许并能避免之。① 就目前而言,保持规制灵活性这种模式是正确的,而且在某些方面的有益性不容小觑。确定性通常被贴上一系列褒义"标签",即一致性、可预测性和处理简单化等。然而,一个不允许自由裁量权的规制必将非常复杂,唯有足够复杂,才能使法官可以做到完全依赖。但是,即便法官能够正确地遵循该种复杂规制体系,但它本身终究也会失去可预测性;倘若法官不遵守该体系,在某些情况下它将失去理解上的统一性,也同样会失去规制的确定性。② 然而,一个简单且确定的规制体系却根本无法做到一致性与可预测性,至少在相关行为发生时不会准确提供可预测性。听起来,这完全像是一个悖论。与确定性一样,总体上灵活性也具有一些优点——它通常比刚性规制体系更能密切地与结果相结合。尽管某些裁判在特定制度内可能是明显正确的,但与平等主权国家之间合理分配监管权力的标准相比,它们也可能显得过于武断。大量法官创制弹性结果所构建的灵活规制体系仍需要进一步解释,倘若裁判本身未能得到充分解释或者法官缺乏应有经验时,灵活性优势便很难得到发挥。因此,将一个系统描述为"确定的"或"灵活的",并不能告诉我们很多关于它的信息——至少不像它通常被认为的那么多。提供确定性的系统仍可能缺乏统一性、可预测性或简单性;而灵活性的系统也仍能产生较确定之结果。确定与灵活间的区别告诉我们:一些关于法官的决策过程是什么样的——具体地说,

---

① A. Mills, The Identities of Private International Law: Lessons from the US and EU Revolutions, *Duke J. Comp.& Int'l L.*, 2012, Vol.23, p.445.

② 如果法官不能推导正确答案,人们可以合理地称其结果不确定。但是,如果我们把确定性理解为自由裁量权的缺乏,那么,一个制度对法官来说难以正确适用之事实,并不会剥夺它本身的确定性,至少不会剥夺法官的有意识操纵。

它是否涉及自由裁量权的行使,然而,现实中这些信息却是很少的。[①]

受罪刑法定原则的限制与约束,刑法的灵活性相对较弱,对刑事司法自由裁量权的控制也是较为严格的。但这并不意味着刑法就完全丧失了灵活性,毕竟刑法根基仍摆脱不了道德牵引,而司法官们也并非"机器"——只需机械地设定一定程序与输入有效信息便能得出统一、精准的裁判。与国内刑法相比,区域刑法或国际刑法的灵活性又相对较强。一方面,区域刑法或国际刑法所规制对象的外部环境较为复杂,例如,往往会涉及刑法效力与管辖问题;另一方面,区域刑法或国际刑法中具体规则背后的道德价值并不完全一致,有时甚至出现完全背离,比如重婚罪问题。回归到澜湄流域环境犯罪治理刑事规制主题上亦是如此。例如,某中国籍公民甲涉嫌在缅甸境内走私野生动物贩卖到境内,关于司法管辖问题既要考虑中国刑法,也不得不考虑缅甸刑法。同样,中国籍公民乙涉嫌在越南境内走私野生动物并贩卖到境内,也要考虑越南刑法。显然,缅甸刑法与越南刑法的规制并不完全相同,那么,即便是同一法官在对甲与乙分别进行司法裁判时几乎不太可能做到统一,这也完全符合刑法规制的灵活性。更何况,澜湄六国刑法对走私野生动物规制的对象范围即保护的动物类别也并不完全相同,针对同种行为的定罪量刑亦存在较大差异等。

(二)刑事规制灵活性的可能性

接下来,需要进一步认清刑法规制灵活性的存在条件或主要适用范围问题。也就是说,刑法规制在哪些情形下有可能需要发挥灵活性。当然,这种范围亦相对广泛,不可能做到一一列举具体行为,只能从这些行为中抽象出一定的规律性内容,也不可避免会忽略掉个别特殊行为等。下面以刑法效力、定罪与量刑中的灵活性为例可窥一斑。

1.刑法效力问题适用的灵活性

目前,几乎各国刑法典中规定的效力原则都是以保障本国司法主权为核心,因此,澜湄六国在打击环境犯罪具体适用刑法时不可避免存在管辖权交叉问题。例如,关于外国法院对犯罪行为已有判决在先,本国法院是否受其影响问题,如果站在保护当事人权利立场,应遵循"一事不再理"原则承认外国判决

---

① K. Roosevelt, Certainty vs. Flexibility in the Conflict of Laws, *The Continuing Relevance of Private International Law and Its Challenges*, 2018, No.7, pp.18-40.

不再对犯罪行为进行审判；如果以保障司法主权为立场，外国法院的判决不会对本国法院审理造成影响。事实上，各国刑法在该问题上基本采取了灵活性立场，即在保障人权与独立司法权之间进行协调。例如，我国《刑法》第7条规定："凡在中华人民共和国领域外犯罪、依照本法应当负刑事责任的，虽然经过外国审判，仍然可以依照本法处理；但是在外国已经受过刑罚处罚的，可以免除或者减轻处罚。"需要指出的是，该规定为"可以减免"而非"应当减免"，而且司法官在量刑时是否免除或具体减轻幅度都视具体案件情况而酌定，保留了较大的司法裁判空间等。

2.具体构成要件问题的灵活性

总体来说，澜湄六国的法律体系并不统一，这也导致各国对环境犯罪具体构成要件的规定存在较大差异。我国目前仍基本沿袭苏联的"四要件"模式，而其他五国由于受殖民文化影响，国内刑法较多地融合了域外刑法理论。以泰国刑法为例，尽管其现今属于大陆法系，但由于历史上曾经历过英美法阶段，再加之不少学者大量学习与借鉴英美法，使得泰国刑法的大陆法系特征并不明显，而且判例在泰国刑事司法中地位非常重要，这也使得法官在审理案件时并不是完全遵循"三要件"的构成模式与程序。而且，关于环境犯罪刑事规制并不是以刑法典为渊源，而是采取附属刑法为主、单行刑法为辅的方式，这与中国刑法关于环境犯罪的刑事规制完全不同，也大大提升了该国在审理环境犯罪案件的灵活性。此外，关于环境犯罪的主观方面认定也存在一定差异，是否采取严格责任原则，各国的立场不尽相同，这也会导致澜湄各国对相关环境违法行为入罪标准的不一致，继而反映出司法官在处理跨国环境犯罪的灵活性。

3.刑罚裁量问题适用的灵活性

除上述刑法效力问题上涉及的刑罚裁量灵活性外，澜湄六国在对环境犯罪的具体量刑上均表现出较大的灵活性。我国环境犯罪的刑罚制裁方法包括管制、拘役、有期徒刑、罚金与没收财产五种，其中有期徒刑最高刑期可为10年以上。而在司法实践中，刑罚力度却不大，缓刑适用比例高达40%，追究单位犯罪主体的比例普遍较低，仅占9%，且责任人承担的刑罚力度明显轻于自然人犯罪。柬埔寨环境犯罪的刑罚制裁分为四种等级：（1）一级犯罪将受到2亿以上4亿以下（瑞尔）罚金，并处5年以上10年以下监禁刑；（2）二级犯罪将受到2000万以上2亿以下（瑞尔）罚金，并处1年以上5年以下监禁刑；（3）三级犯罪将受到200万以上2000万以下（瑞尔）罚金，并处7日以上1年以下监禁刑;(4)四级犯罪将受到2万以上200万以下(瑞尔)罚金,并处1日以上6日以下监禁刑。老挝《环境保护法》第49条规定环境犯罪除适用常规处罚外,对自然人或企业犯罪还可采取其他措施,如暂停活动、吊销许可证、关闭企业、没收用于违规的设备和车辆。泰国《加强和保护国家环境质量法》第七章刑罚规定中除根据不同罪名科处程度不同的罚金刑外,监禁法定最高刑为5年。越南刑法典中对环境犯罪的企业除了采取暂停营业、永久关闭等措施外,监禁刑法定最高刑期为7年,但以破坏环境为手段构成反人类罪则处于10年以上20年以下有期徒刑、无期徒刑或死刑。由此可见,澜湄流域六国刑法中对环境犯罪的刑罚方法与力度存在不小差异,这也导致共同打击区域环境犯罪司法量刑时具有高度的灵活性。

二、澜湄流域环境犯罪治理刑事规制原则性与灵活性的统一

(一)原则性与灵活性的冲突

整体来看,澜湄流域环境犯罪治理刑事规制中存在的原则性与灵活性之间冲突并不激烈,即尚未根本动摇该区域环境刑法的安定,但并不意味着局部范围内的冲突并不存在。若无法及时认清这些冲突的根源且找出适合的平衡方式化解冲突,并不排除这种冲突不会进一步激化继而最终影响该区域环境刑法安定,无法达到共同治理环境犯罪的预期效果等。追根溯源,实践中存在的不少冲突大致源于以下三种矛盾对立:

其一,贯彻罪刑法定与司法自由裁量的冲突。从刑法发展角度来看,始终弥漫着坚守罪刑法定原则理论与拓展司法自由裁量实践之间的冲突与争议。近些年,随着社会风险递增,强调司法自由裁量权作用的呼声也越来越高涨,尤其是社会法学派占据主流,其积极倡导一种"法官造法"理念,大大侵蚀了自然法学派中对"恶法亦法"、苏格拉底式的"恒定法"的坚守。然而,刑法自然法学派在面临分析法学派、社会法学派的猛烈攻击下也并非对所坚守的立场阵地"拱手相让",而是以其所擅长的哲理思辨方式进行"反击",甚至一度出现自然法学派甚嚣尘上逐渐"收复失地"的现象,这种矛盾斗争携裹不同具体制度引起刑法诸多争议性议题,也给刑法学研究带来空前繁荣。例如,某些环境犯罪刑法规范不可能做到完全明确无歧义,对具体规制内容如何进行解释,以及

扩大解释与类推解释如何界别,这些都反映出学派之间的纷争与立场。社会法学派对环境刑法规范扩大解释持推崇立场,认为其更能体现刑事司法的灵活性;而自然法学派却对扩大解释持保留立场,认为一旦解释超越了立法者或普通民众所能理解的范围,则必然与罪刑法定原则相违背等。

其二,体现司法主权与注重人权保障的冲突。通常认为,司法主权是国家主权的重要组成部分,因此,涉及司法主权问题时各国均相对较为敏感,司法官在处理案件中也较为棘手,往往需要国家相关机构予以授权。同样,在处理澜湄流域跨国环境犯罪案件中不可避免会出现司法主权问题,国家间已建构相应刑事司法协助条约或协议尚易解决,但目前六国间并无全部签署条约或协议,更何况这些条约或协议基本属于双边而非多边,也就是说,无法根本解决跨多国的环境犯罪司法管辖权问题。刑法是保障犯罪人权利的大宪章,人权保障不仅是刑法的基本功能,也是其重要价值。然而,澜湄流域各国对人权标准的态度不一,也反映出在各自国内刑事立法与司法之中所重点关注的问题并不相同。例如,在六国中多数国家属于持枪合法化的国家,在其看来,携带枪支属于公民自卫权的体现;如若犯罪嫌疑人持枪贩运野生动物是否属于行为加重犯,基于各国对人权的理解不同所作出的刑事评价不完全一致,这也常常与司法主权问题搅和在一起。比如,犯罪嫌疑人在国内持枪走私珍贵野生动物最高刑罚可判处死刑,一旦外国籍犯罪嫌疑人在中国法院接受审判容易产生争议继而引发司法主权问题等。

其三,尊重民意原则与多元法律文化的冲突。刑法必须尊重民意基础,否则,刑法的实施很难得到民众的支持。一味地寄希望于强制性,迫使民众因恐惧而不得不遵守,这是对刑法威慑力的一种"透支"。然而,民意本身又绝非理性,且大多数情况下容易被操控,这也促使民意相对不稳定。此外,民意常常建立在多数或主流文化对少数或非主流文化的排斥与挤压基础之上,容易出现所谓的"民意"推动刑法的非理性。尽管澜湄流域传统上主要处于稻作文化区域(第一章已有论述),但近些年受儒文化与其他外来文化冲击较大,逐渐形成一种多元文化并存的时代,这也必将反映在法律文化当中。在澜沧江流域,青海、云南等地不同民族文化相互融合;而在湄公河流域多数国家除一定程度上仍保留有本民族文化传统之外,还深受殖民文化及其他外来文化的影响,这也导致澜湄流域环境犯罪刑事规制相对较为复杂,与欧洲一体化相比,这种多元法律文化背景常常使刑法尊重民意变得困难,文化间的差异也会导致刑法规制冲突加大。

(二)原则性与灵活性的平衡

既然在刑法规制中原则性与灵活性并存已不可避免,那么,如何平衡两者之间的冲突,才是化解矛盾、解决问题的关键。本书尝试对平衡依据进行剖析,以期能建构出具体平衡标准。

1.罪刑法定原则优先

尽管不同学派刑法学者所持学术立场有所不同,但坚守罪刑法定价值仍应是最基本要求之一,否则,以各种理由去过分强调刑法灵活性而导致刑法不安定,最终会动摇刑法的正义。历史经验教训告诉我们,一旦刑法失去罪刑法定理念束缚,便犹如"脱缰野马",刑罚任意性与不公平性则必将"接踵而至"。因此,笔者较为赞同自然法学派观点,永远不要苛求刑法做到"尽善尽美",而以社会风险增加为由扩大刑法规制的灵活性也是站不住脚的。事实上,每一社会或社会不同阶段均存在不同风险,不可用现在标准去衡量与评估过去风险的高低,倘若站在未来角度审视当今所谓风险刑法,或许仅是一个伪命题。以适应社会变化为由过分强调刑法规制的灵活性,同样是不可取的,这种立场往往用一种经济分析方法去证成提高刑法灵活性的合理性。但是,这种思维的最大短板是仅以一种可视的、短期效益去评估刑法灵活性价值,而选择性忽视过于强化灵活性所带来的长期社会效应以及对刑法本身所造成的"侵蚀"。

2.注重人权保障优先

当前,世界各国存在强主权与弱主权之间斗争的两极化。自 20 世纪初期,欧洲开始出现国际主权弱化之趋势,这也与全球化浪潮相一致;欧洲各国纷纷结盟"拆除"所谓主权壁垒,倡导一种"共同体"理念。然而,进入 21 世纪,反全球化运动泛起,民族主义或民粹主义思潮开始在西方国家抬头,许多政客与社会精英人士为迎合这种思潮也开始强化国家主权观念,比如,英国脱欧、特朗普政府的"美国优先"政策等。这种思潮也必然会影响各国刑法的改革与发展,以美国为代表的一些国家退出气候变化等与环境保护相关的国际组织,个别国家政府不仅在环境保护问题上严重不作为,甚至纵容环境破坏行为。例如,发生在巴西亚马孙热带雨林大火与澳洲森林火灾等。这种以"捍卫本国主权"为幌子弱化生态环境保护国际合作,必将给全球生态系统造成严重损害。因此,澜湄流域环境犯罪的刑事规制必须摒弃这种思潮影响,树立"命运共同体"理念,进一步加强国际合作;在环保议题上弱化主权观念,切实保障人民的基本人权——生存权利等。

3.尊重多元文化优先

从本质上讲,文化是一种极其复杂的社会现象,因此,试图定义"文化"将是徒劳的。然而,恰是这种复杂现象却能辐射出斑斓光彩,间接地牵引普通民众的行为。也就是说,文化透过价值观的形成影响个人的行为模式,而刑法规制个人行为也绕不开文化取舍。在任何社会中都会存在不同文化,这些文化之间的矛盾斗争亦是非常激烈的,多数人总是期待将自己的价值观凌驾于他人之上,用一种"居高临下"的姿态去审视或抨击少数族群所坚持的文化。于是,社会中自然便形成了所谓主流文化与非主流文化(或称亚文化)之隔阂。需要说明的是,任何一种文化都不可能是永恒的主流;而所谓主流文化也是经历过非主流阶段且与当时的主流文化斗争演进而逐渐形成的。我们永远不要歧视或压制亚文化,只要该文化现象不侵犯个人法益,对他人不会造成人身、财产损害或威胁。此外,保持社会中的多元文化也是推动科技与社会进步的源泉,倘若社会仅存一种文化,那么,民众视野必将是狭隘的、故步自封的,也无从谈起社会进步。实践证明,唯有保护多元文化,汲取不同文化中的先进因子,才能使刑法改革充满活力与动力。因此,加强澜湄流域环境犯罪刑事规制国际合作时,保护各民族、种族文化的多元性远比尊重地方所谓主流民意更为重要。

第三节　内容协调一致原则

在论述协调一致原则之前,必须树立规制内容体系化之概念。也就是说,澜湄流域环境犯罪刑事规制内容必须走向体系化,否则,各具体内容均呈现出彼此隔离的碎片化性状,根本无法实现内容的协调一致。何为体系化,《美国传统词典(第五版)》将其在不同语境中归纳为五种定义,而在理念范畴语境中,是指表达内容或形成过程的一种思想和原则的连贯性。[①] 在多数学者看来,体系化往往是指所涉内容的体系化与结构化,通常包括两层含义:其一,该体系应由一些相对独立的元素组成或构成,这是体系化的前提。倘若仅由某一项元素或各元素之间互相并不独立存在,则无从谈起体系化。其二,这些元素按照一定顺序排列或者彼此存在的空间具有一定规律性。前者是一种被动

[①]　Merriam-Webster. Systematic, In Merriam-Webster.com dictionary, 2020, p.88.

式的体系化,依赖于人为推动;而后者则是一种自动生成的体系化,但无论何种体系化都是可知的即能够被人类所认识。需要说明的是,不同元素形成不同的体系化形式,而相同元素排列顺序不同或空间规律不同则体系化也并不相同。由此可见,澜湄流域环境犯罪刑事规制走向体系化必须不断充实具体规制内容,使该体系元素变得愈加丰富,这就需要各国共同努力不断修正立法,使规制内容更加完善;同时,在走向体系化的进程中还应遵循一定规律,使刑事规制程序更加规范化。通过刑事规制的体系化,最终实现澜湄流域环境犯罪治理在实体与程序层面上的协调一致。

一、澜湄流域环境犯罪治理刑事规制实体内容的协调一致

无论何种形式的刑法规制均切忌朝令夕改,要保持适当的安定。这种要求对国内立法来说是一种挑战,尤其是面对社会风险增多的背景下,越来越多学者对传统刑法规制提出质疑与批判;而对国际刑法来说,这种困难则相对更大,还要受到各国政治因素影响以及席卷全球的民粹主义思潮冲击等。但就现阶段而言,澜湄流域环境犯罪治理刑事规制的主要任务是建立并逐渐健全相关法制体系,通过"废、改、立"不断弥补刑法的缺失与漏洞。在这一过程中,仍应强调规制精神的一致性、规制时间的连贯性和规制对象的协调性,以此来确保刑事规制实体上的协调一致。

(一)规制精神的一致性

立法目的是价值目标,而立法精神才是隐于立法背后的灵魂。任何法律规制均离不开精神牵引,否则,该规制效果缺乏活力与丧失生机。有学者认为,我国新环境保护法应凸显强调"人与人、人与自然和谐共存、和谐共生"的基本精神[①];而有学者认为,环境刑法不依附或从属于环境保护法,应有独立的立法精神[②]。如果从立法的从属性而言,环境刑法虽属于环境保护法与刑

---

① 高利红、周勇飞:《环境法的精神之维:兼评我国新〈环境保护法〉之立法目的》,载《郑州大学学报(哲学社会科学版)》2015年第1期。

② 陈梅:《在从属性与独立性之间:论环境刑法的定位》,载《上海政法学院学报(法治论丛)》2018年第1期。

法的交叉,但本质上仍应归属于刑法范畴。何为刑法精神？有学者将其定义为贯穿于刑法之中、作为刑法之基的关于犯罪与刑罚的基本观念和理念,其实质是贯穿于刑法始终并见诸刑法具体条文和制度的刑法所追求的基本价值和目的,具体包含三个方面的内容即刑法的精神范畴、刑法的实体范畴、刑法的关系范畴。刑法的精神深深地根植于人性之中,根植于人类文明的历史之中,根植于民族精神之中,常常表现为现实的、世俗的经验积累与提升,也常常表现为一种抽象的理性思辨以及超理性的直觉和顿悟。① 曲新久教授著的《刑法的精神与范畴》一书,探讨了自由、秩序、正义、功利等四大法律精神②；陈正云在其所著的《刑法的精神》一书中认为,刑法应具有道德性、自主性、公正性、经济性、宽容性和科学性,应沿着改工具性刑法为目的性刑法、惩罚性刑法为教育性刑法、镇压性刑法为建设性刑法、惩罚性刑法为维护性刑法、义务性刑法为权利性刑法的方向发展进步③；赵宝成教授认为,上述教授们并没有回答关于刑法精神的所有问题,刑法的基本精神应是“惩罚犯罪与保护人民相统一,保卫社会与保障公民人权和自由的和谐统一”④。环境刑法精神的形而上属性也注定了其学术争议性,笔者认为,无论如何,环境违法与犯罪的规制精神应与环境保护法保持一致,毕竟环境刑法预防环境犯罪的最终目的也是促进环境保护,其立法规制精神是统一的。而澜湄流域环境犯罪的刑事规制精神同样应保持一致性,尽管在表述上因文化与语言差异可略有不同,但现阶段基本应做到摆脱“经济主义”无形控制,将“人本主义”真正回归到“生态主义”等。

(二)规制时间的连续性

法律制度的连续性通常意味着,尽管有其他重大变化,例如政府体制的灭亡和新国家的到来,法律及其所建立的关系仍然有效。因此,尽管有任何此类更改,但法律自通过之日起仍然有效,并将一直有效直至被撤销。法律体系的连续性需求是显而易见的。例如,当捷克斯洛伐克从奥地利君主制手中夺取

---

① 郭耀峰:《浅谈刑法精神》,载《太原大学学报》2006 年第 1 期。
② 曲新久:《刑法的精神与范畴》,中国政法大学出版社 2000 年版,第 76 页。
③ 陈正云:《刑法的精神》,中国方正出版社 1999 年版,第 65 页。
④ 赵宝成:《追问刑法精神》,载《政法论坛》2003 年第 4 期。

政权时,在成立之日就提到必须确保法律上的连续性。① 尽管外行人常常出于缺乏理解而批评法律的连续性,他们的指责听起来似乎有道理:"我们如何承认前任政权在法律上具有任何法律连续性,我们视其为腐败且原则上不可接受?"但是,从法律的角度来看,这个问题没有答案。② 根据积极的法律原则,一旦破坏了法律的连续性,某些行为可能不会再受到刑事制裁;而对于严重犯罪案件,在事后诉讼时效问题上便引起更大的争议,只有当现今能够容忍过去法律标准下的越轨行为时,这种非连续才暂可被接受;否则,鼓动或破坏法律的非连续性并不符合普遍利益。③ 承认法律制度的连续性当然并不意味着要增强道德上的连续性;实际上,有时是为了以法律形式表达道德上的谴责,因此,它本身也是有争议的,甚至从法律角度来看,也可以认为是毫无意义的。但是,这种法律不具有连续性的宣告声明往往具有政治意义,仅向社会群体表达一种需要被认可的姿态,却有可能使得部分群体再也无法得到损失补偿;宣告法律行为评价的不连续性,往往极为复杂,并有可能引发社会情感上的不和谐。④ 我国也有学者强调法律必须保持连续性,至少同一个国家政权根据政治经济等发展而调整法律内容时,必须保持这种前后变化的内在联系性。⑤ 凯特·帕莱特(Kate Parlett)教授认为,不同渊源的国际法律亦应保持连续性。⑥ 湄公河流域五国政治稳定性并不高,个别国家政权更迭较为频繁,因此,澜湄流域环境犯罪刑事规制必须保持连续性,一旦因个别国家国内政治

① P. Paczolay, Constitutional Transition and Legal Continuity, *Connecticut Journal of International Law*, 1992, No.8, p.559.

② R. Mańko, Form and Substance of Legal Continuity, *Zeszyty Prawnicze*, 2017, No.7, pp.207-234.

③ F. Von Benda-Beckmannn, K. Von Benda-Beckmannn, The Dynamics of Change and Continuity in Plural Legal Orders, *The Journal of Legal Pluralism and Unofficial Law*, 2006, No.5, pp.1-44.

④ R. Mańko, Legal Survivals: A Conceptual Tool for Analysing Post-Transformation Continuity of Legal Culture, *The Effectiveness of Law in Post-modern Society | Tiesību efektivitāte postmodernā sabiedrībā* (Riga: Latvia University Press), 2015, p.368.

⑤ 周新铭、陈为典:《试论法律的稳定性、连续性和权威性》,载《社会科学》1979 年第 4 期。

⑥ Kate Parlett, *The Individual in the International Legal System: Continuity and Change in International Law*, Cambridge University Press, 2011, p.75.

因素而中断环境犯罪治理合作,出现"朝令夕改",对保护该流域生态环境都将是极为不利的。

(三)规制对象的协调性

如何做到刑法规制对象的协调性,主要包括两个层面:一方面,有效避免重复规制现象,继而导致规制对象体系混乱;另一方面,尽量克服规制过于主观化,导致刑法对待规制对象或行为呈现"厚此薄彼"现象。有学者研究发现,近些年我国环境保护地方性法规重复立法现象较为严重,在抽样的 19 个省份中的 76 个设区的市中,仅在 2015—2018 年四年期间共制定了 82 部关于环境保护的地方性法规,即每个市在这 4 年期间平均出台至少一部环境保护地方性法规。[①] 这些关于环境保护的地方性法规,其内容基本上是对全国与省级立法的重复,不仅使原本隶属关系的立体规范体系变得越来越"平面化",而且在很大程度上消减了上位法的效力,在浪费立法资源的同时,也对法制的统一性造成破坏。[②] 由于环境刑法规范体系中大量分布着空白罪状,需要援引行政法规解释其行为违法性,一旦这些法规出现重复规制不仅大大降低刑事司法效率,而且重复规制不可避免会出现内容上的冲突,进而加重刑事规制的困难,容易产生刑事司法不公。另外,环境刑法规制本身更应避免内部的重复现象,尤其要尽量减少适用法条竞合,避免出现"口袋罪"等。刑法针对规制对象或行为应尽量客观化,避免因立法人员的主观偏见与好恶对相同或相似保护序列的对象区别对待。从刑法结构来看,环境刑事规制的对象或行为应当分布均匀、合理,个别规范所规制的范围过宽或过窄都是不合理的,范围过宽则立法针对性降低,很难对某一对象或行为集中司法资源;范围过窄则提升了法律成本,对同类型犯罪内容的协调性也随之降低。以环境刑法规范中的选择性罪名为例,所涉对象不仅应当明确、具体,而且种类数量或行为类型也应当适度,不可将过多的保护对象涵盖在同一刑法规制之中,也不可将同类型对象完全单一分离规制。当然,并没有一种绝对标准去评估这种协调、平衡之优劣,只能从整体上进行把握、在实践中逐步完善等。

---

① 严新龙、钱刚:《环境保护地方性法规立法研究:以 76 个设区的市地方性法规为样本》,载《湖北警官学院学报》2019 年第 4 期。

② 朱力宇:《地方立法的民主化与科学化问题研究:以北京市为主要例证》,中国人民大学出版社 2011 年版,第 298 页。

二、澜湄流域环境犯罪治理刑事规制程序内容的协调一致

除上述澜湄流域环境犯罪治理刑事规制实体内容上应保持协调一致外，在程序上亦同样要保持高度协调一致。实践中，环境刑法较为侧重实体而轻程序，在规制程序上相对较为灵活、任意；事实上，环境刑事程序法除具有独立价值外，也对环境刑事实体法的实现起到保障作用。在程序法的情况下，也赋予了公民一定的程序性权利，比如知情权，获得正义权、公众参与权，以及一般民事与政治权利等。在国际环境法中，联合国欧洲经济委员会（the United Nations Ecoomic Commission of Europe，UNECE）在1998年所制定的《关于在环境问题上获得信息公众参与决策和诉诸法律的公约》即《奥尔胡斯公约》（Aarhus Convention）中规制了大量程序性权利内容。① 笔者认为，关于澜湄流域环境犯罪治理刑事规制程序内容亦应纳入正式文件之中，或与实体内容融入同一法律文件中，或单独规制在程序法文件中。为确保程序内容的协调一致，至少应做到以下三个方面：

（一）规制主体的权威性与稳定性

权威是一个人或一个群体拥有并对另一个人或群体行使权力的合法能力。② 在社会治理过程中，常常误将权威和权力视为同义词。然而，"权威"一般是指政治的合法性，它授予并证明行使权力的能力；而"权力"是指通过遵守或服从的方式确定实现授权目标的能力。因此，权威是作出某些法律决定并强制他人执行的能力。③ 澜湄流域环境犯罪刑事规制主体必须具有一定的权威性，才能提升规制内容的强制力；规制主体权威性与规制内容强制力成正比。如何确保规制主体的权威性，通常认为该主体必须具有官方（授权）的、正

---

① V. Rodenhoff，The Aarhus Convention and its Implications for the Institutions of the European Community，*Review of European Community and International Environmental Law*，2002，Vol.11，p.343.

② F. Bealey，*The Blackwell Dictionary of Political Science：A User's Guide to its Terms*，Wiley-Blackwell，1999，p.53.

③ A. Bullock，S. Trombley，A. Lawrie，*The Norton Dictionary of Modern Thought*，WW Norton & Company，1999，p.7.

式的、高度专业性的资格或资历,这就要求参与规制的主体一般应由来自不同国家的现任一定职权的政府官员、相关领域具有一定学术造诣的专家学者、来自不同实务部门或执行机构的人员等共同组成。唯有由高素质人员组成规制主体,才能确保规制程序与内容的正当化与合理性,规制程序与结论对普通民众才具有说服力,也有利于对环境犯罪刑法规制的遵守。

同时,还要确保规制主体的相对稳定。例如,我国与外国签订刑事司法协助法的主体一般是外交部或司法部,并由全国人民代表大会常务委员会批准生效;然而,就目前来看,国内还没有一部完善的刑事司法协助法,仅有的一些零散条款内容不仅不够充分,而且形式相对单一。澜湄流域打击跨国犯罪部长会议机制、总检察长会议机制等虽发表过多项联合声明或宣言,但仅停留在政治性共识阶段,未能真正转化为各国司法机关有效合作的法律,包括共同治理环境犯罪在内的相应刑事司法合作、实务开展仍受到很多制约等。① 此外,还应确保规制内容解释主体的稳定。既然最终应形成稳定的刑法规制条款,则不可避免会受法律语言限制,需要跟进刑法规范解释体系,尤其是明确该规制条款的解释权。如前述,我国尚未有统一的刑事司法协助法,故无法按照立法法规定,法律的立法解释权归全国人大或人大常委会授权。笔者认为,未来将澜湄流域环境犯罪刑事规制的立法解释权属于全国人大或人大常委会;而司法解释权除由最高人民法院、最高人民检察院、公安部外,因有些条款可能涉及国防外交等内容,因此,有必要将具体司法解释扩大至由最高司法机关与相关部委联合作出。

(二)规制程序的公开性与透明性

立法程序的公开,是指为了确保公民的民主权利及提高立法质量,特定立法主体必须按照法定权限、方式与程序,向社会及时公布立法过程中的各种信息等。② 有学者曾认为,立法程序的公开应包括立法公告、文档公开、立法参与等一系列相关制度进行保障。③ 的确,我国立法程序公开制度的建构需要

---

① 权大国:《中国—东盟刑事司法协助制度探析》,载《经济与社会发展》2017 年第2 期。

② 章剑生:《论行政程序法上的行政公开原则》,载《浙江大学学报(人文社会科学版)》2000 年第 6 期。

③ 魏长明:《论行政立法的公开原则》,武汉大学 2001 年博士论文。

提升立法机关公开信息的法治意识,健全相关规范体系并完善具体工作机制等。除对国内立法程序强调公开外,对于国际性立法同样需要做到公开、透明。以欧盟为例,自《马斯特里赫特条约》颁布以来,透明度和公开性一直是那些对抗、抨击欧盟所谓"民主赤字"群体常诟病的"标靶"。2001 年 5 月,欧盟委员会、欧洲议会和欧盟理事会在制定文件查阅新规过程中提出应就不同的提案对透明度和公开性进行分析和评估,为民众提供最佳的文件访问方式等。① 在实践中,公开决策在很大程度上是通过普通民众有权获取文件信息来实现的。根据欧盟机构(准入规则)第 1049/2001 号关于公众查阅所持有文件的规定,构建了"尽可能广泛获知"的原则,并透过判例法建立程序和标准保障公民民主权利的实现。欧洲议会、理事会和欧盟委员会所制定的文件都应是公开的,作为一项重要的原则,同样存在例外即根据第 4 条在特定需保护的公共或私人利益下可对某些文件保密。② 有学者认为,即便如此,该例外仍背离了民众尽可能广泛获知的原则,因此,必须根据判例法予以解释并限制适用等。③ 如何确保澜湄流域环境犯罪刑事规制程序的公开性与透明性,目前尚未得到立法者和学者的足够重视,也鲜有相应的研究成果。显然,提升规制程序的透明度与公开性具有独特的研究价值与意义。笔者认为,欧盟的相关经验与做法对澜湄流域的区域合作具有一定的借鉴意义等。

(三)规制变更的衔接性与时效性

诚然,任何规制内容都不可能一成不变,在保持相对稳定的前提下规制的变更也是正常与合理的。但为了确保规制的连续性与一致性,对规制变更也应做到合理衔接与时效性。关于规制变更的衔接包括两种,即规制变更下不同法律部门之间的衔接与规制变更下相同法律部门的衔接。前者变更导致的

---

① C. Moser,How Open is 'Open as Possible'? Three Different Approaches to Transparency and Openness in Regulating Access to EU Documents,*EU Law Review*,2001,Vol. 12,p. 88.

② Regulation (EC) No 1049/2001 of the European Parliament and of the Council of 30 May 2001 Regarding Public Access to European Parliament,*Council and Commission documents*,2001,p. 5.

③ D. Curtin,P. Leino,Openness,Transparency,and the Right of Access to Documents in the EU:In-depth Analysis for the PETI Committee,*Council and Commission Documents*,2016,p. 45.

法律衔接相对较为复杂。例如,在我国环境法治中大量存在行刑交叉问题,有学者认为,导致这种过度交叉案件产生,既源自违法与犯罪二元化处理机制中临界点的模糊性,又来自行政机关与刑事诉讼机关职权的交叉重叠,而最根本原因乃在于实体法中行政权与刑罚权的双重法律关系。[①] 尤其是对于单位环境违法或犯罪案件这种行刑交叉现象更为明显。一旦环境保护法或有关环境违法的行政法规出现变更,则与此有关的相应刑事规制应及时跟进,避免出现衔接"断裂"或滞后。例如,澜湄各国可根据当地生态环境保护现状及时调整相应的环境保护法或相应的行政法规,如果相关环境犯罪国际合作刑事规制内容不进行更新,与之进行有效衔接,则该规制条款将丧失合理性与正当性。关于刑法规范内部的变更同样如此。例如,各国刑法典均会进行不断修正,尤其是近些年,普遍修正的频率与幅度正在加大;一旦个别国家的国内法刑法规范的变动影响环境犯罪的规制,必将对整体澜湄流域环境犯罪的刑事规制造成整体性影响。与规范变更衔接性密切相关的便是新规制内容的时效性问题。目前,关于刑法规范的时效性,通常包括颁布即时生效、颁布后规定具体生效日期与限时法三种。由于时效性问题,多属于实体法内容,但并非与程序法毫无关系,一旦新规范对原有环境犯罪规制进行了变更,已立案尚未裁决的案件如何保持程序上的连贯性与一致性,同样值得进一步研究。

第四节　刑事司法公开原则

上一节中具体强调了刑事立法程序的公开与透明,本节将视域转移到刑事司法领域。与其说立法公开主要体现了公民的知情权与获取知识权,不如说刑事司法公开进一步保障了公民的平等权与公正受刑事处罚权等。该原则被视为英国法律的基本或核心原则。[②] 它的历史可以追溯到 1215 年《英国大宪章》签署之前所作出的决定。如今,这一概念已被广泛接受,以至于在世界

---

① 田宏杰:《行刑诉讼交叉案件的裁处机制:以行政权与刑罚权的双重法律关系为视角》,载《法学评论》2020 年第 1 期。

② J. Jaconelli, *Open Justice: A Critique of the Public Trial*, Oxford University Press, 2002, p.98.

各国均认为应以司法公开为原则,秘密或模糊审理为例外,并需要证明其合理性。① 诸如脸书、微信等社交媒体网站的兴起为公开法院案件开辟了新途径,例如,2020 年,在中国防控新冠疫情期间,各地司法机构为保障法治的正常运转,尝试启用"在线远程审判"模式。事实上,近些年国家司法部门一直在尝试应用庭审网络与微博视频直播等新媒体进行司法公开改革。不过,这种改革模式也引起一些政府机构的担忧,主要是应对诸如恐怖主义等棘手问题,如果对司法公开在制度上进行保留,那么,可能很难恢复"百年开放的司法制度"。②

一、澜湄流域环境犯罪治理刑事司法公开的具体要求

刑法司法公开至少具有以下相关含义:其一,被视为保障自由的基本权利。③ 其二,被描述为如何提高法院透明度的指南。④ 其三,它有时仅被认为是一种理想状态。⑤ 在法庭中,它是指提高司法透明度的重要步骤。例如,让公众实时查看和聆听审判;审判时进行电视转播;录像以供日后观看;公布法院裁判文书的内容;提供审讯笔录,以容易获取的渠道使民众能够阅读已决裁判;公布决定,并赋予媒体记者对相关文件与案件当事人有完全访问监督的权利,以便他们可以及时报告所发生的情况,努力使公众和新闻媒体可获知法院

① A. Conley, A. Datta, H. Nissenbaum, et al. Sustaining Privacy and Open Justice in the Transition to Online Court Records: A Multidisciplinary Inquiry, *Md. L. Rev.*, 2011, No.7, p.72.

② P. Mcdermott, Building Open Government, *Government Information Quarterly*, 2010, No.4, pp.401-413.

③ A. M. Mohamad, Z. Hamin, M. B. Othman, Balancing Open Justice, and Privacy Rights in Adopting ICT in the Malaysian Courts, *Advanced Science Letters*, 2017, No.8, pp.7996-8000.

④ M. D. Zielinski, N. N. Haddad, D. C. Cullinane, et al. Multi-institutional, Prospective, Observational Study Comparing the Gastrografin Challenge Versus Standard Treatment in Adhesive Small Bowel Obstruction, *Journal of Trauma and Acute Care Surgery*, 2017, No.1, pp.47-54.

⑤ T. R. Tyler, Viewing CSI and the Threshold of Guilt: Managing Truth and Justice in Reality and Fiction, *Yale Law Joural*, 2005, No.6, p.1050.

发生的事情。① 在加拿大,"司法公开"就是仅指法院公开原则。② 就澜湄流域跨国环境犯罪规制而言,刑事司法裁判往往会受限于不同国家司法审判技术现代化程度、官方语言差异、审理体制不同等因素,几乎很难做到像国内刑事裁判那样公开、透明;但绝不能因条件受限而彻底放弃该项原则。恰恰相反,正是由于存在文化与语言隔阂,为了增进不同国家对涉及共同利益案件审判的理解,无论该案件在哪个国家实际审理,均应采取有效手段尽可能地满足上述司法公开的具体要求。因此,为了真正贯彻澜湄流域跨国环境犯罪刑事司法公开原则,六国司法机构应当共同携手积极营造条件,努力实现对当事人基本权利的制度保障。随着互联网科技的高速发展,尤其是 5G 技术的逐步推广,跨国刑事案件的司法审判公开的可能性越来越高。将审判进行网络在线直播或者将审判视频上传至网络,提高民众对刑事审判的关注与参与度,不仅可以起到良好的法治宣传效果,而且对刑事审判也起到舆论监督作用;尤其是网络即时翻译水平的提高,语言文字障碍亦正在逐步减弱。相比而言,关于刑事裁判文书与相关材料的公开问题技术障碍并不太大。一方面,各国司法机关可将跨国犯罪的所有文书以英语或区域内通用语言文字进行公布,专业人员做好不同文字校对工作;另一方面,可适时建立一种跨国刑事司法裁判文书网上公布官方平台,各国司法机关在审理该类型刑事案件后统一、及时将相关法律文件上传该平台供司法工作人员与广大民众查阅,也有利于关注该案件的不同国家新闻媒体能够透过正式渠道获取准确讯息并能客观如实报道等。

二、澜湄流域环境犯罪治理刑事司法公开的意义与限制

(一)刑事司法公开原则的意义

持司法公开立场的学者不断归纳总结出该原则的诸多价值与意义,其中,最为重要的价值在于可以使法院保持适当(审判)行为,开放性是适当司法的制

---

① J. Jaconelli, *Open Justice: A Critique of the Public trial*, Oxford University Press, 2002, p.98.

② J. J. Spigelman, The Principle of Open Justice: A Comparative Perspective, *University of New South Wales Law Journal*, 2006, Vol.9, p.147.

度保障。① 哲学家杰里米·本瑟姆(Jeremy Bentham)曾言,司法公开是"竭尽全力、最坚决防止不当行为的保证"。② 法院审判的定期公开,进一步鼓励了公众参与司法过程。此外,公开性可能意味着审判的裁判更为公正。例如,诉讼程序可以促使证人出庭,或鼓励其他人提交新的证据或对公开声明进行争辩。公开性减少了裁判错误率或歧视性制裁导致不得不重新审理案件的机会。支持者还认为,在一般意义上,司法公开还有助于实现民主,民众可以直观感受到特定法律如何影响人们生活,也可以使民众更好地向立法者提供有关此类法律的建议。司法公开还有助于确保公众对法律决策的信心。③ 司法公开,允许那些对案件有兴趣的人"在类似的情况下,利用集体智慧来判断什么是公平"④,有助于对案例进行比较研究等。诚如英国伍尔芙(Woolf)法官在一法律援助案(R v Legal Aid)中评论道:

> 这就是为什么不要忘记为什么要求对程序进行公开听证会如此重要的原因。这是必要的,因为诉讼的公共性质阻止了法院的不当行为。它还维护了公众对司法的信心。它使公众知道司法公正。它可能导致提供证据的必须充分,而如果诉讼是秘密进行的,或者隐藏了当事方或证人的一个或多个身份,这些证据将不可用。这使得对诉讼进行无知和不准确的评论的可能性较小。如果保密被限制在那些不提供匿名的情况下会使正义受挫,这就减少了必须援引藐视法庭罪制裁的风险,以及可能涉及的费用和对司法的干预。⑤

(二)刑事司法公开原则的限制

尽管如此,在实践中仍要考虑司法公开也并非完全不存在任何弊端。例

---

① A. Zimmermann, How Brazilian Judges Undermine the Rule of Law: A Critical Appraisal, *International Trade and Business Law Review*, 2012, No.7, pp.187-225.

② J. Bentham, *Principles of Judicial Procedure*: *With Outlines of a Procedure Code*, W. Tait, 2008, p.1843.

③ B. Mclachlin, Courts, Transparency and Public Confidence-to the Better Administration of Justice, *Deakin Law Review*, 2003, No.8, p.1.

④ H. Landemore, Collective Wisdom: Old and New, *Collective Wisdom*: *Principles and Mechanisms*, 2012, No.7, pp.1-20.

⑤ R. L. Woolf, The Post-Trial Authority of the Military Judge, *Army Law*, 1991, No. 8, p.27.

如,刑事司法公开有可能以侵犯公民隐私权为代价,也有可能与保护国家安全价值相冲突等。

1.关于国家安全问题。在某些情况下,法庭诉讼程序中的公开的讯息可能是有害的;还比如,一些法院会选择针对恐怖主义犯罪的诉讼案件审判时应保密,以保护其情报收集方式与"线人""特情人员"身份不被暴露。在英国的一个案例中,一名士兵因谋杀一名阿富汗叛乱分子而接受审判,当时有人试图将审判保密,以保护他免遭日后可能的报复,但也有人呼吁根据司法公开原则应公开该士兵的身份。① 在整个审判过程严格保密的情况下,主张司法公开立场者抨击道,国家安全不应是司法保密所必需的正当理由,"不过是为了掩盖不便或仅使人尴尬的有用修饰罢了"。② 律师在不同意已作出的决定或要求重审时经常提到司法公开原则。在英国,法院试图在公开与保密之间找到适当的平衡,特别是在一些敏感案件中。③ 在美国,令人担忧的是,司法公开原则并不适用于在"9·11"事件后涉及移民的司法案件,这些案件被拒绝与律师和家属接触,有时在秘密程序后直接被裁判驱逐出境。④

2.关于个人隐私问题。在某些情况下,公民个人信息(例如私人财务记录)的公布可能会损害涉案当事人的利益;在一些案件中,可能有必要保护未成年人的个人隐私;在法律事务中涉及与公共事务无关的无争议信息(例如死后遗产的财务划分)的情况下,认为公开也是不必要。的确,由于案件的复杂性,有时司法公开与价值理想背道而驰。有观点认为,随着时间推移,法院刑事诉讼程序"已演变成一个复杂的系统,外部人难以理解"⑤。在美国新泽西州布里奇盖特(Bridgegate)丑闻发生后,一名上诉法官以"对未起诉的第三方的隐私和名誉

---

① J. Nicholls, Open Justice and Developments in the Law on Anonymity, Access to Material and Reporting Restrictions, *Judicial Review*, 2018, No.3, pp.200-224.

② D. Kochenov, L. Pech, Monitoring and Enforcement of the Rule of Law in the EU: Rhetoric and Reality, *European Constitutional Law Review*, 2015, No3, pp.512-540.

③ E. Thompson, Does the Open Justice Principle Require Cameras to be Permitted in the Courtroom and the Broadcasting of Legal Proceedings? *Journal Of Media Law*, 2011, No.2, p.236.

④ D. A. Harris, Law Enforcement and Intelligence Gathering in Muslim and Immigrant Communities after 9/11, *NYU Rev. L. & Soc. Change*, 2010, No.3, p.123.

⑤ J. Townend, Justice Wide Open: Working Papers, *Law Justice Review*, 2012, Vol. 11, p.112.

利益敏感"为由,裁定不得公开涉嫌该丑闻的某些人的身份。也就是说,不经审判就向媒体发布姓名可能会不公平地损害声誉。[①] 另一位法官图根达特(Tugendhat)对司法公开不利性的权衡取舍问题曾评论道:

> 如果被公开击败了庭审目的,则庭审或庭审的任何部分都可以在私下进行;它涉及与国家安全有关的事项、涉及保密信息(包括与个人财务事项有关的信息),而公开宣传会损害该机密性;为了保护每位儿童或根据法律应受保护主体的利益,必须举行私下进行庭审。倘若在没有通知的情况下公开庭审,对于任何被告来说,公开庭审都是不公正的;它涉及信托管理或死者遗产管理中产生的无争议事项;或法院认为出于正义目的有此必要的案件等。[②]

澜湄流域环境犯罪治理刑事司法公开原则同样适用于上述意义与限制。例如,对于重大环境犯罪案件侦破过程中的特情人员信息不应在公开庭审中予以披露,即便在相应文书与材料中也仅授权具有特定职权的司法人员在非常有必要的情形下申请查阅;否则,不当地公开会对特情人员及其家庭成员的人身安全带来重大威胁。对于证据中具有杀害野生动物的血腥残忍镜头,也不便于在互联网上传公开或在庭审中网络直播;否则,不当公开此类图片与视频导致任何民众都可通过网络进行获取,不仅与刑事司法公开价值相冲突,而且会给社会带来一定的负面影响。而在环境刑事案件中涉及需要保护未成年人的,可分别根据澜湄六国国内刑事诉讼法,均不得对外公开审理。此外,在案件中涉及其他个人隐私,比如,与本案无关联的个人财产状况、疾病健康状况等均不得公开进行披露。需要注意的是,尽管各国对涉及本国国家安全的案件均要求不可公开,但这或许却是不少坚持司法公开立场的学者所抨击的主要"标靶",其原因在于许多国家缺乏对"涉及国家安全"性质案件的统一的、可令人信服的标准;尤其是在当前以美国为代表惯于利用"国家安全"为幌子将普通案件进行保密性升级,这种"国家保护主义"泛滥倾向也会逐渐影响刑事司法公开原则的贯彻与执行。

---

① M. Ó Catháin, Michael Davitt and Scotland, *Saothar*, 2000, Vol.25, pp.19-26.

② T. Tugendhat, L. Croft, An Introduction to the Legal Erosion of British Fighting Power, *The Fog of Law*, 2013, No.5, p.98.

第五节　国际合作原则

尽管国际合作内容始终贯穿于本章各节之中,但仍有必要将其作为澜湄流域环境犯罪刑事规制的一项原则,单独予以阐述:一方面,凸显国际合作在澜湄流域环境犯罪刑事规制中的重要作用,将其独立为一原则意义不言而喻;另一方面,其他章节中虽对国际合作内容亦有论述,但分布相对较为零散、表述仅为证成不同观点,而且基本都是强调澜沧江—湄公河六国之间的国际合作。事实上,澜湄流域环境犯罪刑事规制的国际合作并不局限于六国内部之间的合作,更多地可向区域外做全球性拓展,比如与欧盟有关环境保护组织合作等。因此,在本节中将视野转移到对澜湄流域外对国际合作原则作系统化论述是非常有必要的。

一、全球合作:联合国环境规划署与环境犯罪

马尔戈西亚 • 菲茨莫里斯(Malgosia Fiztmaurice)教授曾言,"国际环境法是国际法的重要组成部分",同时"具有一些实际上有助于一般国际法本身发展的特殊特征"。这些特点反映了环境保护的要求。[①] 国际环境法(International Environmental Law, IEL)的特殊性使其成为一个独特的法律部门,作为自成体系的国际法制度,其特点是其规则和执行与遵守机制的软性和灵活性;其保障机制以促进遵守为基础,而不是制裁侵权行为,以加强促进遵守机制和经济合作为基础,取代制裁的威慑作用。[②] IEL 的大部分规则必须引入到各国国内法律体系中并贯彻执行,因此,要求各国必须采取立法和实施内部措施。一旦 IEL 标准被转化为国内法律,其不仅有益于政府机构,而且最终受益者为每一位市民社会主体:普通民众、司法官、负有环境保护职责的警察、非政府组织、公共与私人企业,他们在实现环境保护与可持续发展中正发挥着重要作用。联合国通

---

① Malgosia Fitzmaurice, *International Protection of the Environment*, Martinus Nijhoff, 2002, p.90.

② J. Klabbers, *Compliance Procedures*, *The Oxford Handbook of International Environmental Law*, Oxford University Press, 2007, p.367.

过关于保护环境和可持续发展的会议,在环境友好的发展方面正发挥着积极作用,先后通过了《斯德哥尔摩宣言》《布伦特兰报告》《里约宣言》《21 世纪议程》《约翰内斯堡宣言》《约翰内斯堡可持续发展计划的实现》《里约＋20 宣言》等,在形成多边环境协议(Multilateral Environmental Agreements,MEAs)过程中也逐渐发展了 IEL 的国际合作原则。上述会议宣言对一些国家的国内环境法,特别是对欧盟各成员国环境法在目标、行动方案和程序等方面产生了重大影响;然而,这些会议宣言均没有提及环境犯罪问题,尽管它们也间接地对解决环境犯罪问题起到一定作用,但主要是为了处理 IEL 和软法的遵守与实施等。

1972 年,在斯德哥尔摩人类环境会议上正式宣布成立联合国环境规划署(United Nations Environment Programme,NUEP),其主要任务是通过关于遵守软法律文件,处理环境犯罪问题。首先,需要在国际文件中确立打击环境犯罪国际行动的一些基本概念。2001 年 2 月 9 日,NUEP 通过第 21/27 号决定任命一个政府间专家工作组,负责拟订关于遵守和执行多边环境协定的准则草案。在这一决定中,NUEP 委员会召回了《内罗毕宣言》和《马尔默部长级宣言》,要求执行主席应"继续准备符合多边环境协定指南草案,在与各国政府和有关国际组织协商的情况下强调有效环境执法,支持国际协定框架内法律发展"。① 这些指导原则只是咨询性质的,是一种软法律文书,其影响取决于各国和欧盟及其成员国等国际组织的自愿遵守。尽管这些准则可能影响缔约方履行其在协议项下的义务,但它们不具有约束力;这些准则仅提供在国际和国家一级加强遵守多边环境协定和加强执行这些协定的法律方法。它依据的逻辑是——协定缔约国最好在协定所载具体义务的范围内选择和确定有用的办法,因为大多数办法必须在国内一级拟订。准则分两章提出:第一章是关于加强对多边环境协定的遵守,第二章是关于国家执行和国际合作。这些关于遵守和执行多边环境协定的准则最有价值的结果之一是,它们提供了对研究国际、欧洲和国内各级的环境犯罪非常有用的关键术语予以定义。具体如下:(a)"遵守"是指一国及其主管当局和机构在执行多边环境协定时,直接或通过许可证、执照和授权的条件和要求,对受管制社区所规定的义务遵守的情况;(b)"违反环境法"是指违反执行多边环境协定的国家环境法律和条例;(c)"环境犯罪"是指一国根据其国家法律和条例决定应受刑事处罚的违背或违反国家环境法律和条例的行为。在准则指南第 46 条中,NUEP 鼓励:"国家在它们司法管辖区内可考虑发展统一定

---

① Council Decision 21/27 dated 9 February 2001.

义,以促进法院能用确定方法对违反环境法及环境犯罪行为决定处罚;并加强对跨界环境犯罪方面的国际合作与协调"。并列举了主要实现方式:(a)提供适当威慑措施的环境法律和条例,包括处罚、环境赔偿和没收设备、货物和违禁品以及处置没收材料的程序;(b)通过以符合颁布国国际义务的方式执行和适用的法律和条例,使非法进口、贩运或取得违反环境法和条例的货物、废物和任何其他材料;(c)利用适当权力,根据违反环境法的性质对环境犯罪进行刑事制裁。

2006 年,NUEP 还编制了《多边环境协定遵守和执行准则手册》。在 NUEP 内部的环境法和公约司(DELC),是处理跨国环境犯罪的专门机构。DELC 旨在增强和实现对 NUEP 第 GC/SS VII/4 号决议的遵守与执行,经进一步授权其对蒙得维的亚计划 IV(Montevideo Programme IV)审查并逐步发展环境法。[①] 此方面的合作亦是对现有伙伴关系和措施的补充和发展,例如"绿色海关措施"或"申诉专员公署司法机构能力建设计划"等。与合作伙伴一起,DELC 致力于:

- 更好地理解跨国或跨境环境犯罪的全球问题与现有差距;
- 从法律角度采用更有效地解决跨国环境犯罪问题的通用方法;
- 完善现有国际、国内相关法律与机构管理及打击跨国环境犯罪执法机制;
- 完善国内环境法,应对打击环境犯罪;
- 促进和加强环境犯罪领域的跨境合作;
- 发展利益相关者之间的伙伴关系、加强协调与合作。

蒙得维的亚计划 IV 被认为是有效遵守和执行环境法律的文件,其中一项行动是:评估并酌情促进各国更广泛地使用刑事与行政手段严格执行国际、国内环境法等。[②]

此外,联合国环境规划署还会定期对全球环境犯罪状况进行评估。在 2016 年的报告中认为,尽管环境犯罪的年增长率可能很难精准评估,但根据一些已登记的贸易统计,查获的包括濒危物种、化学品等案件报告,在过去 10 年中,跨国环境犯罪的年增长率可能至少在 5%~7%,个别类型犯罪甚至高达 21%~28%;而且犯罪类型与路线均向多元化方向发展。相比之下,全球 GDP 增长率仅约为 2.4%;因此,包括非法野生动物贸易在内的环境犯罪的增长率可能确实

① GC Decision GC25/11.

② B. H. Desai,United Nations Environment Programme (UNEP),*Yearbook of International Environmental Law*,2016,Vol.27,pp.481-488.

是全球经济增长率的 2～3 倍,超过或相当于作为非法产品中转或接收地的许多亚洲国家的经济增长率。[①] 因此,为了有效打击环境犯罪,进一步强调加强国际合作刻不容缓。

二、区域合作:欧盟国家共同打击环境犯罪典范

(一)关于通过刑法保护环境的指令

欧洲社会围绕环境犯罪问题在不同论坛中讨论了多年。经过漫长的体制讨论,欧洲法院就共同体在刑法领域的权限范围作出两项判决,欧洲理事会和欧洲议会并商定了《关于通过刑法保护环境的指令》(Directive on the Protection of the Environment through Criminal law)的案文即第 2008/99/EC 号指令。司法和内政委员会于 2008 年 10 月 24 日正式通过了该指令,要求欧盟各成员国必须在 2010 年 12 月之前完成法律转化。为什么制定一项通过刑法保护环境的指令? 欧洲委员会的解释为:(1)需要以有效的方式执行环境法。这就是为什么委员会提出一项指令,要求成员国对最严重的环境犯罪规定刑事制裁的原因,因为只有这类措施才足以实现适当执行环境法,而且具有足够的说服力。(2)现有信息表明,成员国对环境犯罪规定的刑事制裁之间存在很大差异。现有的刑事制裁还不够严格,无法确保整个共同体都享有较高的环境保护水平(见委员会进行的研究)。[②] 该指令指出,其内容仅是成员各国刑法必须执行的最低要求,主要内容包括:(1)指令列出了一份所有成员国都必须视为刑事罪行的环境罪行清单,如果这些罪行是有意或有严重过失的。指令中并没有列出个别新的非法行为,清单中的环境罪行均是违反现有法律禁令的行为。该指令要求成员国对这些罪行必须实施刑事制裁。(2)这些罪行中的煽动、协助和教唆行为也必须予以刑事惩罚。(3)成员国必须确保法人对为其利益所犯的罪行承担责任。这种责任可以是刑事的,也可以是其他性质的。(4)成员国必须确保这些罪行受到有

---

① C. Nellemann, R. Henriksen, A. Kreilhuber, et al. The Rise of Environmental Crime: A Growing Threat to Natural Resources, Peace, Development, and Security, *United Nations Environment Programme* (*UNEP*), 2016, p.432.

② 欧洲委员会官网,https://ec. europa. eu/environment/legal/crime/studies_en. htm,最后访问时间:2019 年 12 月 8 日。

效、适当和预防性的刑事制裁。对法人来说,制裁可以是非刑事性质的。(5)该指令只规定了成员国将通过刑法进行环境保护的最低标准。成员国可以自由地维持或采取更严格的保护措施。(6)该指令没有规定有关刑事程序部分的具体措施,也没有涉及检察官和法官的权力等。

(二)"里约+ 20"对欧盟环境犯罪规制的影响

2012 年,在里约热内卢举行的联合国可持续发展大会(Rio+20,被称为"里约+ 20")上试图恢复 1992 年里约会议的精神和承诺。其议程有两个主题:绿色经济和通过升级 NUEP 来改善环境治理。最后形成的正式宣言即《我们想要的未来》中虽没有提到环境犯罪[①],却对欧盟第七次环境行动计划(EPA,该计划主题为"在地球范围内生活得很好")[②]发挥了重要作用。为了增强欧盟解决国际环境和气候变化挑战的有效性,该行动计划应确保到 2020 年"里约+20"的宣言内容完全融入欧盟内部和外部政策中,以及欧盟应对全球努力实现承诺并作出贡献,同意包括《里约热内卢公约》在内旨在促进全球可持续发展和消除贫困的背景下向包容性和绿色经济过渡的倡议。该项目计划预计实施"里约+20"最后声明中"我们想要的未来目标"。该目标具体为:(1)将可持续发展目标纳入 2015 年后联合国发展议程。(2)关于气候变化、生物多样性和荒漠化的多边协定的遵守和筹资战略。(3)关于可持续消费和生产的十年规划框架。(3)里约热内卢+20 会议承认良好土地管理的经济和社会意义,被称为"土地退化中立世界"。(4)国际化学品管理的战略方法。(5)推广规划、建设和管理可持续发展的综合方法。

此外,近些年关于欧洲环境犯罪的研究也层出不穷,逐渐形成了较为成熟的学术氛围,也大大促进了欧盟各成员国之间的国际合作。诚如理查德·马克罗里(Richard Macrory)教授对《欧洲的环境犯罪》一书的评价那样,环境犯罪对欧盟政策制定者和各成员国执法者而言都是一个日益严峻的挑战,必须深入研究欧盟内部如何在国家层面处理环境犯罪,以及 2008 年欧盟指令中的环境犯罪

---

① United Nations General Assembly Resolution A/Res/66/288 of 27 July 2012 on the Outcome of the Rio + 20 Conference,entitled "The Future We Want".

② Decision No 1386/2013/EU of the European Parliament and of the Council of 20 November 2013 on a General Union Environment Action Programme to 2020 'Living Well,within the Limits of our Planet',OJ L 354,28 December 2013,pp.171-200.

规制真正对国民的影响等;这些研究不仅重要而且及时,能够使任何人都可以更加有效地阅读与理解环境法的具体规制。[①]

综上,欧盟对环境犯罪刑事规制的尝试与经验或许能成为澜湄流域环境犯罪治理国际合作的有益借鉴。环境问题不仅在欧盟、东盟,甚至是全球各组织的热议主题。尽管区域不同,但所面临的困境基本相同,尤其是在解决路径上有很大的共通性。因此,加强澜湄流域环境犯罪的共同治理,六国必须携手共进、践行联合国环保署的环境规划与倡议,汲取欧盟等生态保护较发达地区的有益经验,同时,积极创新与改革,努力共建绿色"命运共同体"。

---

① A. Farmer，M. Faure，G. M. Vagliasindi，*Environmental Crime in Europe*，Bloomsbury Publishing，2017，p.487.

第五章

澜湄流域环境犯罪治理的
刑事立法模式调适

立法模式过于单一化、法定犯与自然犯一体化是现行我国刑法体系渊源的主要特点。1997 年以后，刑事立法过于依赖刑法典，这往往导致刑法典"不堪重负"，出现大量绝对与相对空白刑法规范。有学者认为，未来刑法改革应改变这种立法模式，在行政法、经济法等法律中直接规定相关犯罪的构成要件与法定刑即真正扩大适用单行刑法与附属刑法等，使刑法典回归到规制自然犯的功能，使立法模式与宪法相协调。① 近些年，各国法律正试图打破或模糊普通法系与大陆法系之间的界别与标准，成文法与判例法在某一司法管辖区并处。传统普通法系国家越来越重视立法的法典化，尤其是在刑法领域；而多数大陆法系国家国内法中也开始强调判例在司法实践中的价值与作用。甚至有不少司法管辖区认为其法系属于一种混合法系，例如，由于历史原因，苏格兰虽属于英联邦的一部分，但法律体系仍受欧陆法系影响较深，因此，苏格兰地区司法人员基本均认为其仍沿袭欧陆法系的传统。② 我国也有学者认为，由于中国的特殊国情，适用不同的法律制度，亦应属于一种混合法系。③ 事实

---

① 张明楷：《刑事立法模式的宪法考察》，载《法律科学（西北政法大学学报）》2020 年第 1 期。

② 刘晗：《普通法世界中的混合法系》，载《清华法学》2012 年第 6 期。

③ 武树臣：《中国的"混合法"：兼及中国法系在世界的地位》，载《政治与法律》1993 年第 2 期。

上，尽管混合法域与混合法系存在递进关系，但两者却存在根本不同。① 笔者认为，我国当代法系基本属于大陆法系的混合法域较为妥当。当然，不少国内学者坚持认为我国法系有别于国外两大法系，属于具有中国特色的中华法系。② 诚然，中国传统法律"诸法合体"等特点有别于两大法系，可谓是世界独具特色的"中华法系"；尽管法律土壤并未改变，但现代法律文化已与传统相差甚远，无论是法律理念还是立法形式等，均受西方法律文化影响较深。但承认与西方法律文化的相融性，并不意味着否定法律变革的意义，也与建构与完善具有中国特色社会主义法律体系并不相矛盾。

中国与东盟各国的法系并不完全一致，即便澜湄流域六国差异性亦较大，而各国国内法受政治、历史等因素影响，法系的特性又较为复杂。以泰国为例，尽管当代法律系统属于大陆法系，但在拉玛五世改革前一段时期受殖民文化影响，泰国大量移植了英国法律制度；后由于"法外治权"不断削弱了国王立法的权威性，国王不得不进行改革，重拾"三印法"大陆法系传统，并在个别穆斯林外府尊重伊斯兰民族自治法等。因此，在对澜湄流域环境刑事立法模式调适进行分析时，有必要区分国内法与国际法。由于湄公河五国法律文化均极为复杂，在剖析国内法时仅以我国为例，足以窥视其立法模式调适的层阶特性。显然，澜湄流域环境犯罪的主体多以单位或企业为主，故而，在本章中尝试将"刑事合规"理念融入企业环境犯罪规制的立法模式之中，以期证成其理论上的正当性、合理性以及适用上的可能性等。

第一节　澜沧江流域环境犯罪国内规制的立法模式调适

从全球视野审视环境犯罪，尽管各国争议不断，但大有从行政犯（法定犯）走向自然犯的趋势。然而，就现阶段而已，环境犯罪在澜湄六国仍属于行政犯，而且在一些国家尚未规制在刑法典中。如何使我国环境犯罪立法更能体现灵活性而又不动摇刑法整体的安定，立法模式的多元化则是未来改革之路

---

① 夏新华：《混合法系发展的前沿：兼论中国法学家的理论贡献》，载《湘潭大学学报（哲学社会科学版）》2008 年第 3 期。

② 张晋藩：《中华法系特点再议》，载《江西社会科学》2005 年第 8 期。

径。通常认为，我国刑法的主要渊源除刑法典外，还应包括单行刑法与附属刑法。由于澜沧江流域属于我国民族地区，环境犯罪的刑事变通也完全可成为该地区环境刑事立法的重要形式。此外，有学者认为，刑法修正案作为刑法典的补充，亦应成为我国环境犯罪刑事规制立法模式之一。[①]

一、澜沧江流域民族自治地方的环境犯罪刑事变通

根据我国《宪法》第 100 条及《刑法》第 90 条规定，民族自治地方和相关省人民代表大会享有刑法变通权。然而，目前各地民族自治地方并未很好地贯彻这项宪法与刑法所赋予的特殊权力，一些地方仅在当地民族自治条例中重复了该注意规定，并未将其进一步具体化；甚至一些民族自治条例、单行条例本身立法过程"一波三折"，根本无法真正实现全国人民代表大会授予民族自治地方的该项自治权，不仅偏离保护传统民族文化之初衷，也未真正从现实中发挥刑法的灵活性等。[②]

(一)民族地区环境犯罪的定罪标准变通

笔者曾在《论环境刑法的思想冲突与让度》一文中认为，针对环境犯罪日趋严峻的现实，必须摆脱"资本逻辑"支配下经济主义刑法理念的束缚，以秩序价值为冲突缓和契合点，对传统刑法理念进行合理让渡。[③] 民族自治地方权完全可成为环境刑法改革的一种尝试与试点。在《区域环境犯罪立法规制的进路——以珠江—西江经济带为视阈》一文中，笔者进一步认为，由于环境问题的刑事规制存在一些应然层面的特殊性，而规制区域环境犯罪不得不面临诸如不同区域的差异性、环境变化的长期性、刑事归责的行政性等实然层面的现实问题，在遵循罪刑法定的前提下在民族地区适当激活刑事变通等法典外渊源，保持环境犯罪刑事规制的适度灵活，寻求一条"环境刑法区域化"的进

---

① 汪斌、姚龙兵：《论我国刑法渊源》，载《安徽大学学报(哲学社会科学版)》2014 年第 2 期。

② 梁洪霞：《民族自治地方发展权的理论确立与实践探索》载《政治与法律》2019 年第 11 期。

③ 史强：《论环境刑法的思想冲突与让度》，载《四川警察学院学报》2010 年第 3 期。

路。[①] 具体在定罪标准方面,可做以下调适性立法:

1.扩大刑法规制范围

刑法规制范围可否对刑法典进行突破？从《立法法》《民族区域自治法》可知,实行民族区域自治的各级地方国家权力机关享有立法变通的权力。尽管刑法主要涉及公民生命权、自由权与财产权等,在刑事变通方面需持小心谨慎的态度,但并不意味着其"无可作为"。既然保持民族文化的多样性才是国家刑法变通规定的理论依据[②],那么在刑法规制范围中保留一定的"民族性"也是正当与合理的。需要注意的是,这里是一种"保留"或"延续",而非"创制"或"建构",也是凸显对民族文化传统的尊重。比如,不少学者认为,在一些保留"走婚"习俗传统的民族地区可对刑法典中的重婚罪进行刑事变通。针对环境犯罪,也有不少学者主张民族地区同样可灵活运用刑事变通权等[③],因为几乎所有民族文化中都强调对生态环境的保护,而且在传统习惯法中对破坏环境的行为惩处较重,比如,杀害、捕食受保护的野生动物等。又比如,在壮族"那文化"中信奉"蛙神",而在藏文化中对捕杀、食狗行为予以严惩;人类在能够摄取充足营养的前提下,为满足猎奇心理,采取任何残忍手段捕食动物的行为都应该是被谴责的,而这些优秀民族文化传统亦应通过刑法规制的方式予以体现与保留等。

2.降低刑法规制标准

除了扩大刑事规制的范围外,在既有刑法典罪名基础上,通过降低刑法规制入罪标准也是刑事变通的另一种方式。事实上,这种变通在司法实践中亦是较为常见的。例如,在打击毒品犯罪时,全国各地的入罪与量刑标准存在一定的地区差异。从广义上来说,毒品犯罪亦属于一种环境犯罪,因此,根据实际情况,在澜沧江流域对环境犯罪规制标准进行刑事变通当然也是非常合理的。青海、西藏地区不仅是澜沧江发源地,也是长江、黄河之源头,加大该地区的环境保护、避免生态资源的进一步恶化是非常有必要的;而作为澜沧江主要流经地的云南地区又是我国热带雨林与亚热带生物自然保护区域,这些地理

---

① 史强:《区域环境犯罪立法规制的进路:以珠江—西江经济带为视阈》,载《新疆大学学报(哲学·人文社会科学版)》2016年第3期。

② 向鹏、张婷、周真刚:《论国家刑法在民族地区实施的变通规定》,载《贵州民族研究》2019年第2期。

③ 张继钢:《民族自治地方生态环境刑事变通立法初探》,载《湖北民族学院学报(哲学社会科学版)》2016年第6期。

环境的特殊地位也为该区域破坏环境行为入罪时特殊规制进行刑事变通奠定了基础。例如,我国刑法典中规定的滥伐林木罪属于空白罪状式的刑法规范,最高人民法院制定的《关于审理破坏森林资源刑事案件具体应用法律若干问题的解释》中详细解释了滥伐林木罪中的"数量较大"与"数量巨大"的林木数量起点,却未对林木树种、树龄等进行具体区分。事实上,不同林木在保持水土性能等生态保护各方面所起的作用不尽相同;澜沧江流域树种繁多,尤其是一些原始林木、珍稀林木需要进行特殊保护,通过刑事变通对滥伐林木罪入罪标准的立法调适便于切实保护当地稀缺生物资源。此外,一些民族在传统上将个别树种作为一种民族图腾,同样需要尊重,比如,壮民族祖先将榕树视为一种"神树",不仅不能进行随意砍伐,甚至鞭打"神树"都应遭到谴责与重罚等。

(二)民族地区环境犯罪的刑事责任变通

笔者等在《民族地区环境问题的刑法思想初探——以壮族"那文化"为视阈》一文中通过对壮族"那文化"的分析,试图寻求解决我国民族地区环境犯罪的思想障碍,进而提出可考虑在我国民族地区进行刑事调适,尤其是在刑事责任上可采用从严处罚原则。[①]

1.从严处罚原则体现了民族区域自治的合宪性

尽管《刑法》第 90 条明确规定了民族自治地方省级人民代表大会根据当地民族的政治、经济、文化的特点和刑法规定的基本原则,制定变通或者补充规定,刑法理论界仍有学者对该刑法授权存有质疑。王培英教授曾多次撰文认为刑事变通不符合宪法关于民族自治权的规定,扩大了省级人大的立法权等。[②] 这种质疑在理论界也产生了较大影响。张殿军教授却认为,刑法变通权"实质上是民族自治地方在犯罪与刑罚方面所享有的立法自治权",并针对上述质疑观点进行辩护。[③] 但这种所谓"法律冲突与逻辑混乱"的质疑也最终导致刑法变通权成为一种被搁置与虚设的权力。由于认识的局限及历史惯

---

① 李海、史强:《民族地区环境问题的刑法思想初探:以壮族"那文化"为视阈》,载《学术论坛》2012 年第 1 期。

② 王培英:《析刑法对民族区域自治地方立法变通权的规定》,载《法学杂志》2001 年第 3 期。

③ 张殿军:《我国民族自治地方刑法变通的反思与重构》,载《民族研究》2009 年第 1 期。

性,使得国家制定法预设的刑法变通空间无法得到有效利用,严重浪费了极其稀缺的立法资源等。① 倘若不对刑法典中既有规范进行突破,何为变通! 既然民族地区传统文化中一直强调对破坏环境行为适用重刑,那么,针对在澜沧江流域环境犯罪采取从严处罚原则是对《刑法》第 90 条规定的适用,也完全符合宪法相关内容。

2.从严处罚原则符合我国宽严相济的刑事政策

宽严相济,是党中央在新时期构建社会主义和谐社会的新形势下提出的一项重要的刑事政策,是我国在惩治犯罪、维护社会稳定的长期实践中积累的经验总结,是惩办与宽大相结合政策在新时期的继承、发展和完善。② 马克昌教授曾认为,我国宽严相济刑事政策是以犯罪和犯罪人的多样性、复杂性、罪责刑相适应原则与对犯罪人的处罚目的等为依据而提出的。③ 有学者通过对近些年环境犯罪案件进行量化分析,得出我国对严重污染环境行为的判罚强度与力度正呈显著增强趋势。④ 的确,这也与全球日趋严峻的生态危机相一致,我国民众普遍对严厉惩处环境犯罪的诉求也越来越高涨;为了打击澜沧江流域环境犯罪而适用从严处罚原则,符合最广大人民的切实利益,完全与构建宽严相济刑事政策之初衷相吻合。同时,由于刑事政策具有时代性与灵活性,现阶段为实现有效遏制生态环境恶化目的,加大惩处环境犯罪力度是必要的;但并不意味着这种"从严处罚"原则具有长期性与持久性,这也与全球刑法的轻刑化趋势不相一致。当然,这种原则的时效性完全取决于贯彻效果以及是否使民众生成环境保护习惯等。

二、澜沧江流域规制环境犯罪的单行刑法与附属刑法

我国当前的刑法立法基本上放弃了单行刑法和附属刑法,已完全步入单一法典化之道路。童德华教授在《当代中国刑法法典化批判》一文中指出,法

---

① 田钒平:《〈刑法〉授权省及自治区人大制定变通规定的法律内涵及合宪性辨析》,载《民族研究》2014 年第 1 期。

② 张军:《切实贯彻宽严相济刑事政策 全力促进社会和谐稳定》,载《人民司法》2007 年第 21 期。

③ 马克昌:《宽严相济刑事政策刍议》,载《人民检察》2006 年第 19 期。

④ 安然:《宽严之间:污染环境罪的司法适用之检视》,载《中国地质大学学报(社会科学版)》2019 年第 5 期。

典化建立在唯理主义的理论范式之上,但是这种理论范式的科学思维存在诸多问题,它扭曲了刑法立法和司法的互动关系;在立法上不仅造成了刑法内在和外在体系的阻隔和破坏,而且选择单一的立法技术也容易出现问题。根据现代哲学观念的要求,多样化应当成为未来刑法立法模式的选择,它要求以刑法典为中心,协调发展单行刑法和附属刑法。[①] 李晓明教授在《再论我国刑法的"三元立法模式"》一文中认为,完全没有必要采用刑法典、单行刑法和附属刑法三足鼎立的方式,而应建构以刑法典为核心,以轻犯罪法为辅助,刑罚和保安处分措施并行的成文刑法体系,形成治安管理处罚法、轻犯罪法、刑法的递进式无缝衔接制裁机制,严密法网但处罚轻缓。[②]

(一)规制环境犯罪的单行刑法

盖尤斯在评释《十二铜表法》时把盗窃、侮辱、抢劫和诽谤等不法行为按照民事诉讼处理,认为均可以用金钱支付得到补偿;至于严重妨害国家安全或国家利益的每一种罪行,都由立法机关制定一个单独的法令加以处罚。[③] 梅因认为,真正规制犯罪的刑法源于公元前 149 年古尔潘尼斯 · 披梭(L. Calpurnius Piso)所颁布的"古尔潘尼斯亚贪污律",它仅适用于不当征收要求偿还事件。为此,还专门设立了"永久审问处"即正规的刑事法院。[④] 也就是说,刑法的最早渊源并非刑法典,而是单行刑法。从刑法历史上看,不得不承认,在我国和世界其他国家和地区,单行刑法都曾经发挥过巨大作用;而且当前在多数国家刑法中,单行刑法仍然被延续作为重要刑法渊源之一。事实上,新中国成立之后,当时作为打击各类犯罪根据的就是各种单行刑法。1979 年之后,为了迅速适应社会形势的发展变化,满足时代的需求,很多有效的刑法规范也是以单行刑法的形式表现的。可惜单行刑法的好景不再,1998 年之后,它似乎被打入"冷宫"。这种做法明显忽视了单行刑法可取的一面。刑法着眼于维护法益,但是,有些法益具有特殊属性,其独立性比较强,因此不适合由普通刑法调整。在日本、德国等大陆法系国家,类似单行刑法也比较多。有

---

①　童德华:《当代中国刑法法典化批判》,载《法学评论》2017 年第 4 期。

②　周光权:《转型时期刑法立法的思路与方法》,载《中国社会科学》2016 年第 3 期。李晓明:《再论我国刑法的"三元立法模式"》,载《政法论丛》2020 年第 6 期。

③　李龙:《西方法学名著提要》,江西人民出版社 1999 年版,第 499 页。

④　梅因:《古代法》,商务印书馆 1959 年版,第 67～81 页。

学者曾总结出单行刑法的主要优势:其一,能针对特殊、急迫事件进行刑法规制,减少因立法仓促导致的法典不稳定情况;其二,能针对特殊工作的需要,克服刑法典不能解决的一些问题;其三,单行刑法规定可为刑法典积累经验。①

对照单行刑法的上述优势,环境刑法便具有很强的单独性。一方面,由于其规制之主体与行为具有特殊性,使得其完全可以摆脱对于刑法典的依附。在后面章节将详细论述环境刑法在主观过错、刑法因果关系上的特殊性。目前,仍将环境刑法置于普通刑法典之中,就会导致刑法典本身在规制犯罪的普遍性"稀释"了环境刑法的特殊性,或者环境刑法的特殊性扭曲了刑法典的普适性。另一方面,随着社会的发展,对于特殊主体,例如,军事刑法或者特殊行为也需要专门立法予以规制。在考量是否专门立法时,也不得不考虑特殊主体或特殊行为是否能够形成体系化;否则,仅就某单一行为进行单独立法既不经济,也会使得整个刑法体系分散与碎片化。就环境刑法而言,从专门化、专业化发展趋势考量,似乎走单行刑法之路也是一种必然;更何况,近些年环境刑法的学术研究已日趋成熟,其在整体刑法框架下也逐渐形成了一套独立的理论体系。

(二)规制环境犯罪的附属刑法

相比单行刑法,我国目前关于附属刑法争议较大。首先,当前刑法中是否已存在附属刑法问题,学者意见不一。有学者认为,纵观我国行政、经济或民事法律,其法律责任部分常见"构成犯罪的,依法追究刑事责任",这种表述便是附属刑法。② 笔者看来,附属刑法主要有以下特点:其一,形式上,必须以非刑事法律为载体。这种形式上的"附属性"具体仅指刑事责任而言,也就是说,附属刑法一般以其他非刑事法律文件中的"法律责任"部分呈现。其二,实质上,应属于普通刑法的特别法。附属刑法必须具有独立的"刑法性",否则,便不可视为独立的刑法渊源之一。这种独立性要求其规制的内容或对象必须独立于其他刑法渊源,倘若仅是对刑法典中具体规范内容在不同法律中简单重复或强调,并不体现出其刑法特别性,则不可谓之附属刑法。由此可见,当前我国其他非刑事法律中的"刑事责任"内容只符合附属刑法的形式特征,却缺失其实质特征,因此,这些规定并不属于附属刑法。

---

① 童德华:《当代中国刑法法典化批判》,载《法学评论》2017 年第 4 期。
② 王琪:《附属刑法及其利弊分析》,载《暨南学报(哲学社会科学版)》2017 年第 1 期。

　　既然我国目前尚不存在附属刑法,那么规制环境犯罪时是否有必要进行附属刑法之立法调适,是不得不探讨的话题。近些年,不少学者已认识到刑事立法单一化的弊端与缺失,充分肯定附属刑法在刑法中的价值与作用。例如,童德华教授曾认为当前我国附属刑法虚化背后"危机重重",而附属刑法本身规制内容的社会性、规制对象的专业性、罪刑规范的实在性决定了其必然成为参与国家治理的有效方式。① 而就环境犯罪而言,赵秉志教授曾认为,单位环境犯罪可考虑增设刑事破产和禁止从事特定业务活动两种资格刑;既有刑法典规范对环境犯罪的处罚力度总体较高而又不宜再普遍提高法定刑。② 这种立法困境恰恰凸显出附属刑法上述特别刑法性之优势,对环境犯罪的规制可通过附属刑法突破刑法典普遍性之禁锢。在前面章节中曾提及湄公河流域五国环境刑法的主要渊源,除越南外,其余四国规制环境犯罪均是以单行刑法与附属刑法予以呈现的;尤其是关于环境犯罪的刑事责任大多规定在附属刑法之中,而在刑法典中基本未有任何关于环境犯罪规制的具体内容。从共同打击跨国环境犯罪角度来看,主要环境刑法渊源的相对统一,也更加有利于澜湄六国增强相关刑事立法的专门化与专业化,提高共同治理环境犯罪之司法效率。

三、刑法典中环境犯罪具体规范的修正

　　刑法修正案,最初是在英国、爱尔兰共和国、加拿大、印度、巴基斯坦和南非修改刑法(包括实质和程序内容)的立法中使用的简略称谓。它倾向于适用于单一、不存在连贯性的立法。这一种法案在上述国家议会通过期间则通常被称为刑法修正案。刑法修正案可以是具有此简短标题的立法的总称,也可以是修正刑法的所有立法的总称。而在英国,它还是一个艺术性术语。当前国内刑法中对修正案的研究较为全面,笔者在中国知网中以"刑法修正案"为主题的期刊论文搜索高达 4000 篇;尤其是在每一轮刑法修正案出台前后,学术讨论与争议更是非常活跃。从全球刑法的发展来看,随着各种风险不确定性的提升,导致各国纷纷频繁采用刑法修正案的方式来对抗这种不确定性给

---

　　① 童德华:《附属刑法:实现刑法参与国家治理的有效形式》,载《时代法学》2020 年第 1 期。

　　② 赵秉志:《中国环境犯罪的立法演进及其思考》,载《江海学刊》2017 年第 1 期。

社会带来的冲突与危机。以德国为例,立法者在过往半个世纪中日趋侧重功能主义的积极刑事立法观,导致德国刑法逐步从传统法治国背景下的法益保护法和市民防御法转向以社会控制为主导的国家干预法和社会防卫法,造成了诸多难以与现有法律体系和学说理论相协调的象征性立法;这也必然促使其自 1969 年刑法大改革至今的 50 年间,通过修正案方式的刑事立法活动非常频繁。[①] 而中国转型时期社会风险的增加及其复杂性格局,带来刑法发展中犯罪化扩张的态势,刑法立法预防与控制社会风险的意图明显,这既使罪刑构造呈现"四化"发展态势,又使法教义学出现"五新"发展特色。[②] 面对这种态势与特色,刑法理论中将风险社会证成风险刑法的简单化逻辑,也使得刑法频繁修正具有貌似更为合理的借口。笔者在《刑法安定性问题研究述评》一文中认为,这种法典的频繁修正,无论是国内抑或域外,最终必然影响刑法的整体安定。[③] 因此,必须对刑法修正持有一种审慎的态度。在当今刑法深受现实主义影响下,绝不可使刑法修正沦为一种惯性与常态,应保持一定自然法思想,抑制这种不安定性的扩大趋势给未来整体刑法带来的"灾难"。但同时,也切不可将未来刑法发展趋势从一个极端推向另一极端,适度刑法修正不仅必要而且有助于刑法安定。何为适度修正? 一方面,在修正时间与幅度上要进行定量控制,在笔者博士学位论文《刑法安定性研究》这一拙作中已有详尽分析,在此不再赘述。另一方面,也要对修正内容进行定性控制,并非所有内容均适宜"一刀切"式在刑法典中修正,应对建构刑法规范"五级十阶"标准,所属内容等级不同,刑法修正的启动也应有所不同。相对于自然犯而言,法定犯的等级较低,除考虑分散在单行刑法或附属刑法中进行规制外,对于刑法典中相关内容的修正,在时间与幅度控制上则相对较为宽松,比如金融犯罪、环境犯罪等。那么,未来刑法典中环境犯罪具体规范的修正着重应体现在以下几个方面:

(一)增设对野生动植物保护的全方位保护

"无消费便无杀戮"。事实上,国内已有不少学者建议应加大对野生动植物的保护,尤其是应从源头上治理。从治理毒品犯罪经验可知,若仅规制走

---

① 王钢:《德国近五十年刑事立法述评》,载《政治与法律》2020 年第 3 期。

② 姜涛:《社会风险的刑法调控及其模式改造》,载《中国社会科学》2019 年第 7 期。

③ 史强:《刑法安定性问题研究述评》,载《司法改革论评》2016 年第 1 期。

私、贩卖、运输行为,而忽视对非法持有、吸食等行为规制,则只可能"治标不治本"。同理,必须加强对食用等消费珍稀野生动物行为进行适当刑事规制。那么,对人工培育与繁殖的野生动物可否禁止食用? 笔者认为,在刑法规制中不应对规制对象是否自然繁衍与人工培育进行区分。因为规制目的不仅是保护人类利益本身,也是对大自然生命的尊重与保护;对野生动物进行人工培育与繁殖后再食用同样有违生命价值规律。当然,人类是否可以在不得已情形下利用野生动物进行试验? 在当今社会,为了研发医药与推动生命科学进步,医学科技人员利用动物进行试验也是被应允的,但不能以违反医学伦理为底线。即便如此,亦应珍惜每一个动物的生命,严格按照试验程序且不得滥用试验;在试验过程中也不得虐杀或以残忍手段结束试验动物生命等。以保护珍稀或濒临灭绝野生动植物为出发点,最终以全面保护所有动物生命权为目标;因此,对于普通动物而言,尽管被公认为可食用,但也不得以残忍手段杀害,逐步改变民众以追求所谓"新鲜"的猎奇心理,公开观赏杀死动物至死亡过程。近些年,关于公开虐待动物行为也引起民众的普遍关注,未来在保护动物生命权的基础上,还应进一步保护动物的尊严等。

(二)修改"破坏环境资源罪"相关罪名

任何犯罪规制都不是一蹴而就的,尤其是对于诸如破坏环境资源罪等行政犯而言。随着行政规制的拓展,刑法势必也应相协调一致。近些年,环境违法行政处罚的范围与对象正在逐步加大,普通民众对于破坏环境行为的容忍度也正悄然降低,作为"最后一道防线"的刑法也必须织紧"法网眼",避免出现严重行政违法的行为。同时,关于破坏环境资源罪相关罪名的修正既要紧跟全球绿色主义理念,又要适用国内最新学术研究。显然,随着近些年全球生态与公共卫生危机的日趋严重,世界各国关于环境资源保护的诉求也越来越高涨,势必导致法律规制的变动较为频繁;生态与公共卫生危机也增强了各国的"命运共同体"意识,我国法律也不可能做到"独善其身",必须紧跟时代发展趋势。当然,这种刑法的修正并不是完全被动的,需要结合国内最新研究成果,使修正的内容更合理、稳定。例如,有学者通过比较国外理论研究与实践,认为在规制环境犯罪时应运用恢复性司法的相关理念,在中间人的作用下与犯罪相关各方自愿、平等协商与沟通继而确立解决方案,便于恢复被破坏的环境关系。① 显然,这种恢复性司法理念具有现实的合理性,利用柔性司法起到预防犯罪、防止危害结果扩大的效果。也有学者认为,随着我国环境资源恶化,应采取更加严厉的手段进行规制;由于单位环境犯罪的危害性极大,须在破坏环境资源罪的刑罚中增加资格刑,对于单位犯罪应禁止从事特定职业或活动等。② 这种刚性司法也必然会起到一定的威慑作用,减少单位环境犯罪的再犯可能性等。无论柔性司法抑或刚性司法,具有一定优势的同时,本身亦存在一定弊端。未来刑法规制该当如何修正,仍需要保持一种审慎与克制等。

(三)删除"非法经营"等相关口袋罪

关于中国刑法中的"口袋罪"在学术领域一直饱受诟病,尤其认为其与罪刑法定原则相冲突;但在实务界却仍广泛适用。一旦遇到突发性或偶发性案件,无法援引既有规范进行处罚,"口袋罪"便貌似发挥其所谓最大价值与意义,诸如非法经营罪等也沦为司法官手中阻截犯罪的最后的砝码。比如,在疫情防控期间,对于哄抬物价③、兜售"假口罩"④、倒卖口罩⑤等一些争议案件,司法机关一般均主张认定为非法经营罪。尽管在特殊时期,这些"口袋罪"的确能起到一定的刑罚效果,可一旦过于寄望这些"口袋罪",从长远角度必将反噬刑法价值;尤其是我国立法机关与司法机关不断利用《刑法》第 225 条第 4 款关于其他非法经营行为的兜底规定,对非法经营罪的适用范围进行扩张,已然演变成我国刑法 70 年历史变迁的一个缩影。⑥ 目前,我国生态安全的刑事立法仍然处于一种粗放型⑦,针对单位与个人以营利为目的而实施破坏生态环

---

① 欧阳辉:《环境犯罪案件适用恢复性司法研究》,江西财经大学 2019 年版,第 88 页。

② 尹晓闻:《破坏环境资源保护罪之资格刑构建》,载《沈阳大学学报(社会科学版)》2017 年第 6 期。

③ 冯瑞、河高:《涉疫哄抬物价型非法经营罪如何认定》,载《检察日报》2020 年 3 月 21 日。

④ 王全江:《当前疫情下"假口罩"类案件常见问题解析》,载《检察日报》2020 年 2 月 4 日。

⑤ 沈峰:《"发疫情财"者必遭法律严惩》,载《人民法院报》2020 年 2 月 22 日。

⑥ 陈兴良:《投机倒把罪:一个口袋罪的死与生》,载《现代法学》2019 年第 4 期。

⑦ 冯初升:《关于完善生态安全刑事立法的建议》,载《森林公安》2019 年第 6 期。

境的严重违法行为刑事规制仍不够完善;一旦出现突发或偶发案件引起社会广泛关注,司法机关同样会借助"口袋罪"进行刑事规制。因此,必须彻底清除刑法中非法经营罪等相关"口袋罪",用"壮士割腕"之决心彻底摒弃刑事司法中的"口袋罪",使刑事立法朝向罪刑法定原则方向健康发展,也能使包括环境犯罪在内的刑事司法更加公平、正义、合乎理性。

第二节　澜湄流域环境犯罪国际合作的 立法模式调适

本节继续围绕该流域环境犯罪国际合作问题进行探讨,以立法模式为核心,从既有公约或相关文件出发,梳理当前立法模式与传统,尤其是从历史发展的角度对相关内容进行评价,尽量保持一种客观立场对现有模式进行呈现。继而以一种比较法视角,介绍全球其他区域环境犯罪国际合作的立法模式,尤其是以与澜湄流域具有同质化的区域为代表,故本节选择欧盟国家作为典型示范等;通过利用"Gap and Hole"之研究方法进行剖析,以期能提出建构"澜湄合作"背景下环境犯罪共同治理体系的合理建议。

在本节讨论前,有必要再次重申环境犯罪国际合作的价值与意义。如果各国认为在经济和政治上都符合其最大利益,它们就会进行合作。第二次世界大战后的全球合作——通过规则,共有原则和制度体系——带来了重大的经济和社会进步,使数百万人摆脱了绝望的贫困。当各国在 10 年前加入以协调其宏观经济政策时,它们确保不会再次发生另一场全球经济大萧条。在2008 年 11 月举行的首届二十国集团领导人峰会上,主要的发达经济体和巴西、中国、印度等大型新兴经济体汇聚在一起,这标志着迫切的全球合作精神。显然,各国齐心协力可以取得很多成就。然而,在世界经济比以往任何时候都更加复杂并且面临许多共同挑战的当下,一些国家已经变得不愿意采取集体行动。全球合作体系目前处于压力之下,人们有充分的理由对今天的国际合作的持续利益提出质疑。国家内部的经济不平等现象正在扩大,特别是在发达经济体中。许多家庭几乎没有从经济增长中受益,许多社区遭受失业和整个行业的衰败。因此,当西方一些政客声称全球化参与阻碍了其在国内解决问题时,部分民众容易被这种思想动摇。但是,退出国际合作必将是一个错误抉择,这种退出导致过去危机产生的某些条件"卷土重来"。但是,在西方国家的国际合作政策必须得到民众的理解与支持,各国政府需要向支持他们的选民及时展示国际合作能够带来的具体利益,否则,国际合作有可能将在这些国家失败。

目前,主要有两个因素削弱了人们对国际合作的收益信心。首先,虽然技术创新和不断增长的全球贸易已大大减少了生活在不同国家的人们之间的不平等现象,但它们却是许多发达经济体中更大不平等现象的部分原因。在公众眼中,贸易似乎应受到最大的指责,这使人们不愿通过越来越多的经济一体化进一步扩大贸易。其次,自第二次世界大战以来国际合作取得了巨大成功,但随着时间的流逝,欧洲、美国和日本等发达经济体在世界经济活动的份额正被逐渐减少,而同时以中国为代表的新兴市场的份额却在增加。美国和其他发达经济体从支持国际贸易等全球公共事务中获得越来越多利益的趋势正在发生扭转,这种事态发展可能有助于解释为什么以美国为首的全球化和国际合作在增加全球贸易和人均收入方面的成功,反而削弱了公众对美国和其他发达经济体合作的支持。在当今的多极化世界中,维持合作变得更加困难。

尽管存在这些困难,但各国仍需要更多(而不是更少)地支持多边主义。因为当今世界比以往任何时候都更加需要相互依存。首先,信息革命在全世界范围内增加了联系和复杂性。随着各国越来越依靠外国投入进行自己的出口,生产已通过全球供应链变得越来越国际化。而人类共同面临的问题却日益严峻,它包括:气候变化、生物多样性下降、流行疾病和超级细菌的风险、清洁水的短缺、海洋退化、网络犯罪、恐怖主义、大规模移民和避税等。划分国界根本无法应对这些挑战,唯有通过国际合作。而某些对社会具有破坏性的贸易形式,例如人口,毒品和军火的贩运,以及匿名资金的跨境流动,也使我们的世界汇集在一起。同样,各个国家主管部门都很难寻求解决方案。而集体行动至关重要。也就是说,只有合作才能够吸引广泛的公众支持,政府才会抵制"我们优先"的政策诱惑。未来国际合作只有将减轻全球化合理成本视为重点关注的问题,才能有效避免反全球化运动导致国际合作被"污名化"的发生。否则,民众更有可能被那些民粹主义政治领袖提供的所谓自给自足的警笛之声所鼓动。这意味着所有政府都需要确保政策能够帮助那些受贸易或技术进步而受错位影响的人。这还意味着促进制定旨在减少不平等现象,通过对人才投资来扩大经济机会,提高政府透明度(尤其是税收制度)以及减少腐败的政策。[①] 因此,我们不能放弃国际合作,但它的确需要不断革新。

一、相关国际环境协议内容的承认与保留

所谓国际环境协议,是指旨在预防或管理人类对自然资源的影响为主要既定目标具有法律约束力的政府间文件。首先,需要对该专业术语进行语境限定:其一,关于"国际",尽管可具有更广泛的含义,但术语在此定义中通常表示"政府间"即包括两个或两个以上国家的政府(或被允许)加入的所有协议,但不包括单个政府与非政府组织(NGOs)之间,单个政府与国际组织之间以及公司,非政府组织与国际组织之间。其二,关于环境,在以普遍接受的方式定义该术语的三个要素中,"环境"一词是最难界定的,因为大多数分歧缘于环境是"一个人人都能理解且没有人能够定义的术语"[②]。的确,分析联合国环境计划署关于 IEA 的目录,其中便拒绝列入一些学者所倡导的八种"没有明显环境含量"的文件。[③] 这里使用的定义旨在按照与大多数学者和实践者对环境和非环境之间的区别相对应的方式对协议进行分类。其三,关于协议,基本与 1969 年《维也纳条约法公约》对条约的定义高度一致,具体是指"国家之间以书面形式缔结并受国际法管辖的国际协议",其中各国表示"同意受约束"〔第二(1)(a)和十一至十七条〕。对于大多数法律学者而言,至关重要的是要遵守约束:协议是两个或多个国家之间具有法律约束力的文件,无论它们是否被认定为条约或公约,具体法律形式如表 5-1。此处故意排除政府间的"软法",例如行动计划、商定措施、行为守则、声明、决议和类似政策等,因为它们并不具有法律约束力;同时排除了欧盟(EU)指令,因为它们在几个重要方面与其他国际协议截然不同。[④]

---

① E. Dijmarescu, Threat to Multilateralism of Global Financial System, *Romanian Journal of European Affairs*, 2019, Vol.19, p.35.

② P. W. Birnie, A. E. Boyle, *International Law and the Environment*, Oxford University Press. 1994, p.8.

③ N. Choucri, J. Sundgren, P. M. Haas, More Global Treaties, *Nature*, 1994, No.3, p.405.

④ J. Burns, T. Yokota, H. Ashihara, et al. Plant Foods and Herbal Sources of Resveratrol, *Journal of Agricultural and Food Chemistry*, 2002, Vol.11, pp.3337-3340.

表 5-1 国际环境协议的主要法律形式

Agreements*	
Agreement	Accord, Act-Agreement, Act-Commission, Act-Treaty, Acuerdo, Adjustment, Agreement, Arrangement-Agreement, Articles of Association, Charter Agreement, Constitution, Convencion, Convenio, Convention, Convenzione, Covenant, Exchange of Letters Constituting An Agreement, Exchange of Notes Constituting An Agreement, Grant Agreement, Instrument, Interim Agreement, Interim Arrangement, Interim Convention, Loan Agreement, Provisional Understanding, Statute, Statute-Commission, Supplementary Treaty, Tratado, Treaty
Amendment	Agreement-Amendment; Amendment; Arrangement-Amendment; Extension
Other Modification	Denunciation; Exchange of Letters Modifying an Agreement; Exchange of Notes Modifying an Agreement; Proces-Verbal
Protocol	Optional Protocol, Protocol, Protocole, Protocolo, Supplemental Agreement, Supplementary Agreement, Supplementary Arrangement, Supplementary Protocol
Non-agreements**	
Amendment-Technical Annex	Amendment-Technical Annex
Annex	Annex; Appendix
Arrangement	Arrangement; Institutional Arrangement
Center	Center
Commission	Commission; Committee; Organization; Working Group; Working Party
Declaration	Charter; Communiqu, Conclusions; Consensus; Declaraci, Declaration; Decree; Final Act; Mandate; Negotiations; Proclamation; Statement
Directive	Directive
Exchange of Notes	Exchange of Letters; Exchange of Notes

续表

Non-agreements	
Memorandum of Understanding	Acuerdo-Memorandum of Understanding；Agreed Record；Agreement-Memorandum of Understanding；Community-COST Concertation Agreement；Memorandum；Memorandum of Agreement；Memorandum of Arrangement；Memorandum of Cooperation；Memorandum of Implementation；Memorandum of Intent；Memorandum of Understanding
National	Administrative Order；Law；Lei
Plan of Action	Action Plan；Plan of Action；Program；Program of Action；Project；Strategy
Resolution	Act；Agreed Measures；Application of Safeguards；Charter-Resolution；Code of Conduct；Decision；Principles of Conduct；Proposal；Provisions；Recommendation；Reglamento；Regulation；Resolution；Rules；Scheme；Study；Undertaking

资料来源：Ronald B. Mitchell and the IEA Database Project，2002-2019。https://iea. uoregon.edu/international-environmental-agreements-ieas-defined.

说明：为了保持国际文件的原始性，故不再做中文翻译。International Environmental Agreements（IEA）Database Project.

尽管大多数国际环境公约或协议对已正式批准的国家或地区而言均具有法律约束力；但这些协议却因适用范围的不同而有所区别。有些协议区分国家类型以及该公约或协议规定了每个国家各自的责任等，比如《京都议定书》等；在数百个国际环境公约中，大多数却仅适用于部分国家，尤其是那些双边或三边协议仅对已批准的签署国具有约束力，但这些协议内容却在国际环境制度中具有重要的地位。目前，在 IEA（International Environmental Agreements）数据库中已经确定了的国际环境文书超过了 3000 种。[①] 其中最为主要的环境犯罪的国际公约或协议包括《斯德哥尔摩宣言》（The Stockholm Declaration）、《布伦特兰报告》（The Bruntland Report）、《1992 年里约宣言》（The Rio Declaration 1992）、《21 世纪议程》（Agenda 21）、《2002 年约翰内斯堡可持续发展宣言》（Johannesburg Declaration on Sustainable Development 2002）、《约翰内斯堡执行计划》和《2012 年里约＋20 宣言》（Rio＋20 Declaration

---

① Ronald B. Mitchel，IEA Database Home，*International Environmental Agree*，2020，pp.12-32.

of 2012)等。这些文件在前文已有介绍,故而不再赘述。从既有资料中除尚未显示柬埔寨王国签署任何环境双边协议外,在此仅分别介绍其他湄公河流域国家近些年所签署的关于环境问题的双边协议,具体如表 5-2 所示。

表 5-2　湄公河流域国家国际环境双边协议一览(2000—2019)

国家	国际关系双边协议
泰国(2000—2019)	《德意志联邦共和国政府与泰王国政府关于项目节能推广技术的合作安排》
	《德意志联邦共和国政府与泰王国政府关于"区域规划环境地质"项目技术合作安排》
	《印度和泰国关于合作利用原子能用于和平目的的协定》
	《德意志联邦共和国政府与泰王国政府关于"泰国工业空气污染防治"项目技术合作安排》
	《德意志联邦共和国政府和泰王国政府关于在"预防和控制工业空气污染"项目中进行技术合作安排》
	《巴西联邦共和国政府和泰王国政府关于植物卫生措施技术合作的协定》
老挝(2000—2019)	《芬兰共和国政府和老挝人民民主共和国政府关于可持续林业和农村发展项目合作的协定》及《第 2 号修正案》
	《芬兰共和国政府与老挝政府关于老挝环境管理支持项目的协定》
	《德意志联邦共和国政府和老挝人民民主共和国政府关于金融合作——通过避免砍伐森林保护气候的安排》
缅甸(2000—2019)	《日本向缅甸提供援款用于巴卢昌 2 号水电站恢复工程》
越南(2000—2019)	《俄罗斯联邦政府与越南社会主义共和国政府关于植物检疫和植物保护领域合作协定》
	《中华人民共和国政府与越南社会主义共和国政府北部湾渔业合作协定》
	《俄罗斯联邦政府与越南社会主义共和国政府关于植物检疫和保护领域合作协定》
	《阿根廷共和国政府与越南社会主义共和国政府关于和平利用核能合作协定》
	《俄罗斯联邦政府与越南社会主义共和国政府关于和平利用原子能领域合作协定》
	《俄罗斯联邦政府与越南政府关于和平利用核能领域合作协定》

续表

国家	国际关系双边协议
越南(2000—2019)	《俄罗斯联邦政府和越南社会主义共和国政府关于在越南领土内合作建造核电站协定》 《日本政府与越南社会主义共和国政府关于合作开发与和平利用核能的协定》 《俄罗斯联邦政府和越南社会主义共和国政府关于在越南领土内合作建设核科学技术中心的协定》 《俄罗斯联邦政府和越南社会主义共和国政府关于合作将研究反应堆的辐照核燃料运送到俄罗斯联邦的协定》 《2012年德意志联邦共和国政府与越南社会主义共和国政府关于能源与气候基金金融合作及具体措施的协定》 《2013—2014年德意志联邦共和国政府与越南社会主义共和国政府关于能源与气候基金金融合作及具体措施的协议》

资料来源：Ronald B. Mitchell and the IEA Database Project，2002-2019. International Environmental Agreements（IEA）Database Project. https://iea. uoregon. edu/country-members.

二、GMS 框架下相关环境治理合作多边协议的升级

大湄公河次区域经济合作（The Greater Mekong Sub-region，GMS）是澜湄六国基于该区域的经济合作机制，始于1992年，每三年举行一次领导人会议、每年举行一次部长级会议，举办地按国名字母顺序轮流主办。目前，已举办了六次领导人会议，总体上在多边协议上取得了丰硕成果（具体见表5-3）。环境治理合作一直以来都是每次会议的重要议题。以2018年第六次领导人峰会为例，该会议以"发挥25年合作成效，建设可持续、一体化和繁荣的GMS"为主题，各位领导人就应对气候变化、环保、水源管理等合作内容展开了讨论。与会代表一致同意推动关于可持续发展合作、落实《巴黎气候变化协定》、联合国2030年可持续发展议程，通过跨境合作以及各项共同努力加强可持续使用以及管理自然资源的合作，以确保粮食、水源及能源安全等。[①] 但同

---

① 越南共产党中央委员会机关报:《大湄公河次区域经济合作第六次领导人会议在河内开幕》,2018年3月31日。

时,大湄公河次区域经济合作也遇到前所未有的挑战。从表 5-3 可知,一些非澜湄区域国家力量开始介入该区域合作,尽管多是一种政治考量,但通过双边合作协议也正对 GMS 造成冲击。事实上,自 GMS 成立以来,澜湄流域已建立了至少 11 个地区性国际制度,由于成员和任务重叠,形成了"湄公河拥堵"(Mekong congestion),也必然造成这些合作机制之间的竞争关系。[1] 除上述俄罗斯与德国等欧洲国家通过环境保护技术合作对湄公河五国进行制度渗透外,2009 年至 2015 年,日本—湄公河合作机制会晤级别已由外长升级到与 GMS 同级即领导人峰会;美国早在 1950 年就希望通过帮助湄公河流域各国发展水力发电来促进美国在该次区域的经济发展,并在该地区形成阻挡中国影响力的壁垒[2],2008 年,美国又开始对包括湄公河地区在内的亚太政策进行调整[3],逐渐开始增强以自己为主导的合作机制,利用其强大的资源优势试图"瓦解"中国在该地区合作的领导力;韩国、印度等亚洲周边国家也相继加入这种合作竞争当中。大卫·斯科特(David Scot)曾指出,恒河—湄公河合作的成员唯独不包括位于湄公河源头的中国,印度的这种排他性地区制度安排的目的就是将影响力扩散到中国的"后院"。[4]

表 5-3　GMS 领导人峰会一览

时　间	举办地	主要多边协议等文件
2002 年 11 月 3 日	柬埔寨·金边	《次区域发展未来十年战略框架》《大湄公河次区域便利运输协定》谅解备忘录、《大湄公河次区域政府间电力贸易协定》
2005 年 7 月 4—5 日	中国·昆明	《昆明宣言》《GMS 贸易投资便利化行动框架》《生物多样性保护走廊建设合作倡议》
2008 年 3 月 30—31 日	老挝·万象	《领导人宣言》

---

[1]　邓涵:《"峰会年"看澜湄地区制度竞合》,载《当代亚太》2019 年第 6 期。

[2]　Q. M. Pham, ASEAN's Indispensable Role in Regional Construction, *Asia-Pacific Review*, 2015, No.2, pp.82-101.

[3]　Q. M. Pham, ASEAN's Indispensable Role in Regional Construction, *Asia-Pacific Review*, 2015, No.2, pp.82-101.

[4]　David Scott, The Great Power 'Great Game' between India and China: 'The Logic of Geography', *Geopolitics*, 2008, No.1, pp.1-26.

续表

时　　间	举办地	主要多边协议等文件
2011 年 12 月 20—21 日	缅甸·内比都	《大湄公河次区域经济合作新十年(2012—2022)战略框架》
2014 年 12 月 19—20 日	泰国·曼谷	《2014—2018 年区域投资框架执行计划(RIF-IP)》
2018 年 3 月 30—31 日	越南·河内	《领导人宣言》、《河内行动计划》和《区域投资框架》

面对澜湄地区外来复杂多样的合作机制的挑战,我们既要看到 GMS 合作的紧迫性,又要认识到该机制长期性存在的弊端。有学者曾总结出目前 GMS 的一些缺陷:其一,GMS 内部又相继建立了诸多双边与多边机制,比如,"湄公河委员会"、"东盟—湄公河流域开发合作"、中老缅泰"黄金四角经济合作"等,这与原有机制存在协调问题。其二,机制参与国基础设施落后,无法为澜湄合作机制提供坚实的物质基础保障;而湄公河五国不断受西方政治的鼓噪与挑唆,对中国"一带一路"倡议在湄公河流域基础设施建设上心存怀疑,导致诸多政策上的不确定性。其三,机制参与国很难放弃"大国平衡"政策所带来的不利影响。由于湄公河五国对 GMS 机制依赖程度不同,故而难以在态度上达成完全统一。其四,域外国家的不断阻碍。美国、日本、印度等域外大国将湄公河次区域视为其实施东南亚政策的着力点,一直对 GMS 机制采取对立态度,甚至不惜"污名化",常常利用"政治献金"、经济资助湄公河五国内部反对力量等。[①] 既然无法改变外部势力,则唯有对 GMS 框架内部的合作机制进行升级革新,才能突显该机制固有优势,对参与国形成巨大吸引力与凝聚力。

三、"澜湄合作"中环境犯罪共同治理体系的建构

尽管大湄公河次区域经济合作是中国参与最早、最有成效的区域合作机制之一,由上分析可知,30 多年的发展也遭遇到各类"瓶颈"问题。除了外部

---

① 戴永红、曾凯:《澜湄合作机制的现状评析:成效、问题与对策》,载《国际论坛》2017年第 4 期。

因素外,内部机制也存在一定缺陷,比如资源过于分散、合作内容过于笼统等。由于环境犯罪共同治理是一项长期、复杂工程,因此,有必要建构一套完整的体系。当然,这种体系仍不能脱离 GMS 这一背景;此外,还应与"一带一路"倡议相联结。由于 GMS 更侧重于经济层面合作,而"澜湄合作"机制却是全方位的,自 2015 年成立以来,便充满活力与发展潜力,而且在现有的六次会议中均将环境保护作为一项重要议题,尤其是中国所提出的"命运共同体"理念得到了湄公河五国的一致认可。如何夯实这种机制并进一步向合作机制内部深耕,凸显"澜湄合作"的专业化与实践性,应成为未来研究的发展目标与方向;环境犯罪共同治理合作无疑可成为其一项重要内容。笔者认为,当前至少应在以下方面进行努力,再在此基础上逐步推进。

1.在术语上统一解释

尽管共同治理澜湄流域生态环境任务艰巨,而且该流域环境犯罪正呈进一步恶化的发展态势,但目前各国对环境犯罪的认识却很难做到统一。即便是一些最为常用的术语,各国具体机构在适用上理解仍存在较大分歧。例如,环境犯罪的定义是什么、环境犯罪的范畴包括哪些、所违反的法律应包括哪些(各国内部的法律渊源不尽相同)、自然保护区包括哪些、濒危野生动植物的评判标准是什么等,这些问题都需要统一解释;否则,不仅在认识上发生歧义、执行上标准不一,而且容易导致环境越轨者规避法律制裁、逃避法律追究,使环境刑事司法偏离公平、正义,最终不利于威慑与预防环境犯罪的发生。这种术语的统一,需要澜湄六国集中专家、学者共同商定,既要考虑本国实际情况,又要以澜湄流域整体环境保护的大局为重;同时,更广泛地借鉴与吸收国际标准或欧盟标准等,对术语的解释更加明确、清晰。当然,这种术语的统一绝不是一蹴而就的,它会随着时代发展、理念更新、理论进步而进行修正。

2.在立法上统一指令

参考前述欧盟经验,在澜湄流域需要统一刑法保护环境的指令或法令。欧洲各国之间法律制度与文化差异远远高于澜湄六国,而且其环境犯罪共同治理的区域跨度、自然环境的复杂程度也远大于澜湄流域,既然欧盟各国为了实现最大化保护环境而能在立法上形成统一指令,同样,澜湄六国也可以参照其做法,做到刑法保护环境的立法统一。尤其是在对环境犯罪的客观行为与主观恶性的刑事认定上,各国必须达到高度一致。倘若环境犯罪的刑事违法性并不完全一致,A 国采取行为无价值论立场即只要实施破坏环境行为便符合刑事违法性的要件,而 B 国却采取结果无价值论立场即以实际造成危害结果作为构成刑事违法性的前提,必然导致环境违法行为入罪标准在澜湄流域的不一致;更进一步来说,各国在对环境犯罪的定罪与量刑标准上也要做到相对统一,倘若 A 国对盗伐林木的入罪数量远低于其他国家,那么势必导致不法分子将主要犯罪行为向 A 国流动,很可能最终仍会对整个澜湄流域的生态环境造成实际损害。

3.在罚则上统一原则

刑法对环境的保护最终会落实在具体罚则上,通过实施有效的刑罚防止严重破坏生态环境行为或遏制破坏生态环境行为与结果进一步恶化。澜湄六国刑法不可能做到完全统一,也没必要做到刑罚的完全一致;但至少在对环境犯罪的惩罚原则上尽量保持统一。在此问题上同样可借鉴欧盟的有益做法,采取有效性原则、比例原则和矫正性原则等。其一,刑罚有效性原则即在对环境犯罪刑罚时既要充分考虑实际效果,又要考虑刑罚的效益成本,使刑罚真正发挥其价值与作用。对于个别国家切不可仅站在本国利益之狭隘立场,为了所谓经济获益或者以罚金替代自由刑,或者对直接危害结果是否发生在本国内作为定罪量刑的重要指标,使之偏离了澜湄六国共同打击环境犯罪之宗旨。其二,刑罚的比例原则即在对环境违法行为进行处罚时要适当平衡行政处罚与刑事处罚,尤其是在行刑交叉问题上,不同国家司法或执法机构可将国际法中所普遍遵循的比例原则运用在跨国环境犯罪的刑事司法之中。此外,刑罚的比例原则还应体现在对环境犯罪的罪责刑相统一上。这不仅符合国际人权之需要,更是实现环境刑法正义之基本要求。其三,刑罚的矫正性原则即利用刑罚手段达到最佳预防犯罪效果,尤其是针对企业环境犯罪,可采取环境赔偿或补偿方式弥补一般违法所造成的实际损害,减轻政府环保压力;而对于环境犯罪而言,除对企业进行罚金、追究主要责任人员或直接责任人员的刑事责任外,应对企业的环保工作进行定期指导与监督,及时纠正错误行为避免其向违法甚至犯罪方向恶化。当然,对于环境犯罪情节恶劣、多次犯罪屡教不改予以剥夺资格刑处罚的除外。

第三节　企业环境刑事合规计划调适

有组织犯罪是环境犯罪的重要形式,也有别于自然人环境犯罪的违法性程度;因此,在当前风险社会背景下必须重新审视企业环境犯罪的刑事责任,即便企业犯罪中自然人主体基于非职务行为,但至少企业能从中部分获利。追究企业环境犯罪刑事责任的简单逻辑——仅作为法律拟制的人格体,毕竟有别于自然人,只能通过内部职员实施具体行为。在企业环境犯罪中简单适用替代责任原则(vicarious liability principle)具有较为深远的影响,纵使企业负责人或主要责任人员被发现存在善意合规,却仍概括地视为违反企业规定,这种理念在美国反垄断法背景下发展壮大,后逐渐拓延到环境等其他领域。①

分析企业环境刑事合规调适问题之前提,需要对企业整体刑事合规计划进行充分理解与把握。2018年的"中兴事件"引发了我国学者不断反思,如何构建刑事合规制度并在未来推动企业合规的普遍展开。② 我国企业合规建设尚处于起步阶段,没必要全盘照搬国外做法,但稳妥推进企业刑事合规计划并据此决定企业犯罪的定罪与量刑却刻不容缓。③ 刑事合规,必然会从一般理念走向具体规制,因此,在不断深掘其基本内涵的同时,研究角度需更加微观,并将视阈从传统金融犯罪向其他领域拓展。有学者认为,刑事合规可作为我国网络平台预防法律风险、避免刑事责任的内控制度系统。④ 就环境犯罪而言,刑事合规计划同样对于企业优化内部管控机制、防范与降低刑事风险具有重要价值。

一、环境刑事合规的观念转变:从消极被动走向积极主动

刑事合规计划,是指通过企业内部管理体系敦促从业人员在开展业务时自觉遵守法律法规,司法部门采用刑事责任减免等手段激励企业建立与维护有效的合规体系,真正推动企业组织体的自我管理,不仅对于发现犯罪具有重

---

① A. Weissmann, A New Approach to Corporate Criminal Liability, *America Criminal Law Review*, 2007, Vol.44, p.1319.

② 李本灿:《刑事合规理念的国内法表达:以"中兴通讯事件"为切入点》,载《法律科学(西北政法大学学报)》2018年第6期。

③ 黎宏:《合规计划与企业刑事责任》,载《法学杂志》2019年第9期。

④ 于冲:《网络平台刑事合规的基础、功能与路径》,载《中国刑事法杂志》2019年第6期。

要的实践价值,更能逐渐培养企业的守法意识,最大化地实现企业犯罪预防。① 刑事合规理念最早可追溯到 20 世纪初的美国,先后经美国司法部指导性文件、美国量刑委员会《联邦量刑指南》(1991 年)予以确立;2018 年,美国《联邦量刑指南》进行了重新修正,其中第八章"针对有组织犯罪裁判"中第二部分对企业合规与道德计划进行了详细规制。② 受美国法影响,日本政府在 20 世纪 80 年代开始推动企业制订与实施合规计划③;英国、意大利等国家在 21 世纪初也陆续在相关立法中引入刑事合规制度。目前,在西方经济发达国家中几乎不会缺少企业合规计划,尤其是在规模较大的跨国企业商业组织中。诚如美国米里亚姆·贝尔(Miriam H. Bear)教授所指出的那样,"企业是众多法规和管理制度的主体,这些法规和管理制度直接或间接地要求企业采用旨在防止内部不当行为的计划,并威胁企业不这样做将面临严重的惩罚性后果。因此,合规计划已经演变成一种普遍的企业治理活动"④。

(一)刑事合规计划是否局限于应对国际挑战

2018 年"中兴事件"与"华为事件"的相继爆发,使得我国政府和企业逐步认识到合规计划对企业在全球发展的重要意义⑤;在短短数月内,国务院相关部门发布了三项有关合规的指导性文件(简称"三大文件",见表 5-4)。《企业境外经营合规管理指引》中明确了制定文件动因是为了企业应对国际挑战即合规是企业"走出去"行稳致远之前提,而合规管理能力是企业国际竞争力的重要方面,为了更好服务企业开展境外经营,推动企业持续提升合规管理水平等;而其他指导性文件并未直接限制适用于企业境外发展。推动我国企业合规管理应当稳妥且具有可持续性在我国已成共识;既然合规计划有利于企业与社会发展,为了保障合规理念在我国真正"生根、发芽",

---

① A. Weissmann, R. Ziegler, L. Mcloughlin, et al. Reforming Corporate Criminal Liability to Promote Responsible Corporate Behavior, http://www. instituteforlegalreform. com/resource/reformingcorporate-criminal-liability-to-promote-responsible-corporate-behavior/(accessed on 5 December 2013).

② United States Sentencing Commission, Guidelines Manual, §3E1.1 (Nov. 2018).

③ 周振杰:《惩治企业贿赂犯罪合作模式之提倡》,载《云南社会科学》2016 年第 4 期。

④ Miriam H. Baer, Governing Corporate Compliance. *Boston College Law Review*, 2009, Vol.50, p.949.

⑤ 万方:《企业合规刑事化的发展及启示》,载《中国刑事法杂志》2019 年第 2 期。

必须建构一套完整的企业合规制度体系。一方面,合规制度应当跳出行政性规章之渊源局限,逐步在行政法规、民事法律、刑事法律中予以体现,真正促使合规计划由被动地应对国际挑战向企业主动追求全面可持续发展转变;另一方面,合规体系还是一种企业内部管理激励机制,因此,相关规范不应当仅为强制性、惩罚性,还应当具有一套健全的鼓励性、奖励性规范。刑事风险,是当前国内外形势下企业所面临的最大风险,为了鼓励我国更多企业更好地将合规理念最终转化为一种企业文化,则必须在刑事立法中体现对合规计划的奖惩内容。

表 5-4　我国主要有关合规指导性文件

序号	合规指导性文件
1	《合规管理体系指南》(国家质检总局、国家标准委,2018 年 8 月 1 日) 范围、术语与定义、组织环境、领导作用、策划、支持、运行、绩效评价与改进,共九部分
2	《中央企业合规管理指引(试行)》(国务院国有资产监督管理委员会,2018 年 11 月 2 日) 包括合规管理职责、合规管理重点、合规管理运行、合规管理保障四部分
3	《企业境外经营合规管理指引》(国家发展和改革委员会,2018 年 12 月 26 日) 包括合规管理要求、合规管理架构、合规管理制度、合规管理运行机制、合规风险识别、评估与处置、合规评审与改进、合规文化建设等内容

(二)刑事合规计划能否跳出特定领域的规制

最初,"合规"之概念仅限缩在金融与垄断领域,这也是美国早期对企业合规监管的特定规制范围;1977 年美国《反腐败法》将企业合规计划进一步拓展到职务犯罪,也对合规理念带来较为深刻的变革。[①] 1991 年美国《联邦组织体量刑指南》对刑事合规所适用领域并未做任何限制,且利用所谓"长臂管辖"原则将该义务从国内企业扩张到同美国具有业务往来关系的所有经济体。如前述,我国学者对刑事合规制度展开激烈探讨源于中兴、华为事

---

① 韩轶:《企业刑事合规的风险防控与建构路径》,载《法学杂志》2019 年第 9 期。

件,也容易导致将刑事合规计划的适用范围狭义地理解为金融等特定领域。事实上,我国"三大文件"不仅没有具体限缩刑事合规所适用领域,而且均强调了合规的全方位发展目标;同时,也指引性地明确了现阶段重点关注的领域。需要指出的是,"三大文件"在划分当前我国需特别关注领域之范围上确有差异(如表5-5)。显然,环境保护在"三大文件"中均将其列为当前优先关注的领域之一,这也与域外刑事合规制度的发展方向保持了高度一致。例如,尽管《清洁水法》《清洁空气法》等作为美国重要的环境法规已详细规定了企业的民事责任,但美国检察官手册中规定对企业环境犯罪的起诉仍应成为司法优先事项。为此,美国司法部(DOJ)与美国环境保护署(EPA)在过去的 20 年里,不得不数次为企业环境违法行为的战略决策提供指导;企业律师必须帮助客户建立环境合规计划并在刑事案件中为企业避免刑事制裁进行抗辩等。[①]

表 5-5　"三大文件"重点关注领域一览

指导性文件	重点关注领域	法规体现
《合规管理体系指南》	"三大领域" 产品质量、食品安全、环境保护	参考文献
《中央企业合规管理指引(试行)》	"七大领域" (1)市场交易:突出反商业贿赂、反垄断、反不正当竞争,规范资产交易、招投标等活动; (2)安全环保:安全生产、环境保护; (3)产品质量; (4)劳动用工; (5)财务税收; (6)知识产权; (7)商业伙伴	第二章 第 6 条至 第 9 条

---

① C. Dinkins,S. Lonnquist,The Belt and Suspenders Approach：The Advantages of a Formalized Environmental Compliance Program,*Utah Law Review*,2009, No. 8,p.1129.

续表

指导性文件	重点关注领域		法规体现
《企业境外经营合规管理指引》	对外贸易	全面掌握关于贸易管制、质量安全与技术标准、知识产权保护等方面的具体要求,关注业务所涉国家(地区)开展的贸易救济调查,包括反倾销、反补贴、保障措施调查等	第 13 条
	境外投资	全面掌握关于市场准入、贸易管制、国家安全审查、行业监管、外汇管理、反垄断、反洗钱、反恐怖融资等方面的具体要求	第 13 条
	对外承包工程	全面掌握关于投标管理、合同管理、项目履约、劳工权利保护、环境保护、连带风险管理、债务管理、捐赠与赞助、反腐败、反贿赂等方面的具体要求	第 13 条
	境外日常经营	全面掌握关于劳工权利保护、环境保护、数据和隐私保护、知识产权保护、反腐败、反贿赂、反垄断、反洗钱、反恐怖融资、贸易管制、财务税收等方面的具体要求	

(三)企业环境刑事合规计划现实性考量——以中国为例

尽管我国民众对环境保护的普遍意识越来越强烈,相关立法也越来越健全、完善,但生态环境问题依然严峻。自 2014 年以来,全国各级人民法院每年审结的污染环境既判案件数量基本维持在 1000 件以上。从污染行为来看,仅重金属与危险废物超标排放即占案件总数量的 3/4 以上;从地域分布来看,浙江、广东、山东三省环境犯罪案件总量超过了全国总量的一半以上。由此不难判断,环境犯罪与经济体量之间存在明显的正相关关系。[①]而企业才是造成我国生态与环境破坏的主要污染源头,超过总污染比重的70%。[②] 然而,在司法实践中,承担环境犯罪刑事责任的主体却主要是自然

---

① 焦艳鹏:《我国污染环境犯罪刑法惩治全景透视》,载《环境保护》2019 年第 6 期。

② 邹东涛:《中国经济发展和体制改革报告》,社会科学文献出版社 2008 年版,第 27 页。

人，即真正由单位承担环境犯罪刑事责任的案件仅为 5％，另外 95％的单位环境犯罪案件由自然人担责；其中，自然人中法定代表人所占比例不到 20％、直接负责的主管人员所占比例不到 30％。[①] 也就是说，在环境犯罪案件中，污染环境行为通常由企业意志所决定，而企业又是环境违法的最大受益者，但出于地方保护或侦办便利等原因，单位法定代表人与直接负责的主管人员承担刑事责任率却不足 2.5％，很难确保单位不再继续实施环境违法甚至犯罪行为。从司法量刑角度分析，我国环境犯罪呈现出轻刑化趋势。仅以污染环境罪为例，《刑法》第 338 条规定，严重污染环境的，处 3 年以下有期徒刑或者拘役，并处或者单处罚金；后果特别严重的，处 3 年以上 7 年以下有期徒刑，并处罚金。笔者统计"中国裁判文书网"中 2019 年各地法院审理污染环境罪已决的共计 571 份司法裁判文书，单处罚金或免予刑事处罚者占 6.83％，92.64％的案件判处 3 年以下有期徒刑（如表 5-6、表 5-7）；且缓刑案件 209 起，缓刑适用率高达 36.6％。这些结论与部分学者所统计的 2012—2018 年相关数据保持大体一致。[②] 这也进一步表明，我国单位环境犯罪刑事规制亟待完善，尤其是相关量刑应当更加规范化，才能真正符合罪责刑相适应原则。

表 5-6　2019 年全国污染环境罪刑罚方式分布表

刑种	数量/人	占比/％
单处罚金	39	6.83
拘役	68	11.91
单处有期徒刑	5	0.88
有期徒刑并处罚金	459	80.38
合计	571	100.00

[①]　韩菲：《环境保护行政执法与刑事司法证据衔接问题研究》，西南政法大学 2018 年硕士论文。

[②]　焦艳鹏：《我国污染环境犯罪刑法惩治全景透视》，载《环境保护》2019 年第 6 期。

表 5-7　2019 年全国污染环境罪监禁刑期分布表

刑期区间	数量/人	占比/%
6 个月以下	4	0.70
6 个月至 1 年	293	51.31
1 年至 2 年	198	34.68
2 年至 3 年	34	5.95
3 年至 5 年	23	4.03
5 年以上	19	3.33
合计	571	100.00

二、环境刑事合规计划的主要路径:从文件指导走向刑罚规范

任何刑法理念落实到具体制度中都不可能一蹴而就,而是一个相对漫长的发展过程,合规理念引入到我国刑法制度中亦是如此。2018 年,我国刑法学者才陆续提出"刑事合规"概念,如何将企业环境合规从行政指导性文件嵌入到具体刑法制度当中,不仅需要借鉴国外相对成熟的经验,更需要建构起一套符合澜湄流域各国国情、能够真正指导具体刑事司法实践的环境合规体系。

(一)美国环境刑事合规体系脉络

最早在刑事司法中引入合规体系的美国,同样经历过环境刑事合规计划从文件指导走向具体刑罚规范的过程。1991 年 7 月,美国司法部最早公布了企业环境合规计划的联邦指南,解释司法部门监管受监管企业时应如何行使自由裁量权规制企业环境行为。[①] 1999 年 6 月,时任美国司法部副部长埃里克·霍尔德(Eric Holder)签署了一份备忘录,指导检察官在决定

---

① Env't and Natural Res. Div., U.S. Dep't of Justice, Factors in Decisions on Criminal Prosecutions for Environmental Violations in the Context of Significant Voluntary Compliance or Disclosure Efforts by The Violator (1991), http://www.usdoj.gov/enrd/Factors in_deci-sions.html (accessed on 5 December, 2013).

是否在特定案件中对企业进行追诉时应考虑的主要因素,也被称作"霍尔德备忘录"(Holder Memo)[①];2003 年 1 月,拉里·汤普森(Larry Thompson)在担任司法部副部长期间对该备忘录进行了修正,重点强调对企业合作真实性实质审查,该备忘录也被称作"汤普森备忘录"(Thompson Memo)[②]。与此同时,美国环保署也公布了一系列指导性文件。1995 年最早公布的文件强调不应过度限制环境法的有力执行,保护公众知情权的情况下,提高受监管企业行为后果的可预测性并对环境负责行为予以奖励,其中就包括对刑事责任的减轻与豁免措施。2000 年,美国环保署对该指导性文件进行了修正,鼓励受监管企业实体积极参与自我审计,并强调环境合规计划的存在价值。1993 年 11 月,美国环境犯罪问题独立咨询工作组向量刑委员会提交了一份针对有组织环境犯罪的拟议制裁草案,尽管该提案最终未被采纳,却为法官们对环境合规计划各方面更详细审查提供了参考。2004 年 11 月,美国量刑委员会在《联邦量刑指南》中增加了第 8B2.1 条,企业应加强建立合规计划要求,旨在预防和监测公司或商业实体内的犯罪行为。美国环境刑事合规计划走向刑罚规范化并不意味着完全替代指导性文件的作用,而是两种不同渊源相互融合,确保环境刑事合规体系制度的安定性。2006 年 12 月,"麦克纳尔蒂备忘录"(McNulty Memo)替代了"汤普森备忘录"[③];2008 年,时任司法部副部长马克·菲利普(Mark Filip)进一步对备忘录进行了修正,自此,备忘录为企业所有刑事行为提供了指引,尽管没有直接提及环境合规计划,但备忘录具有广泛的目的性,环境合规计划当然符合其适用范围。最终,"菲利普备忘录"(Filip Memo)内容被正式纳入《美国律师手册》,也更新了美国之前对企业犯罪的刑事追诉指导原则。[④] 2008 年 8 月,美国环保署公布了一

---

① Memorandum from Deputy Att'y Gen. Eric Holder to All Component Heads and U-nited States Attorneys,http://www.usdoj.gov/criminal/fraud/docs/reports/1999/charging-corps.html (accessed on 16 June,1999).

② Memorandum from Deputy Att'y Gen. Larry Thompson to Heads of Department Components and United States Attorneys, http:// www. usdoj. gov/dag/cftf/corporate_guidelines.htm (accessed on 20 January,2003).

③ Memorandum from Deputy Att'y Gen. Paul J. McNulty to Heads of Department Components and United States Attorneys, http://www.usdoj.gov/dag/speeches/2006/mc-nulty_memo.pdf. (accessed on 12 December,2006)

④ U.S. Attorneys' Manual,supra note 1,at 9-28.00.

份旨在将审计政策适用于新股东的临时方法,进一步鼓励对环境违规行为的及时自我披露,环境保护署对审计政策进行全方位调整,使其适用于企业新股东。在向新股东提供激励措施中,除了审计政策之外,还包括减轻处罚,以及扩大那些行为违规但可能符合审计政策之范围等。①

(二)澜湄流域环境刑事合规制度的建构

毋庸置疑,目前环境刑事合规体系在澜湄国家尚处于初始发展阶段。以我国为例,最早公布的《合规管理体系指南》已为其未来发展指明了方向。《合规管理体系指南》前言部分除了简要阐述了合规制度的重要价值与意义外,还确立了未来建立有效合规管理体系的发展目标即作为减轻,甚至豁免行政、刑事或者民事责任的抗辩事由,这种抗辩有可能被行政执法机关或刑事司法机关所接受,这对于企业无论是在国内还是在境外发展都尤为重要。因此,环境合规计划也同样必须从指导性文件走向具体法律制度;减免刑事责任,无疑是企业所规避的最大风险。如何在司法实践中真正落实环境刑事合规制度,需要逐步推进企业环境犯罪量刑的规范化,并进一步向湄公河五国推广。当然,这种量刑规范化不能违背刑罚主客观相一致原则。基于此,笔者认为,司法机关决定是否对企业环境犯罪量刑减免时,至少应考虑以下情形:

1.企业是否自愿披露违规

自愿披露违规是指企业负责人与主要责任人员及时、主动地以企业名义向有关部门披露违规信息,且所披露的信息应当全面、完整。考察是否属于自愿披露,可从三方面进行评估:其一,披露主体主观上应当自愿。企业负责人与主要责任人员本人披露或授权他人以企业名义披露。只有披露者对企业环境违规的披露属于自愿主动披露,才能作为企业环境犯罪减免责任之前提条件;否则,企业内部其他人员以个人名义披露应当视为对企业环境违规的举报,而披露者非自愿的被动披露极易出现对披露内容的反复,披露后不能积极配合有关部门调查核实等。需要指出的是,自愿披露的动机在所不问,即便披露目的完全是基于减免企业的刑事责任。自愿披露之该要件不仅符合刑法中罪责刑相一致原则,也与自首等既有刑罚裁量制度不相违背。其二,披露的时间应当及时。鼓励企业在发现内部环境严重违规时应尽早向有关部门报告,不仅可有效避免危害后果的进一步扩大,也能很大程度上减少处理环境污染

---

① Interim Approach to Applying the Audit Policy to New Owners ("Interim Approach").

的经济成本。如果监管机构已经发现企业存在环境违规，便认定披露就不再属于自愿行为。其三，披露的内容应当完整。企业自愿披露不仅不能对环境严重违规的具体情节进行任何隐瞒，而且应愿意向行政或司法调查人员提供所有相关资料；一旦发现企业有恶意掩盖部分事实或对案件调查并不积极配合，则不应视为企业自愿披露。

2.企业是否采取预防措施

环境刑事合规重在犯罪预防，既然拥有大量雇员的企业难以避免个别或部分雇员单一孤立违法行为，却有可能由企业最终揽责；那么，企业在发现存在环境轻微违法之时，便应尽快启动内部调查：查明公司管理层是否参与或纵容该不法行为；违法行为人是否具有类似不良行为记录，企业以前是否对此采取过相应举措；环境违法后果能否及时补救；采取的具体补救措施是否充分等。调查完毕后应更换渎职管理人员，处分或开除违法者，并与相关政府机构密切合作，积极对环境违法后果赔偿等。预防企业环境犯罪除了应强调日常的合规管理外，还应强化对突发事件的应急处理。一旦环境事件突发，能够最快地启动环境应急预案，采取控制或者切断污染源防止污染扩散；最高效地整合应急指挥机构，避免次生环境污染后果的发生等。当前一些西方国家通过采取环境设计来预防犯罪（Crime Prevention Through Environmental Design，CPTED)，这一理念也越来越多地被一些专家、学者所关注。[①] 未来预防环境犯罪的理念与措施必然是更加多元与体系化的，这不仅为企业积极预防环境犯罪提供了更多资源支持，也对环境刑事合规提出了更高要求。

3.企业是否具有环境合规机制

考察具体企业的环境刑事合规，主要可分为合规计划的存在、合规计划的充分与合规计划的维护三种递进层面。合规计划的存在是司法机关启动刑事合规的前提，倘若企业尚未建立静态合规计划，即便实际为预防环境犯罪做了一些具体工作，也能够及时地对内部环境违规进行自愿披露，但仍不能以"刑事合规"作为抗辩事由，司法机关也不能完全将合规因素作为对企业犯罪定罪量刑的依据。当然，企业犯罪符合坦白、自首、立功等其他刑罚裁量情节的，不影响其他量刑制度的适用。合规计划的充分是指合规计划内容必须合理、有效。现有合规计划是否真正有效，需要定期检测该计划能否防止未来环境违

---

① 毛媛媛、戴慎志、曾敏玲：《国外环境设计预防犯罪组织机构评析与借鉴》，载《国际城市规划》2012年第4期。

规问题,当出现不能真正发挥作用时应及时调整、改进现有计划。司法机关在考量环境刑事合规时,除了在企业制度上进行形式审查外,还要认真评估该环境合规计划在实质上是否充分,企业是否有强有力的制度与机制保障落实对环境法规的遵守,是否有常规的程序来检测和预防环境违规的发生;是否对合规计划进行定期审计;是否为合规计划配备了充足资源等。如果企业仅有合规计划的存在,但该计划却完全流于形式,不能真正发挥任何效益,或者效果并不理想,司法机关可慎重决定是否仍将"刑事合规"作为企业环境犯罪出罪的事由,或者根据合规的充分性程度,进行综合评估具体量刑。合规计划的维护是指企业应从人、财、物等各方面确保合规计划的正常运作,并保持合规计划发展的可持续性等。不可否认,同一社会在不同时期对企业环境保护的诉求并不相同;总体上,这种保护标准更趋于严苛,也不排除在个别国家出现标准的迂回;再加之,企业各种内部环境瞬息变化,这些内外因素都要求对环境合规计划进行实时维护。否则,即便先进的合规体系,不定期检测、审计与演练,也终究会变得不合时宜。因此,司法机关在评估环境刑事合规体系是否良好,后续维护机制则不可缺少,也可成为对企业犯罪量刑酌定从宽的重要情节之一等。

总之,刑事合规作为新时期追究企业犯罪主体刑事责任的一项重要制度,通过刑事责任减免,降低经济实体的刑事风险;鼓励企业增进内部管理,有效预防犯罪。如何将刑事合规具体适用到不同犯罪类型当中,这是一种司法理念的转变。从当前形势最严峻、处理最棘手的环境犯罪入手,进行积极试点,再将刑事合规向不同企业犯罪类型全方位铺开,或许是一种较为稳妥、安定之改革路径。即便如此,仅构建企业环境刑事合规体系亦绝非易事。比如,如何量化环境合规刑事责任减免的具体幅度;哪些主体具备指导与监督企业环境刑事合规计划职责;企业主体变更如何确保环境刑事合规体系的正常运转及过渡期间责任主体的风险承担比例等,均须展开进一步探讨。总之,构建符合澜湄流域区域特色的环境刑事合规体系并不是对域外制度的一种简单"移植",必须真正扎根于澜湄国家企业管理与具体司法实践,在宏观经济发展大背景下,勇于突破传统理念羁绊,积极、稳妥革新,追求环境刑事司法的安定。

第六章

澜湄流域环境犯罪治理的
刑事规范调适

　　本章从微观层面具体探讨澜湄流域环境犯罪治理的具体刑事规范问题。任何理念、原则最终均会通过法律规范予以呈现；同样，刑事规范在实际运用中的效果也会影响与证成理念、原则等的合理性。以新中国刑法的发展为例，自 1979 年第一部刑法典的颁布迄今逾 40 年，经历了由注释刑法学到刑法哲学，再演进为以关注刑法规范为主的刑法教义学。在发展初期，理论深度与广度匮乏，注重以语言学为中心的注释刑法学占据主流；但随之便意识到缺乏对刑法规范进行价值评判则必然使刑法走向一种"教条主义"，刑法哲学以人性为核心，使刑法研究不再拘泥于具体规范的形式逻辑，无疑提升了刑法学的整体理论水平。但刑法哲学相对晦涩难懂，又极具争议性，再加之深受社会法学派思想与现实主义影响，近些年中国刑法学界又开始将关注焦点回归到以刑法规范为中心，进行教义学分析，由此形成教义刑法学的知识形态。① 然而，尽管刑法教义学与注释刑法学均以刑法规范为主要研究对象，但两者却有明显区别。刑法教义学以证立性为根本属性，更侧重于规范命题的妥当性与增进司法公信力，以社会普遍可接受性与满足社会生活的正当诉求为标准与目标等。刑法教义学的盛行也令一些学者开始隐忧，甚至提出"规范隐退论"观

---

　　① 陈兴良：《注释刑法学经由刑法哲学抵达教义刑法学》，载《中外法学》2019 年第 3 期。

点与反教义学化,刑法领域法无明文规定的单位犯罪有罪论便是其典型代表;故而,也遭到另一批学者的批判,认为这种"规范隐退论"抛弃了规则主义,破坏了法治的最低刑事限度,也最终破坏了形式法治的安定性。[①] 刑事规范作为一项核心载体,更加凸显其在刑法学研究中的重要价值与意义,对澜湄流域环境犯罪的刑事研究亦应如此。

类型化研究应作为规范法学的重要研究方法之一。因此,有学者提出,环境法律规范进行类型化分析应将规范特征作为重要的考量因素。[②] 的确,环境刑事法律规范所保护的法益特殊性、刑事规范违法性中类型化的危害行为、前置化的危害结果以及因果关系倒置,再加之刑事有责性的复合化、刑事责任方式的适格化等特征都应成为对澜湄流域环境犯罪治理刑事规范调适研究的方向;这种刑法规范的类型化研究不仅对澜湄流域环境立法的规范配置优化具有重要意义,而且有利于未来实现对刑事规范解释的目的价值,使环境犯罪共同治理更加侧重增加对环境法益本身的保护,同时与技术性刑法规范进行糅合,通过刑事责任规范的多样化最终实现最佳调适的目的。

第一节　环境刑事法益的独立化调适

相比较而言,欧陆刑法理论非常重视法益的概念——将其界定为对某种法律所保护的利益的违反——在决定犯罪化过程中起到重要作用;英美刑事司法中却鲜见对法益理论的探讨,较为重视损害原则的实践运用。当然,大量的刑事案例中使用因刑事行为而导致的"损害"、"有害结果"或"伤害后果",该损害往往被认为是违反成文刑法规范而应受到刑事制裁的决定性要件。学者似乎也逐渐开始对损害原则产生兴趣,并将其作为犯罪中的一个重要概念。然而,美国著名学者杰罗姆·霍尔(Jerome Hall)、格哈德 O. W. 穆勒(Gerhard O. W. Mueller)、奥威·斯奈德(Orvill C. Snyder)等教授却发现,

---

① 刘艳红:《"规范隐退论"与"反教义学化":以法无明文规定的单位犯罪有罪论为例的批判》,载《法制与社会发展》2018 年第 6 期。

② 徐以祥:《我国环境法律规范的类型化分析》,载《吉林大学社会科学学报》2020 年第 2 期。

很少有法学理论研究者能够明确揭示与真正理解"损害"之内涵。[①] 诚如穆勒教授所言,"在我们刑法中,损害原则是一个最不成熟的概念"。[②] 这种说法也着实令很多学者极为惊叹,因为正如罗姆·霍尔将其称作"刑事行为与刑罚制裁之间的支撑"[③]那样,"损害"原则在过去一直被认为是犯罪最为本质的内容。而法益理论在欧陆刑法中的发展也并未完全"一帆风顺",我国著名刑法学者张明楷教授曾将目前法益概念的主要分歧归纳为:法益是前实定法的概念还是实定法的概念?即在实定法将法益予以保护之前,是否已经存在法益或法益的内容?法益是刑法保护的对象,还是一般法或所有法都保护的对象?法益属于观念层面(精神层面)抑或属于实体层面(物质层面)?法益的内容是状态还是利益?法益的主体是谁?即除了个人之外,国家与社会能否成为法益的主体?[④] 尽管围绕法益的概念争议不断,但其在整个刑事立法正当性检验机制中起到至关重要的作用;尤其是二战后,它在刑法中具有一定的限制立法功能。[⑤] 虽然湄公河五国刑法制度不完全属于欧陆法系,甚至个别国家受英美法系影响较深;但作为澜湄合作中发挥重要作用的中国,近些年刑法理论一直非常重视对法益内容的研究,因此,在对澜湄流域环境犯罪治理进行刑事规范调适时,也必然绕不开对环境刑事法益的展开与探讨。当然,也有学者较悲观地认为,倘若不能解决国际刑法中的超国家刑罚权问题,则这两个犯罪化重要理论即法益保护原则与损害原则,继而无法检验能否从国内法理论转化到国际刑法之中。[⑥]

在当前我国刑法典体系下,环境犯罪仍置于"妨害社会管理秩序罪"章节之中,从立法者的角度,显然可理解或推定为将环境犯罪所侵犯的法益纳入社

---

①　A. Eser, Principle of Harm in the Concept of Crime: A Comparative Analysis of the Criminally Protected Legal Interests, *The Duquesne Law Review*, 1965, Vol.4, No.3, p.345.

②　Gerhard O. W. Mueller, Criminal Theory: An Appraisal of Jerome Hall's Studies in Jurisprudence and Criminal Theory. *Indiana Law Journal*, 1959, Vol.34, No.2, p.206.

③　Jerome Hall, *General Principles of Criminal Law*, The Lawbook Exchange, Ltd., 2005, p.654.

④　张明楷:《法益初论》,中国政法大学出版社 2000 年版,第 77 页。

⑤　陈璇:《法益概念与刑事立法正当性检验》,载《比较法研究》2020 年第 3 期。

⑥　凯·安博思,张志钢:《国际刑法的一般功能:法益原则与损害原则的妥当平衡:再论国际刑法的基础理论》,载《苏州大学学报(法学版)》2019 年第 4 期。

会管理秩序法益的范畴之中。这也引起学者的广泛质疑,尤其是近些年针对将环境法益或生态法益独立化的呼声越来越高涨,不断有学者从不同视角论证环境法益或生态法益在形式层面上的合逻辑性与实质层面上的目的自洽性。比如,学者史青霞认为,环境法益具有文化上的融通性和意识理念的继承性,是从人类中心主义环境观向人类—生态中心主义环境观转化的重要体现,也是对中国古代语境下"天人合一""众生平等"等可持续发展观念的继承。① 陈伟、熊波两位学者用波斯纳为代表的经济分析法倡导理性选择生态法益之路径,将生态法益制度始终结合生态经济的可持续运行铺展开来,防止生态法益和人类利益"单方面的、中心化的"概念生成,并避免陷入生态法益界定的抽象化漩涡。② 当然,也有学者从司法实践角度证成环境法益独立化的有效性,提出在面对环境问题日趋严峻的形势下,加大环境污染和破坏环境资源行为的刑法规制成为保护环境法益的社会共识和重要手段,将环境法益独立化可充分发挥好刑法的"后盾法"作用,防止"打击有余,治理不足"现象的发生,真正实现刑法的环境风险防范功能。③ 笔者较为赞同上述学者们的立场与观点,故而在此不再赘述环境法益独立化的合理性,仅从刑法结构体系角度分析环境法益须从社会法益与集体法益中分离。

一、环境法益从社会法益中的"剥离"

在法益理论初创之期,长期奉行"一元论"立场即个人法益才是刑法真正所保护的对象;但随着现代社会中国家职能与刑法任务的转变,尤其风险社会所带来的危机感越来越严重,引发了法益理论向"二元论"即个人法益与社会(集体)法益并存之方向变革,也促使刑法更清晰地表明所保护的对象不仅是"我",还应包括"我们";而且,这种法益范围的扩张也正呈现出一种扩大趋势。因此,一些学者便主张社会(集体)法益是否适格,可取决于其能否还原为个人法益;如若无法清晰地将该保护的社会法益还原于个人法益,则该社会法益便

① 史青霞:《环境刑法保护对象生态利益之证成》,载《南京航空航天大学学报(社会科学版)》2020 年第 1 期。

② 陈伟、熊波:《人类—生态刑法法益塑造的经济分析法学论纲》,载《学术论坛》2019 年第 4 期。

③ 孟辰飞:《环境法益的刑法保护:以刑法谦抑性为视角》,载《中国检察官》2019 年第 19 期。

是"虚拟"的,自然丧失刑法保护的正义性。同样,有学者对社会法益应还原于个人法益的主张持一种保留与限制的立场,认为社会法益是否适格不能简单取决于个人法益的还原,而在于是否具有符合宪法规定的实质性内容。① 也有人认为,并非所有社会(集体)法益都可以还原成个人法益,在集体法益与个人法益并存时,应通过优越的利益原则、可罚的违法性理论等实现对行为的准确定性等。② 总体上,无论是否坚持社会法益还原于个人法益,均不可否认这样的事实——法益理论正面临着社会(集体)法益泛化危机。这种危机也恰恰展现出当前国内外刑事立法现状及发展态势。笔者认为,社会法益泛化是极其危险的,原本试图通过刑法保护所谓"我们"的共同利益,但势必会倒向弱化对"我"之利益的保护。一方面,谁将代理"我们"的利益,保护"我们"利益的刑法诉求及内容是否一致,均是值得推敲与反思的;另一方面,不可避免会出现"我们"之利益与"我"之利益相冲突,则必然导致"我们"之利益(社会法益)优先于"我"之利益(个人法益)之推论,也不免令人担忧——越来越多个人法益遭受侵犯而却会或将会被所谓社会普遍道德所"绑架",在社会(集体)法益面前个人法益便越来越显得微不足道。

(一)环境法益属于社会法益,却须从社会法益中"剥离"

从上述分析不难看出,环境法益的独立化过程是在"二元论"立场下社会法益泛化背景下产生的。一般理解,环境犯罪往往侵犯社会(集体)法益,比如大气、水质、土壤污染不可能使在同一空间下的个体能够做到"独善其身"不受侵害,而且这种所呈现出的集体法益特征更为明显。即便就捕杀野生动物这一类型环境犯罪而言,从表面上看不会对个人法益(生命、健康、财产等)直接造成损害,但从整个生态链来看,则对几乎所有个体法益所造成的损害是非常严重且深远的。对于澜湄流域环境犯罪而言,其所侵犯社会法益中的"社会"是否仅限于某一国家或整个澜湄流域,仍需进一步界定。从"社会"一词的定义出发,虽没有正式、统一的解释,但一般认为是指由自我繁殖的个体构建而形成的群体,占据一定的空间,具有其独特的文化和习俗习惯等。也就是说,特定的空间范围是构成"社会"的必要条件,否则,很难划定此社会与彼社会之

---

① 马春晓:《现代刑法的法益观:法益二元论的提倡》,载《环球法律评论》2019 年第 6 期。

② 陈家林:《法益理论的问题与出路》,载《法学》2019 年第 11 期。

间文化上的差异性。英文中 society 源自拉丁文 societas,由原始印欧语词根＊sekw-(跟随)发展而来,拉丁文是协会、结社、联盟之意。[①] 而在中国古代时期,社会一般是指迎神集会、节日举行的聚会等,比如,唐柳棠《答杨尚书》诗:"未向燕台逢厚礼,幸因社会接余欢",宋孟元老《东京梦华录·秋社》:"八月秋社……市学先生预敛诸生钱作社会"等,严复甚至认为"社会学"应以"群学"之名替代更为准确。[②] 从前几章论述可知,目前环境犯罪早已呈现全球化趋势,尤其是跨境环境犯罪的泛滥,越来越多环境犯罪行为最终破坏的是人类所共同拥有的整个地球生态。例如,在澜湄流域内实施的破坏臭氧层、大肆扑杀濒临灭绝的野生动植物等严重违法行为。换句话说,澜湄流域环境犯罪完全超越某一国或整个澜湄流域这一"社会"狭隘空间,若仍以"社会法益"作为其法益类型则不再具有科学性与进步性等。

(二)环境法益区别个人法益,却须高度还原于个人法益

既然环境法益应脱离于社会法益,是否意味着当然便落入个人法益范畴?这种思维完全僵化与纠结在法益"一元论"与"二元论"的争论之中。显然,几乎所有环境犯罪所侵犯刑法保护的利益都并非直接的、单一个体生命、健康与财产等利益,也就不可能沦为个人法益。那么,环境法益的独立化是否代表法益理论开始走向"三元化"即个人法益、社会(集体)法益与环境(生态)法益?笔者认为,与其陷入法益类型、数量的争议中,不如反思法益保护原则本身的价值与意义,只要不与该原则目的相违背,便没有必要拘泥于法益理论的具体类型、数量。事实上,我国刑法通说中,除了划定个人法益与社会(集体)法益之外,还包括国家法益;由于本章节仅说明针对法益类型的思维模式不宜过于僵化与教条,无意去证成国家法益的合理性等。既然环境法益具有独立性,是否便可割离与其他法益之间的关系?这种对环境法益的理解同样是狭隘的,不同类型法益之间当然存在密切联系;尤其从上述可知,环境法益还必须能够高度还原于个人法益,才不失其自洽性。这也是确保与实现刑事立法谦抑性的前提与基础。倘若某一与环境有关的行为被纳入刑法规制的范畴,则必须能够追溯到该行为必然会最终对不特定或多数个体的利益造成损害或损害危

---

① A. Briggs, *The Age of Improvement*, 1783-1867, Routledge, 2014, p.321.

② 黄克武:《新名词之战:清末严复译语典和制汉语的竞赛》,载《近代史研究所集刊》2008 年第 6 期。

险；否则，该刑法规制都是非正义的。需要说明的是，这种个人法益的还原并不意味着刑法完全以"人本主义"为核心。接下来需要解决的问题便是，如何对环境法益进行个人法益的高度还原？笔者认为，应当以宪法精神与规范为标准。"天赋人权"理念赋予每一个个体具有广泛的权利，但人类资源的有限性必须限缩这些权利的实现；但宪法以成文的方式保障了每一个公民基本的权利与自由，因此，当对环境法益进行还原时，也必须限缩在宪法所保障的个人权益之范围。由于澜湄六国宪法所保障的公民权利与自由不完全一致，这也导致在对该流域环境法益进行个人法益还原时存在一定差异；但无论如何，我们应当彼此尊重各国宪法精神与规范，这也是共同治理环境犯罪的重要保障；所以说，该流域环境法益的还原只要有违任何一国宪法所保护的个人法益便可视为环境法益已具有可还原性。

二、环境秩序法益走向环境要素法益

刑法价值是有位阶的，法益的本源价值首先是为了保护个人自由，而社会（集体）法益的核心却是为了维持秩序。当然，以个人法益保护为中心的传统刑法在面对现代风险社会的各种挑战时的表现较为被动；以公共卫生事件为例，信奉绝对"自由至上"的国度在新冠肺炎肆虐时，常常因民众不积极配合政府的隔离政策，认为个人自由不可侵犯，而最终使病毒在该国逐渐失控；欧洲的意大利、西班牙、英国与北美洲的美国等国家相继被病毒"沦陷"、病患数量在短时间内的爆发导致医疗救治系统出现"崩溃"，使得政府相关机构不得不宣布进入紧急状态，强制民众必须接受居家隔离政策即个人自由让渡社会秩序。当然，如前述，保护社会秩序最终也会还原于个人权益，以牺牲民众短暂的行动自由而换取更大的生命健康权益。也就是说，保护个人自由与维护社会秩序两者并非完全对立，尽管在表现上呈现此消彼长，但最终还是为了最大化保护个人自由。因此，有学者认为，必须通过嵌入个人法益作为刑法维持秩序的"门槛"，可适度消减社会集体法益与个人法益之间的紧张关系。[①] 我国刑法中将环境犯罪置于"妨害社会管理秩序罪"之下，事实上正是强调刑法规制所体现的社会（集体）法益之秩序价值。由于以秩序价值为核心的社会法益本身所固有的抽象性与模糊性，往往因为民众的普遍意识不强，对环境犯罪所

---

① 孙国祥：《集体法益的刑法保护及其边界》，载《法学研究》2018 年第 6 期。

造成侵害的危险性警惕不高;再加之民众过于担心政府会以利用维护社会秩序为幌子,通过加强对社会集体法益的保护而扩张行政权力等。因此,为了更好地实现保护生态环境目的,环境秩序法益必须走向具体环境要素法益,使民众明确获知环境犯罪所侵犯的环境法益与个人自由息息相关,而不是简单的社会法益中抽象、模糊的秩序价值,唯有如此才能唤醒人们关注生态环境问题并提高普通民众的环境权利保护意识。

(一)环境生命权利与健康权利

保护公民的生命、健康权利为刑法第一要务,这也是民众信赖刑法的心理基础。刑法规制环境犯罪同样是为了保护公民的生命、健康权利,这绝不是一种危言耸听。与故意杀人、故意伤害等传统罪名相比,或许民众对环境犯罪侵害生命、健康权利的观念不甚了解,甚至认为能获取高额经济利益远高于"投入大、成效慢"的环境利益。例如,节能减排计划在一些城市的开展并不够顺利,其中最大的思想障碍便是一般民众过于习惯通过破坏环境而获取经济利益回报,一旦采取手段对危害破坏环境陋习进行控制时,往往使他们既得利益遭到减损而对该计划产生心理排斥,甚至消极地不作为。因此,必须将环境犯罪侵犯法益提高到生命、健康权的高度;同时,为了区别一般犯罪所侵犯的公民生命、健康权利,可将其称为环境生命、健康权利。环境生命权不仅指人的生命,也包括保护动物生命权;尽管刑法本身是基于保护人的权利,但人类越来越意识到自然界"生命共同体"理念,残害动物生命也最终会反噬到人类生命本身。最近几次全球流行的冠状病毒暴发多与其他动物生命密切相关,因此,必须认识到刑法保护动物生命其实也正是在保护人类生命本身。而对于普通民众而言,环境犯罪中侵犯个人生命、健康权最为直观的便是污染环境犯罪。近些年,包括澜湄流域在内全球大气污染恶化,城市中 PM 2.5 指数攀升不下;工业与生活污染排放导致河流水质破坏严重,以及固体废物从发达国家流向经济发展中或不发达国家与地区,尤其是包括中国在内的澜湄六国区域,直接影响民众的生命、健康安全。美国医学权威期刊《癌症临床杂志》发表的《2018 年全球癌症统计数据》报告显示,中国癌症发病率、死亡率均居全球第一;全球每新增 100 个癌症患者中,中国人就占了 21 个。[①] 世界卫生组织在第 33 届大会通过的关于出生缺陷决议表明,先天性异常是胎儿和儿童死亡、慢性疾病与残疾的重要原因,而环境因素则是导致全球先天异常增高的重要原因。例如,孕妇在怀孕期间暴露于某些农药和其他化学物质以及某些药物、酒精、烟草和放射线之下,则有可能会增加胎儿或新生儿受到先天性异常影响的风险。在废料场、冶炼厂或矿山附近或之中工作或生活可能也是一个危险因素,尤其是如果母亲面临其他环境危险因素或营养缺乏等情况。[②] 而包括湄公河五国在内的东南亚国家新生儿出生缺陷率过去一直居高不下,世界卫生组织东南亚区域办事处与各国密切合作,2013 年起制定了五年预防和控制该区域出生缺陷的战略框架,通过改善医疗条件等措施,尽管大大降低了由于出生窒息、传染病和营养不良等原因造成的儿童死亡率,但是,出生缺陷造成的死亡率仍保持恒定。[③]

(二)环境财产权利与其他权利

当然,环境犯罪也会侵犯到公民财产权与其他权利。例如,盗伐林木不仅会使自然资源遭受破坏,也会导致林木所有权人财产的损失;在河流中排放有毒有害物质或将污水未经处理任意排放,会直接导致耕地农作物与养殖业遭受重大损害,也必然会反映在公民的财产权益之中。那么,侵害动物会不会影响个人的财产权益,是一个富有争议性的话题。这取决于法律如何认定动物与饲养人之间的关系。一些动物保护组织与协会认为,动物只可能是人类的朋友而非个人财产,不得虐待及任意处置。但笔者认为,与其当前无法统一确定动物与饲养人之间法律关系而无法获得法律保护,不如暂将其拟制为个人财产,待立法条件成熟再进行区别化处遇;通过刑法保护公民财产权来规制严

① F. Bray, J. Ferlay, I. Soerjomataram, et al. Globol Cancer Statistics 2018: Globol Can Estimates of Incidence and Mortality Worldwide for 36 Cancers in 185 Countries, *Cancer Journal for Clinicians*, 2018, No.6, pp.394-424.

② H. L. Malherbe, A. L. Christianson, C. Aldous, Need for Services for the Care and Prevention of Congenital Disorders in South Africa as the Country's Epidemiological Transition Evolves, *South African Medical Journal*, 2015, No.3, pp.186-188.

③ W. H. Organization, *Prevention and Control of Birth Defects in South-East Asia Region: Strategic Framework* (2013-2017), WHO Regional Office for South-East Asia, 2013, p.28.

重虐待、捕杀他人饲养的动物行为。此外,环境犯罪还有可能侵犯公民的信息权、宗教信仰自由权、人格尊严以及监督权等宪法所赋予的公民的基本权利。生产与制造企业在产品出厂时应有明显环保标识。例如,在农产品销售中,公民有获取商品具有环保健康信息的权利,根据所得到的正确信息进行消费选择。不少宗教均有对某一种或几种动物图腾并信仰,其他公民应当尊重且不得侵犯;倘若在一些具有宗教信仰的民族地区肆意杀害该种动物,或在一些宣传中出现此类镜头,不仅会严重伤害民族感情,而且侵犯公民的宗教信仰自由。澜湄流域宗教信仰盛行,且不同民族信仰亦不同,故该地区环境犯罪侵犯公民宗教信仰自由可能性也极高。

第二节 刑事违法性的区别化调适

刑事违法性,也常常被称为"不法"即行为为法律所不允许,在法律上是无价值、反价值的。[1] 根据立场不同,又可分为结果不法与行为不法。在德国刑法中,违法性是犯罪论体系的第一阶层,该定义建立在包括可选择性(Alternative)、举动空间(Verhaltensspielraum)、价值(Wert)、规范(Norm)以及归责(Zurechnung)等一组概念之上。[2] 陈兴良教授曾认为,在我国四要件犯罪论体系中根本没有违法性的独立地位,也无法正确发挥违法性要件的实质审查功能。[3] 的确,以往中国刑法理论中缺乏对刑事违法性问题的应有重视,也导致诸多刑法相关问题并没有得到相应深化,因此,必须将刑事违法性的地位回归到刑法学犯罪论的最高范畴等。[4] 刑事违法性判断的基本前提是法秩序的统一即在其他部分法中系合法的行为应在刑法中自然被排除犯罪性;但刑事司法认定又不能完全依附于其他部门法的形式规定,需要具有独特的价值判断与独立、实质性的罪责评价等。[5] 尽管大陆法系刑法理论围绕刑事违法性认识中的"法"之含义一直存有争议,但即便坚持"前法律"规范认识之观点

---

① 张明楷:《刑法学教程》,北京大学出版社 2016 年版,第 98 页。

② 乌尔斯、陈璇:《德国刑事违法性的基础》,载《人民检察》2015 年第 19 期。

③ 陈兴良:《违法性的中国语境》,载《清华法学》2015 年第 4 期。

④ 马荣春:《刑事违法性的刑法学地位:基于相互关系的考察》,载《甘肃政法学院学报》2012 年第 3 期。

⑤ 吴镝飞:《法秩序统一视域下的刑事违法性判断》,载《法学评论》2019 年第 3 期。

亦认为,尽管"前法律"具有的实质法伦理品性,但在形式上仍必须经过立法程序上升为具体法律规范。[①]

判断澜湄流域环境犯罪的刑事违法性,首先需要认识此处"法"的含义,它不仅指国内法规范(包括环境行政法规范),也应包括国际法规范,尤其是该区域其他国家国内法。换句话说,即便某一国法律中尚未将某些行为按照违法或犯罪进行规制,但其他国家国内法却有规定,同样认为其具有刑事违法性。当然,这种刑事违法性的"前法律"仍然需要保持伦理品性,即便伦理性不像法律那样具有可预测性与相对恒常性,也必须以普遍民意为基础;倘若在澜湄地区某一国刑法中规制了某一行为,但在其他国家普遍认为其不具有可否定评价的伦理基础,而该行为或结果并未发生在该国,则可视为不具有刑事违法性。因此,判断澜湄流域环境犯罪的刑事违法性必须在保护环境与保障人权之间平衡。由于目前德日刑法中的犯罪构成要件理论尚未指导于中国刑事司法实践,故本节在探讨澜湄流域环境犯罪刑事违法性时,采用与之相关要素即传统四要件中的客观方面——危害行为、危害结果、因果关系作为逻辑结构,试证其有别于其他类型犯罪的区别化调适。

一、危害行为的类型化:区分破坏型、污染型与持有型

危害行为(actus reus)来源于拉丁术语"guilty act",有时也称作外部要素或犯罪的客观要件;当证明其与主观恶性(mens rea)相联系已超出合理怀疑,若以普通法系为标准亦产生一定的刑事责任。在美国,危害行为还需要一些伴随情形证明等。在英国法中,危害行为与犯意的理论发展均来源于爱德华·科克(Edward Coke)所提出的原则即无犯意则无犯罪(actus non facit reum nisi mens sit rea),是指行为并不能使一个人有罪,除非(他们)心灵上也是有罪的。因此,对有罪的一般评判是要求在思想和行动上都证明自己有故意、过失,及思想与行为上都具有可谴责性。[②] 危害行为首先必须是一种行为,不同司法管辖区对其有不同的定义,但总体上都认为该行为是"自愿或非

---

① 王静、王志远:《刑事违法性认识中"法"的涵义辨析》,载《广东社会科学》2017 年第 3 期。

② Edward Coke, *The Reports of Sir Edward Coke, Knt.in Thirteen Parts*, The Lawbook Exchange, Ltd, 1989, p.1826.

自愿的身体动静".[①] 1962 年美国罗宾逊诉加利福尼亚州案[②]中,美国联邦最高法院裁定加州法律将吸毒者认定非法是违宪的,因为作为一个单纯状态的瘾君子不是一种行为,因此不是犯罪。丹尼斯·贝克(Dennis Baker)断言:尽管律师们常用危害行为一词表达较为方便,但它在某种方面却具有误导性。它不仅意味着犯罪行为,而且意味着犯罪的所有外部因素。通常唯有涉嫌为犯罪行为时,使"危害行为"一词表达才是可以接受的;但有些犯罪没有行为,因此也就不存在"实体性"行为。由此,他还认为,用"conduct"一词替代"act"较为妥当且范围更广泛,因为它不仅包括作为,还包括不作为。在强奸案件中,人的性交行为一旦成为有过错行为,还必须以一定条件为前提即一方并没有得到另一方同意,或者在被害人同意的法定年龄下所实施;还有些犯罪需要行为必须具有法律所禁止的危害结果发生,也被称作"结果犯"……毫无疑问,某一犯罪常常需要具备一些外部因素并将对其进行分类。一个人的大脑里发生的情形本身永远不足以构成犯罪,即便它可能被完全相信是真实的供词与证明。[③] 于是,危害行为通常包括作为(commission)、不作为(omission)与占有(possession)三种形式。

不同犯罪危害行为不尽相同,因此,必须对澜湄流域环境犯罪危害行为类型化。根据危害行为通说中的三种形式,环境危害行为也可分为破坏型、污染型与持有型。其一,破坏型犯罪主要以作为方式实施,比如盗伐、滥伐林木行为;捕杀野生动物行为等,这种类型危害行为往往是以行为人主动、积极的方式作出,而且主观是只可能是直接故意。其二,污染型犯罪一般以不作为方式实施;需要说明的是,此处的不作为并不影响前行为的作为方式,只是当行为人以作为方式实施前行为时,有义务采取措施避免或防止环境污染结果的发生,但行为人却没有实施而导致环境污染等危害结果的实际发生。比如,某企业在生产加工时产生一些工业废水,其产生工业废水的生产加工行为是以作为的方式,但根据法律规定,该企业仍需要采取措施合法处理该废水;倘若其按照国家标准或行业标准实施了该污水处理,则不予以刑事评价,恰恰是该企业"应为而不为"以不作为方式导致实际侵害,继而才构成污染型犯罪。其三,

---

①   Model Penal Code § 1.13(2).

②   Robinson v. California, 370 U.S. 660 (1962).

③   Dennis Baker, *Glannille Williams*, *Textbook of Criminal Law*, Sweet & Maxwell, 2015, p.231.

环境持有型犯罪是争议性最大的犯罪类型。目前，我国刑法规范中尚未存在持有型环境危害行为，但并不意味着未来不存在该种类型；事实上，若按国外环境犯罪的划分标准即将毒品犯罪也纳入环境犯罪范畴，则我国环境刑事立法中已存在持有型犯罪。例如，非法持有毒品罪。笔者认为，环境犯罪的社会危害性不亚于毒品犯罪，既然加大对环境犯罪的刑事治理，那么，未来在刑事立法中扩大持有型环境犯罪也是非常有必要的。例如，在打击捕杀、走私、贩卖、运输野生动植物犯罪过程中，可借鉴毒品犯罪规制非法持有行为；当无法查明被捕获犯罪标的来源时，仍可对持有行为人进行刑事规制，避免行为人因拒不交代而逃避刑事责任，非法持有型完全可作为环境犯罪危害行为的"兜底"类型，堵塞刑事规制漏洞。当然，不同危害行为类型反映出行为人主观上过错程度不同；因此，对澜湄流域环境犯罪的危害行为类型化是有价值与意义的。同时，这种类型化也并不完全意味着破坏型环境犯罪的刑事责任必然大于污染型，而污染型大于持有型等；因为司法官根据罪责刑相适应原则裁量环境犯罪的具体刑事责任时，除考虑危害行为外还应综合考虑危害结果等其他构成要件要素等。

二、危害结果的前置化：实害犯、危险犯与风险犯

我国刑法典规制环境犯罪行为常常以实害犯的形式。换句话说，只有造成环境的实际损害才予以追究刑事责任；即便发现该行为具有造成重大环境损害的高度可能性，或者由于危害行为与危害结果的发生并不完全同步，则也导致即便明确知道危害结果必然发生，但由于时间尚未到来而无法对行为人进行刑事处理，甚至最终致使行为人逃避法律追究等。因此，近些年，国内外不少学者提出应当将环境犯罪危害结果前置化即不必等待实际损害结果的发生便可规制该危害行为。一方面，一些学者率先提出在环境污染犯罪中应设置过失危险犯，这也开启了环境犯罪危害结果前置化进程；但他们在回答缘何时却左支右绌、难以自圆其说，主要在于作为该前置化的突破口之犯罪结果问题尚未得到妥善解决。[①] 于是，一些学者在"危害结果"之外延上进行扩大解

---

① 陈开琦、向孟毅：《我国污染环境犯罪中法益保护前置化问题探讨：以过失"威胁犯"的引入为视角》，载《云南师范大学学报（哲学社会科学版）》2013 年第 4 期。

释,认为传统理论将危害结果理解为实害结果过于狭隘,实际包括危险结果。[①] 有学者还根据这种立场反过来给危险犯进行了定义,即行为人实施的危害行为造成法律规定的发生某种危害结果的危险状态作为既遂标志的犯罪。[②] 根据刑法理论通说,危险犯分为具体危险犯与抽象危险犯两种;有学者为了避免过于前置化而建议对环境犯罪中的"危险犯"仅限于以具体危险犯为主。[③] 当然,也有学者创新地提出环境犯罪中的"威胁犯"概念,以期能解决污染环境犯罪保护前置化问题[④];但"威胁犯"仍缺乏其系统化的理论支撑,无法获得学术界共识。另一方面,一些学者认为对环境刑法保护前置化不可做"一刀切"处理,根据不同危害行为类型决定是否进行危害结果前置化。例如,可将破坏自然资源犯罪、污染环境犯罪中的噪声污染犯罪以及直接违反环境保护管制的犯罪三种犯罪仍保留为实害犯;而对噪声污染犯罪以外的污染环境犯罪中应扩大设置为具体危险犯。[⑤] 但无论如何,这种在环境污染犯罪中设置危险犯的主张因理论存在的固有缺陷遂引起异议蜂起;尽管我国刑事立法也曾朝着这种学者吁求靠拢,但终究考虑其内在理论的不足而并未将该前置化贯彻与之。

我们充分肯定将环境犯罪危害结果从实害犯前置于危险犯的主张,因为部分学者看到了环境问题的严重性以及刑法保护的当前不足;但同时,这种主张因受刑法谦抑主义思想所局限,多角度考量立法完善的渐进性而忽视了立法的紧迫性。既然将环境刑法保护前置化已是必然趋势,而采取过于保守的立法思维,不仅不能及时应对当前生态环境的急剧恶化,最终也无法确保刑法规范整体的安定,何不在环境刑法保护上进行"毕其功于一役"式立法,大胆革新将环境犯罪结果进一步扩大到一种"风险犯"。"风险犯"的概念最早源于"风险社会",这也导致产生一种风险刑法理论,尽管有不少学者全盘否定风险

---

① 张明楷:《危险犯初探》,载《清华法律评论》1998 年第 1 期。

② [德]约克·艾斯勒:《抽象危险犯的基础和边界》,载高铭暄、赵秉志:《刑法论丛》,2008 年。

③ 侯艳芳:《关于我国污染环境犯罪中设置危险犯的思考》,载《政治与法律》2009 年第 10 期。

④ 陈开琦、向孟毅:《我国污染环境犯罪中法益保护前置化问题探讨:以过失"威胁犯"的引入为视角》,载《云南师范大学学报(哲学社会科学版)》2013 年第 4 期。

⑤ 侯艳芳:《风险社会中环境犯罪既遂形态的立法思考》,载《山东大学学报(哲学社会科学版)》2013 年第 2 期。

刑法理论立场,但从司法实践上看,该理论的确能更好地实现刑法理论与社会理论的有效沟通。我国学者劳东燕认为,风险刑法并不直接源于贝克的风险社会理论,而是从卢曼的系统理论中汲取了灵感,其自身定位一种规范法学等。① 由于风险刑法的壮大,也势必需要拓展其在刑法中的"疆域";于是,一些学者认为必须对传统刑法中的危险犯进行变革,需要提出一种新危险犯理论。② 也有学者遂将传统危险犯中的抽象危险类型演变成一种独立"风险犯",尽管这对传统客观违法性论带来严峻挑战。不同学者从不同角度证明风险犯设置上的合理性。例如,从行为不法理论出发进行解释;对违法性采取二元立场,缓解风险犯的负面效应等。③ 不管是否认可"风险犯"的存在,但学者已逐渐意识到对于包括环境犯罪在内的公害犯必须扩大处罚范围,传统中的具体危险犯已不足以满足刑法保护环境的现实需要。也就是说,应将污染环境犯罪、食品安全犯罪等在立法中设置为抽象危险犯才能实现对公害犯罪的有效防控。④ 笔者认为,仅因规制公害犯而对危险犯进行扩张,与其改变传统理论使原有合理内核超越一般可预测性,不如主张一种新的类型——风险犯,既不与传统危险犯理论违和,又能凸显出规制公害犯的独特性等。

三、因果关系的倒置化:无过错责任、严格责任与客观归责

刑法因果关系一直以来便是刑法学领域的一个古老而又复杂的议题;其中包含与引申出的问题繁杂且又很难达成一定共识。由于刑法因果关系是刑事司法中绕不开又必须解决的棘手问题,于是,学者便不得不主张一种"孤立简化法则"有利于指导刑事司法实践。但在环境犯罪场合,这种简单法则似乎很难奏效,因为依据传统刑法因果关系理论来解释环境犯罪,会导致产生一系

---

① 劳东燕:《风险社会与变动中的刑法理论》,载《中外法学》2014 年第 1 期。

② 李林:《风险社会背景下我国危险犯立法趋势研究》,载《东北大学学报(社会科学版)》2012 年第 2 期。

③ 冷必元:《风险犯法益侵害的二元违法性评价》,载《国家检察官学院学报》2014 年第 1 期。

④ 陈君:《风险社会下公害犯罪之抽象危险犯》,载《北京理工大学学报(社会科学版)》2014 年第 3 期。

列问题,环境犯罪因果关系具有明显的特殊性。[①] 有学者提出可采用一种"正反法则"来弥强"孤立简化法则"[②];也有学者对传统刑法中的相当因果关系仍给予厚望,较乐观地认为仅需对其进行修正便能解决环境犯罪中的因果关系[③];不少学者坚持认为只要对既有的相当因果关系理论的证据上加入一些推定规则便可适用于环境犯罪[④],即对环境危害行为与结果间的因果关系引入因果关系推定原则加以认定[⑤],这便是倒推式的无过错责任。但是,由于对相当因果关系修正内容幅度扩大,而且给传统理论带来巨大挑战,不少学者寻求主张在环境犯罪规制中适用严格责任。在环境犯罪中是否适用严格责任制度,目前仍形成"否定说"与"肯定说"两种对立局面,但考虑到环境状况日益严峻及环境犯罪行为本身的特殊性,"肯定说"明显占据上风,认为在环境犯罪中适用严格责任制度具有现实与理论层面的可行性,不仅可以有效缓解环境危机,增加潜在环境犯罪行为人的犯罪成本,还能够降低公诉机关的举证难度,提高司法工作效率。[⑥] 不过,也有学者认为,即便适用严格责任但仍需要受到一定条件限制,例如,只有对企业作为污染型环境犯罪主体时才可适用严格责任等。[⑦] 事实上,很多学者并未将监督过失型污染环境犯罪纳入考察范围,依照上述因果关系理论不区分归因及归责,径直进行因果认定判断,很难区分被监督者行为、监督者作为行为、监督者不作为与环境污染结果之间的条件关系[⑧],这也充分暴露出严格责任与无过错责任均存在一些缺陷与弊端。

---

① 曾粤兴、李霞:《环境犯罪因果关系的特殊性》,载《中国人民公安大学学报(社会科学版)》2012 年第 5 期。

② 马荣春:《再论刑法因果关系》,载《当代法学》2010 年第 3 期。

③ 李冠煜:《日本污染环境犯罪因果关系的研究及其借鉴》,载《政治与法律》2014 年第 2 期。

④ 郑雨舟:《污染环境罪的归责认定研究:以 2016 年环境污染犯罪司法解释为中心》,载《河南社会科学》2018 年第 4 期。

⑤ 汪维才:《污染环境罪主客观要件问题研究:以〈中华人民共和国刑法修正案(八)〉为视角》,载《法学杂志》2011 年第 8 期。

⑥ 谷永超:《我国环境犯罪中引入严格责任的立法考量》,载《人民检察》2017 年第 12 期。

⑦ 李佩遥:《论严格责任适用于我国环境犯罪的可行性》,载《社会科学家》2019 年第 11 期。

⑧ 李紫阳:《监督过失型污染环境犯罪因果关系的判断》,载《河北法学》2019 年第 8 期。

于是，学者开始从国外刑法因果关系理论中寻求解决问题的答案。日本从一连串公害事故危机中走出并逐渐意识到环境应成为刑法的重要法益，因此不得不修正原有相关刑法理论，在因果关系上采取客观归责上的"疫学说"以及在主观归责上的"危惧感说"。① 事实上，日本刑法并没有因环境犯罪而独创归责理论，因为该理论本身便相当于国内刑法中的"因果关系"，仅因公害犯罪问题在此理论内部发展了"疫学说"。而在德国刑法中，与我国因果关系相匹配的内容便是客观归属理论。由于我国传统因果关系理论源于苏联刑法，在司法实践运用中确实存在一些固有弊端，因此，不少学者相继主张应彻底借鉴以德日为代表大陆法系国家刑法中的客观归责/客观归属理论。② 也有学者对引进德日刑法中的客观归责理论呼声高涨表示质疑，认为它在"客观归责"的同时其实也一直在进行着"主观归责"并以模糊三阶层犯罪论体系为代价，极大地削弱了阶层犯罪论体系所具有的人权保障机能。③ 笔者认为，没有任何理论可谓"完美无缺"，既然对传统因果关系理论无法准确适用于环境犯罪，且已从德日刑法中寻求到相关有益经验，则没有必要再继续纠结于是否在原有因果关系理论中进行"改良"；否则，"画虎不成反类犬"，不仅消耗更多法律资源既不经济也无法达到预期效果。在因果关系问题上引入客观归责理论，尤其是"疫学说"内容，至少可应对环境犯罪中肇事条件来源不明、危害结果时间累积等问题。

第三节　刑事有责性的复合化调适

刑事有责性是刑法犯罪三阶论（third order theory of criminal；drei-stufentheorie）中判断犯罪的第三个步骤即一行为必须要不法且有责（schuld）才构成犯罪。刑事有责性是指"对于行为人个人决定为违法行为的非难，并且决定予以刑罚制裁"。④ 有责性判断最重要的价值便是尊重行为人人格，一旦行为人无法避免或没有能力选择合法行为时，不应予以刑罚；倘若行为人因年

---

① 陈建旭：《日本环境犯罪的刑法理论发展》，载《北方法学》2013 年第 1 期。
② 张明楷：《也谈客观归责理论》，载《中外法学》2013 年第 2 期。
③ 刘艳红：《客观归责理论：质疑与反思》，载《中外法学》2011 年第 6 期。
④ 王艳：《略论台湾刑法中的"有责性"问题》，载《大观》2015 年第 2 期。

龄、精神状态影响价值判断,而导致无法作出合法行为时,则往往不具备罪责;当行为人在具体案件中价值判断错误的发生是不可避免的,同样不具备罪责。由此可见,刑事有责性具体包括主体责任能力、主观罪过(故意与过失)、期待可能性等。如何看待人的主观要素,不仅关系到其在犯罪论体系中的地位,而且关系到有责性本身的意义与功能;当然也关系到采用何种犯罪论体系问题。有责性实质上是解决行为人是否具有刑事可谴责性问题。至于违法性(不法)与有责性之间的关系,一般认为不法是因、有责是果。如果从犯罪构成"三阶说"的结构逻辑来看,这种论断的确是合理的,避免刑法评价时陷入"主观归罪";但是,真的是因为有了犯罪行为等客观要件才导致人的主观恶性吗? 显然,从人的心理发展来看这种推断是不符合理性的。人只有心存恶念才会实施行为,哪怕是疏忽大意或过于自信,否则该行为则自然不具有可罚性;从该立场来看,有责是因,而不法才是果。当然,关于这种因果关系不同顺序的看法也会影响人们对刑罚目的价值立场——刑罚到底处罚的是行为人的行为,还是处罚行为人内心的罪恶。

相对于其他类型犯罪,环境犯罪的有责性问题争议较大。除了期待可能性内容(本书不对其进行深入探究)外,责任主体与主观罪过均呈现出复合化趋势,当然,这也与生态环境日益恶化导致行为越来越犯罪化密切相关。一方面,责任主体由自然人为主向法人(单位)为主扩大;而关于法人犯罪的刑事责任能力、共犯以及是否采取双罚即同时处罚法人与主要负责人/主要责任人等问题均较为复杂,为避免真正责任主体通过利用主体复杂性而规避刑事追究,环境犯罪的责任主体范围不断扩大;但国家能否成为环境犯罪的责任主体仍属于争议较大的议题。另一方面,近些年关于环境犯罪主观罪过问题同样争论较为激烈。据不完全统计,我国学者近 10 年仅发表关于污染环境罪的学术论文 400 余篇,其中大多数论文均讨论了该罪主观要件问题;学者们针锋相对的观点也必然会给刑事司法实践带来不统一等不利影响。

一、环境犯罪责任主体的扩大化

传统刑法的责任主体仅限于自然人,自有限责任公司超越蒸汽机和电成为近代最伟大的一项发现[①]，公司犯罪也逐渐成为一种犯罪形式；后又进一步将主体向非自然人实体扩张，法人犯罪也成为与自然人犯罪并列的重要形式；伴随着经济与政治的全球化，国际刑法的价值与作用越来越突出，导致国家可否成为犯罪主体亦成为一个热议话题，尤其是在一些生态环境等公共领域。

1.环境犯罪自然人责任主体的扩大化

通常认为，自然人的刑事责任能力主要受年龄与精神状况影响；各国刑法中对精神病人等排除或限制纳入刑法主体规制范畴的立场与做法基本一致，但对刑事责任年龄的规定却不尽一致。以湄公河五国为例，最低刑事责任年龄规定（如表 6-1）与中国刑法完全不同，且限制行为能力年龄的规定也差别较大。以泰国刑法为例，7 岁以下儿童的任何行为均不负刑事责任；7～14 岁在法定监护下仅对实施部分行为负刑事责任；14～17 岁可自由实施行为但是否负刑事责任待定，即便需要负刑事责任但需要减轻 1/2 刑罚；17～20 岁，需要负刑事责任，但仍应减轻 1/3 至 1/2 刑罚；超过 20 岁，则需要完全负刑事责任。不少学者发现，刑事责任年龄的规定与地理环境尤其是距离赤道远近及儿童性成熟相关。[②] 但总体上，随着儿童性成熟年龄的普遍提前，刑事责任规定有年龄提前之趋势，比如，近些年英格兰和威尔士已有数百名 10 岁以下儿童被定罪。[③] 刑事责任年龄的提前也扩大了自然人责任主体的范围。此外，我国刑法规定 14～16 周岁的未成年人仅对八种行为负刑事责任，其中包括投放危险物质。学者们普遍认为，刑法典中所列举的故意杀人等八种并非罪名而是行为；那么，投放危险物质则不仅限于危害公共安全的投放危险物质罪，当然也应包括以投放危险物质而构成的环境犯罪。事实上，一些环境犯罪所造成的实害并不比故意杀人，故意伤害致人重伤或死亡小。既然 14～16 周岁未成年人需要对投放危险物质方式的环境犯罪负刑事责任，那么，与此社会危害性相当的环境犯罪在未来立法与司法解释中同样应予以明确规制，既能体现刑罚的罪责刑相一致原则，也反映出环境犯罪自然人责任主体的扩大化趋势。

---

① F. G. Steingraber, The New Business Realities of the Twenty-First Century, *Business Horizons*, 1996, No.6, pp.2-5.

② D. Cipriani, *Children's Rights and the Minimum Age of Criminal Responsibility: A Global Perspective*, Routledge, 2016, p.256.

③ A. Arora, Juvenile Crime and Anticipated Punishment, *Law & Economics Journal*, 2018, No.3, p.77.

表 6-1　湄公河五国最低刑事责任年龄一览

国家	老挝	缅甸	柬埔寨	泰国	越南
刑事责任年龄	15 岁	7 岁	14 岁	7 岁	14 岁

资料来源:https://:www.crin.org/en/home/ages/asia,最后访问时间:2019 年 12 月 8 日。

2.环境犯罪法人责任主体的扩大化

就环境犯罪而言,法人作为主体更为常见。我国环境犯罪中所涉及的几乎所有罪名均可由特殊主体——单位构成。根据我国刑法通说,单位犯罪的具体主体包括公司、企业、事业单位、机关、团体;且应由单位决策机构按照单位决策程序决定,由直接责任人员实施,一般表现为本单位谋取非法利益或者以单位名义为本单位全体成员或多数成员谋取非法利益;刑法并不单独处罚单位而不处罚自然人。也就是说,我国刑法的规定是同一处罚理论与组织模式理论的结合。[①] 湄公河五国刑法中规定的法人犯罪也不尽相同。同样以泰国为例,刑法虽没有明确"法人"这一术语的定义,但一些律师和学者将其定义为法律、行政规章或组织章程所拟定拥有权利与承担义务的人;法人不仅可根据民商法典下设立,只要是代理人在其业务范围内从事经营活动即可。也就是说,只要是代理人在其业务范围内所实施的任何行为均可视为法人本身的行为。[②] 而根据《泰国民商法典》第 65 条,法人需要根据民商法典或其他法律而设定;以民商法典所规定的法人为例,包括登记的合伙、有限责任公司、协会与基金会等;而其他法律规定的法人还包括其他种类,例如,根据泰国 2002 年国务院行政法令,法人还可包括各级行政部门、局、直属机构等。也就是说,泰国的"法人"主体包括两类:其一,私法下的法人,根据民商法典具体包括登记的合伙、有限合伙、有限责任公司、协会与基金会等五种;其二,公共法令下的法人,此类法人是指在公共法律下,且依法提供公共服务为目的的实体,经公共授权对私人个人与实体具有特殊管理地位,具有保护公众利益的职责,其义务远大于私营部门签订合同所规定的义务。公法下的法人主要行使行政管理

---

① 王志远:《环境犯罪视野下我国单位犯罪理念批判》,载《当代法学》2010 年第 5 期。

② M. K. Luangthanakun, *Corporate Criminal Liability for Bribery Offences: A Comparative Study Between Thai Laws and Foreign Laws*, Thammasat University, 2016, p.231.

权力及提供公共服务维护和平秩序的权力,也可以在公共授权范围内经营与之有关的业务等。由此可见,相较于中国法律而言,泰国法律下法人的范围较为广泛。未来,在共同打击澜湄流域包括环境犯罪在内的法人犯罪,势必在规制上要趋于统一,那么,也必然使环境犯罪法人责任主体走向扩大化等。

3.环境犯罪国家责任主体的提倡

国家能否成为刑事责任主体,一直以来各国争议不断,毕竟在传统刑法中国家被排除在责任主体之外。而环境刑法属于一门新兴分支,且国家在保护生态环境中的地位举足轻重,某项决策极有可能会给所在及周边空间生态环境造成积极或消极后果,甚至会影响整个全球生态系统。笔者提倡应将国家纳入环境犯罪的责任主体,理由如下:其一,从法律形式的逻辑分析,环境犯罪是国际刑法重要的调整对象,而国际刑法属于国际法与刑法的相互融合;在国际法中,国家是重要的法律主体,因此,规制环境犯罪的国际刑法将国家作为主要的责任主体,也是理所当然的。其二,从现有的环境法律文件分析,国家有义务防止跨国环境违法行为。《联合国海洋法公约》《人类环境宣言》等均设定国家作为保护环境的义务主体,任何国家行为违反该国家义务均可构成国际罪行等。[①]　其三,国家具有维护国际社会秩序、保护人类共同利益的责任与使命,国际法与国际刑法的宗旨相同也必然使两者存在交集,其重合之处便体现在国际犯罪之中。[②]　其四,从现有的国际刑法文件分析,"国际刑法学会"与"国际刑事科学高级研究所"制定的《国际刑法典草案》与《国际刑事法庭法草案》中均将危害国际环境罪视为国家犯罪;而联合国国际法委员会提出的《关于国家责任的条文草案》第 19 条第 3 款明确规定,国家应对严重违背如禁止大规模污染大气或海洋等保护人类以及维护和保全人类环境义务的行为承担刑事责任。其五,国家承担环境犯罪刑事责任已有相关判例,也逐渐成为一项国际刑法习惯准则。在"苏联核动力卫星国际宇宙 954 号坠入加拿大境内造成核污染案"中苏被迫赔偿了 300 万美元[③];在美国诉加拿大"特雷尔冶炼厂仲裁案"中,加拿大因二氧化硫空气污染赔偿美国 7.8 万美元;而在"科孚海峡

---

①　张旭:《人权与国际刑法》,载《吉林大学学报(社会科学)》1998 年第 6 期。

②　C. E. Massicci, Review of the Spanish Literature in the Field of State Responsibility, *Spanish Yearbook of International Law*, 1997, No.1, pp.83-101.

③　吕忠梅:《论公民环境权》,载《法学研究》1995 年第 6 期。

案"中,国际法院裁决阿尔巴尼亚因水雷在海峡爆炸需向英国进行赔偿等[①]。当然,也有学者提出应否认国家作为犯罪主体的主张,主要理由是国家仅是一抽象实体,不可能实施国际罪行,也不应承担刑罚等。[②] 事实上,随着科学技术的迅猛发展,各国积极进行核能开发与利用、经济建设不断向海底与外层空间拓展,也不可避免会出现大量故意或过失地实施严重危害生态环境的行为,因此,将国家纳入环境犯罪的责任主体是一种现实必要性。国家虽与自然人不同,不具有躯体与个体意识,却与法人类似,不可能承担生命刑、自由刑等刑罚,但仍可以非刑罚方法的方式实现其应负的刑事责任,这也说明将国家纳入环境犯罪的责任主体具有现实可能性。需要进一步说明的是,也必须对国家作为环境犯罪主体进行适当限制即唯有对跨国或跨境环境犯罪时,才能追究国家的刑事责任等。

二、环境犯罪主观罪过的混合化

当前我国围绕环境犯罪的主观罪过问题正展开激烈讨论,尤其是在 2011 年《刑法修正案(八)》中将重大环境污染事故罪修正为污染环境罪之后。与其说,之前多数主张因依据罪名表述的一般理解即"事故"的一般意义限制在过失之中,不如说修正后删除"事故"表述更将以污染环境罪为典型的环境犯罪主观罪过推到论战之地。于是,传统过失说、故意说、双重罪过说、模糊说等诸多观点如雨后春笋般层出不穷。[③]

1.单一主观罪过说

高铭暄、马克昌两位著名教授在其主编的《刑法学》教科书中指出,污染环境罪的主观罪过只能是过失即行为人应当预见自己排放、倾倒或者处置有放射性的废物含传染病病原体的废物、有毒物质或者其他有害物质的行为可能造成严重污染环境的后果,因为疏忽大意而没有预见,或者已经预见而轻信能够避免。[④] 坚持单一过失论主张的理由主要是:根据《刑法》第 14 条与第 15

---

① 王秀梅:《英美法系国家环境刑法与环境犯罪探究》,载《政法论坛》2000 年第 2 期。

② 张旭:《国际刑法:现状与展望》,清华大学出版社 2005 年版,第 77 页。

③ 晋海、陈宇宇:《污染环境罪主观要件研究:综述与展望》,载《河海大学学报(哲学社会科学版)》2018 年第 6 期。

④ 高铭暄、马克昌:《刑法学》,北京大学出版社 2011 年第 5 版,第 580 页。

条,在司法实践中判定故意与过失应采用一种结果标准,即便行为人对实施危害行为是故意的,但对环境实际危害结果的预估却是过失的。① 倘若行为人对实际环境危害结果持有希望或放任心理(无论是直接故意,还是间接故意)则只可能构成投放危险物质罪。② 此外,根据污染环境罪的法定刑也可推断出立法者将该罪的主观罪过限定于过失,因为根据罪责刑相适应原则,不可能将两档最高刑期分别规定在 3 年与 7 年。③ 而在司法实践中,一些判决也支持了这种主张,比如樊某某、王某某等污染环境案,潘某等污染环境案,孙某某污染环境案④等。与此过失论观点截然相反,部分学者认为,污染环境罪的主观罪过只可能是故意。他们的理由是:因为过失犯只有法律明确规定才负刑事责任,《刑法修正案(八)》已将含有过失的表述"事故"二字删除,根据罪刑法定原则,故该罪主观上只能是故意⑤;刑法修正后,环境法益已然成为独立的法益,而根据我国刑法中对过失犯罪的限定,只有侵害人的生命、健康或公务廉洁性时才予以刑罚,不难推导出该罪的主观罪过只能是故意⑥;将主观罪过限定于故意,并不意味着过失行为不具有可罚性,但也仅仅限缩于行政责任或民事责任⑦;所有过失犯罪的都是以故意犯罪的可罚性为前提,本罪在具体规范中并未列举故意犯罪与过失犯罪⑧,将该罪认定为过失犯罪也并不符合我国刑事立法惯例⑨。此外,将该罪限定于过失犯,则根本无法追究污染环境的共犯问题,也势必出现对环境犯罪的放纵窘境。故意说同样影响着环境犯罪刑事司法实践,例如"张某某等非法处置危险废物构成污染环境罪案""张某

---

① 赵秉志:《刑法修正案(八)理解与适用》,中国法制出版社 2011 年版,第 405～406 页。

② 姜俊山:《论污染环境罪之立法完善》,载《法学杂志》2014 年第 3 期。

③ 栗相恩:《污染环境罪法益与罪过形式探析》,载《人民检察》2012 年第 9 期。

④ 山东省淄博市中级人民法院(2013)淄刑一初字第 39 号刑事判决书;广东省广州市中级人民法院(2016)粤 01 刑终 959 号刑事裁定书;辽宁省葫芦岛市中级人民法院(2017)14 刑终 141 号刑事裁定书。

⑤ 张明楷:《刑法分则的解释原理》,中国人民大学出版社 2004 年版,第 132 页。

⑥ 胡剑波:《论污染环境罪的罪过形式》,载《太平洋学报》2012 年第 10 期。

⑦ 周海浪:《污染环境罪的主观责任探疑》,载《人民司法》2012 年第 23 期。

⑧ 姜文秀:《污染环境罪的主观心态》,载《国家检察官学院学报》2016 年第 2 期。

⑨ 吴念胜:《实质刑法观下的环境污染控制》,载《资源与产业》2011 年第 5 期。

某、周某某等污染环境案"①等。

2.混合主观罪过说

无论是过失论,还是故意论,上述环境犯罪单一主观罪过立场均遭到部分学者批判。他们认为,污染环境罪的主观心理既可以是故意,也可以是过失。因为过失仅是对危害结果的心理态度,而对于危害行为到底是故意还是过失则在所不问。② 2006 年两高关于环境污染司法解释采用的是过失描述模式,而 2013 年新的司法解释新增了故意环境犯罪行为,但 2006 年的司法解释却仍然有效,也就决定了污染环境罪的双重罪过形式。③ 如果将《刑法修正案(八)》后该罪的主观罪过限定于故意,显然并不符合加大环境保护的立法精神。④ 将故意与过失行为规制在同一规范中并不违背立法惯例,在《刑法》第408 条之一规定的食品监管失职罪中便在同一规范中同时规制了故意滥用职权与过失玩忽职守两种形式。⑤ 陈洪兵教授认为,法定犯时代不同于自然法时代,刑法条文对于法定犯罪形式与自然犯相比在量刑上的区分不大,因此环境犯罪区分罪过形式没有意义,反而不利于提高打击环境法定犯犯罪效率。⑥ 而苏永生教授从《刑法》第 3 条与第 15 条第 2 款之间的紧张关系来说明环境犯罪主观罪过的混合说观点。⑦ 上述刑事判决认定得不一致恰恰可以说明司法实践中这种混合化立场;甚至在"姚某污染环境案"⑧中,广州市中级人民法院明确主张污染环境罪的主观要件包含故意与过失,在量刑时应当区分对待;同样,在"古某污染环境案"⑨中,十堰市中级人民法院认为,从立法本意来看,

---

① 天津市第一中级人民法院刑事裁定书(2014)一中刑终字第 78 号;镇江市中级人民法院刑事判决书(2015)镇环刑终字第 00002 号。

② 吴念胜:《实质刑法观下的环境污染控制》,载《资源与产业》2011 年第 5 期。

③ 秦鹏、李国庆:《论污染环境罪主观面的修正构成解释和适用:兼评 2013"两高"对污染环境罪的司法解释》,载《重庆大学学报(社会科学版)》2016 年第 2 期。

④ 喻海松:《污染环境罪若干争议问题之厘清》,载《法律适用》2017 年第 3 期。

⑤ 晋海、陈宇宇:《污染环境罪主观要件研究:综述与展望》,载《河海大学学报(哲学社会科学版)》2018 年第 6 期。

⑥ 陈洪兵:《模糊罪过说之提倡:以污染环境罪为切入点》,载《法律科学(西北政法大学学报)》2017 年第 6 期。

⑦ 苏永生:《污染环境罪的罪过形式研究:兼论罪过形式的判断基准及区分故意与过失的例外》,载《法商研究》2016 年第 2 期。

⑧ 广东省广州市中级人民法院(2016)粤 01 刑终 1480 号刑事判决书。

⑨ 湖北省十堰市中级人民法院(2016)鄂 03 刑终 58 号刑事裁定书。

污染环境罪既可以是结果犯,也可以是行为犯,也就是说只要行为人非法排放的污染物浓度达到了法定的认定标准,不论是故意还是过失都构成污染环境罪。

　　笔者对环境犯罪持混合主观罪过立场,并不仅仅是由于目前大多数国家对环境犯罪的有责性方面并不限于故意或过失的单一立场。德国、日本、法国等在刑法中均采用对污染环境罪既处罚故意犯又处罚过失犯的立法例。从法律现实主义角度来看,环境犯罪主观罪过必然会走向混合化。一方面,单独处罚故意犯或过失犯,都不利于实现刑法最大化保护生态环境之目的,而且会造成与罪刑法定、罪责刑相一致等原则相冲突,也基本违背了刑法的比例原则等;另一方面,采取主观混合立场也满足于重点打击环境犯罪共犯之需求,任何单一化立场很容易导致共同犯罪中的部分主体因主观认定之争议而逃避刑法制裁。环境犯罪的国内法规制立场尚且如此,针对较为复杂的跨国环境犯罪,更不宜通过有责性限缩环境严重违法的犯罪化。需要指出的是,无论是刑法典形式,还是附属刑法形式,湄公河五国对环境犯罪的刑事规制几乎均采用的是主观罪过混合化的立场。

第四节　刑事责任方式的适格化调适

　　在 20 世纪最后的 20 年,刑法的改革者一直追求公平、效率价值并深受其指引。[1] 因为刑法保护最重要的社会利益并赋予其最严厉的制裁——裁定人格屈辱、监禁,甚至死亡——一部刑法典也远比其他任何法律更加需要理性、清晰与内在一致性。简言之,通过原则性法则充分定义被禁止行为能够达到其谴责与威慑目标,并公平地警告每一位公民何种行为构成犯罪以及应承担的相应后果。[2] 当然,关于刑事责任的性质,学者们意见不一,较为代表性的论点包括"后果说""义务说""法律关系说""责难说""负担说"等;这些不同学说均是对刑事责任从不同层面进行的理解,彼此之间并不排斥与矛盾。笔者

---

[1]　S. H. Kadish, Codifiers of the Criminal Law: Wechsler's Predecessors, *Columbia Law Review*, 1978, No.5, pp.1098-1144.

[2]　P. H. Robinson, J. A. Grall, Element Analysis in Defining Criminal Liability: The Model Penal Code and Beyond, *Stanford Law Review*, 1983, No.2, pp.681-762.

认为,刑事责任的实质便是犯罪的法律后果。传统认为,刑事责任与民事责任、行政责任必须严格分立、不可相互转换;但随着法人犯罪日益扩大,以环境违法与犯罪为例,不同责任之间在目的、性质与功能上绝非对立,于是,便存在行政责任、民事责任与刑事责任之间灵活转化的空间。而罚金刑的广泛适用以及非刑罚方式的多样化也推动了这种趋势的发展。但这种互相转化也必须进行适度控制——轻罪在质上转化(罪与非罪);重罪在量上转化(量刑轻重)等。① 也有学者认为,当前刑事判决普遍存在法感失衡,当无法做到罪责刑相一致时,为了体现刑法正义必须引入宽恕概念,防止出现以刑制罪方式弥补刑罚模糊性、抽象性等缺陷。②

当前环境犯罪日益猖獗,也间接反映出既有刑事制裁并不完全适格;或许坚持传统刑事责任方式能保持刑法整体安定,但在面对复杂多样的环境犯罪往往却很难达到预期效果。因此,近些年不少学者正尝试性地对环境犯罪的刑事责任问题展开探索,尤其是"预防性立法"与"修复性司法"等理念已逐渐达成一种共识。雷鑫教授认为,环境犯罪的特殊性对传统刑事责任实现方式提出了新的要求,单一适用刑罚措施已难以适应环境保护的需要,为了及时打击环境犯罪,并保证司法的严肃性、统一性,对环境犯罪实行非刑罚措施是合理的、必要的。③ 张新宝、庄超两位学者认为,环境犯罪立法与相关司法解释必须通过强化环境侵权责任以救济受害人、制裁和遏制环境侵权行为,并妥善处理好环境侵权责任与相关行政法律责任及刑事法律责任之间的关系等。④ 张继钢教授认为,环境法益的有效保护最终必须借助与环境犯罪相适应的、具有针对性的刑事责任方式实现。补植作为一种生态修复的刑事责任方式,诞生于森林资源犯罪司法实践中,并不断拓展适用于其他环境犯罪。修复性司法、生态人形象以及刑事责任根据是生态修复的刑事责任方式的存在理据。通过确立修复原则、设置复合责任以及细化修复方式等,可完善生态修复的刑

---

① 李会彬:《传统刑事责任与民事责任关系的理论反思及其重新界定》,载《政治与法律》2019 年第 7 期。

② 吴霞:《宽恕事由:解决刑事判决法感失衡的新出路》,载《河南大学学报(社会科学版)》2019 年第 4 期。

③ 雷鑫:《论环境犯罪刑事责任实现方式的多元化:以李华荣、刘士密等人盗伐防护林案为例》,载《法学杂志》2011 年第 3 期。

④ 张新宝、庄超:《扩张与强化:环境侵权责任的综合适用》,载《中国社会科学》2014 年第 3 期。

事责任方式。[1] 但同时,也有学者对这种在刑事司法中适用环境修复责任契合的政策导向提出质疑,认为环境修复责任方式的多元化适用必然使刑法面临"依据不足""性质认知困惑""责任方式混乱",继而导致超越司法职权边界、滋生裁量失控风险等。[2] 本节主要以澜湄流域为视域,以恢复性司法、非刑罚方法为立足点,着重阐述环境犯罪刑事责任的适格性问题。

一、可恢复性责任的刑罚区分

(一)"恢复性司法"之蕴涵及历史发展

可恢复性责任是在恢复性司法理论基础上建立起来的。何谓恢复性司法?霍华德·策尔(Howard Zehr)于 1990 年首次出版的《改变镜头——犯罪与正义的新焦点》一书被认为具有"开创性"意义,也是最早阐明恢复性司法理论者之一[3]。他认为,恢复性司法在提出的指导性问题上不同于传统的刑事司法,具体指导性问题包括:(1)谁受伤了? (2)他们有什么需求? (3)这些是谁的责任? (4)原因是什么? (5)谁与该案有关? (6)使利益相关者参与解决的原因并解决问题的适当程序是什么?[4] 而传统刑事司法仅要求:(1)违反了哪些法律? (2)谁干的? (3)罪犯应得到什么惩罚? 约翰·布雷思韦特(John Braithwaite)将恢复性司法视为一个这样的过程——所有受到不公正待遇影响的利益相关者都有机会讨论他们如何受到不公正待遇的影响,并决定应采取什么措施来弥补损害;对于犯罪,其又是这样一种观念——犯罪会伤害人,司法应予以治愈,因此,伤害者与受伤害者的对话必须是整个过程的中心。[5] 尽管法律人在促进恢复性司法程序中可能扮演重要角色,但在治愈犯罪带来

---

① 张继钢:《生态修复的刑事责任方式研究》,载《环境污染与防治》2017 年第 8 期。

② 徐本鑫:《刑事司法中环境修复责任的多元化适用》,载《北京理工大学学报(社会科学版)》2019 年第 6 期。

③ Howard Zehr, *Changing Lenses：A New Focus for Criminal Justice*, Herald Press, 1990, p.271.

④ Howard Zehr, *The Little Book of Restorative Justice：Revised and Updated*, Simon and Schuster, 2015, p.176.

⑤ John Braithwaite, Restorative Justice and De-professionalization, *The Good Society*, 2004, Vol.13, No.1, pp.28-31.

的痛苦方面,犯罪者必须承担大部分责任;也就是说,恢复性司法程序转移了处理犯罪的责任。2014 年,萨福克大学的卡洛琳·沃森(Carolyn Boyes Watson)这样论述恢复性司法的定义:越来越多的社会运动使解决伤害问题、违反法律及人权的和平方法制度化;这种恢复性决定并没有使法律人和国家享有特权,而是让受害者、不法行为者及受影响的社区参与并寻求促进修复、和解和重建关系的解决方案。恢复性司法寻求建立伙伴关系,以重新建立共同责任,对社区内的不法行为采取建设性的应对措施;恢复性方法寻求针对受害者需求的平衡方法等。① 恢复性司法方案旨在使罪犯对自己的行为承担责任,了解其造成的伤害,使他们有机会赎回自己并阻止他们造成进一步的伤害。对于受害者,其目标是在过程中发挥积极作用②并减少焦虑和无能为力的感觉。③ 恢复性司法建立在传统司法方法替代理论基础上,传统司法方法通常侧重于报应,而恢复性司法方案可以对传统方法进行补充。

自 1990 年以来,"恢复性司法"这一术语开始流行,发展至 2006 年已逐渐被广泛适用④;时至今日,恢复性司法在全世界范围内得到飞跃发展⑤。诚如马克(Mark Umbreit)和玛丽莲·彼得森(Marilyn Peterson Armour)曾评价道,"通过国家和国际社会运动,恢复性司法是一个快速发展的制度,旨在吸引人们解决犯罪所造成的伤害";"恢复性司法将暴力、社区衰落和基于恐惧的反应视为破裂关系的指标,它提供了不同的反应即使用恢复性解决方案来修复因犯罪而导致的冲突"。⑥ 2018 年 10 月,欧洲委员会部长委员会通过了一项决议,确认在刑事司法系统中使用恢复性司法的潜在好处,并鼓励成员国发展

---

① Cardyn Boyes Watson, Peacemaking Circles and Urban Youth: Bringing Justice Home, *Youth Violence and Juvenile Justice*, 2010, No.8, pp.83-86.

② R. Webber, Element Analysis Applied to Environmental Crimes: What did they Know and When did they Know it? *Boston College Environmental Affairs Law Review*, 1988, Vol.16, p.53.

③ H. Strang, L. W. Sherman, Repairing the Harm: Victims and Restorative Justice, *Utah law review*. 2003, No.6, p.15.

④ G. Johnstone, D. Van Ness, *Handbook of Restorative Justice*, Routledge, 2013, p.56.

⑤ J. Shapland, Implications of Growth: Challenges for Restorative Justice, *International Review of Victimology*, 2014, No.1, pp.111-127.

⑥ Mark Umbreit, *Restorative Justice Dialogue: An Essential Guide for Research and Practice*, Springer, 2010, p.98.

和使用恢复性司法。[①] 通过近些年的司法实践,恢复性司法对于减少累犯的功能也越来越突出,这也是支持者主张的重要原因。[②] 2007 年的一项研究还发现,在任何一种司法方法中,恢复性司法受害者的满意程度和罪犯责任率均最高。[③] 当然,恢复性司法也引起一些学者对其实用性与现实主义的批判,主要认为,它容易侵犯合法权利、导致网络扩大、对一些犯罪(特别是针对女性的暴力犯罪)无济于事、未能真正恢复受害者与罪犯的关系、不能真正改变与防止累犯、导致歧视性结果、扩大了警察权力等。[④]

(二)环境犯罪的可恢复性责任与补偿机制

在对环境犯罪司法中,应区分可恢复性责任与不可恢复性责任;而在可恢复性责任中还应根据可恢复性程度进行裁量。对于残害野生动物行为便是一种不可恢复性责任,因为动物的生命权无法逆转;而对于滥伐林木行为(原始森林除外)则是可以通过重新种植进行补救,可作为一种可恢复性责任。而在可恢复性责任中,有些是可在一定时期进行恢复且恢复性程度较高,比如空气污染;而有些需要漫长时期且恢复性程度较低,比如河流污染导致水体生态遭到严重破坏。所以,为了突出刑罚的比例原则,在司法中应对危害环境后果进行客观评估,既要考量实害程度,又要评估可恢复状况,在裁量时进行区别对待。当然,对于可恢复性后果,不少国家采用恢复性司法理念,鼓励或要求犯罪者主动采取补救措施,并视其弥补手段的有效性与及时性综合判定对犯罪者的责任是否进行减免。恢复性司法提倡受害者与犯罪者之间的对话,达到彼此和解并抚慰受害者心理。由于环境犯罪的受害者往往是在一定区域不特定多数人,而犯罪者却以法人为主;受害者意志的不统一,再加之其在政治、经济上的弱势地位,这种不平衡感也很难像其他犯罪类型那样,法律人仅承担调

---

① Recommendation CM/Rec(2018)8 of the Committee of Ministers to member States Concerning Restorative Justice in Criminal Matters,3 October 2018,Retrieved 7 March 2019.

② J. Sbicca,These Bars can't Hold Us Back:Plowing Incarcerated Geographies with Restorative Food Justice,*Antipode*,2016,No.5,pp.1359-1379.

③ H. Strang,L. W. Sherman,Repairing the Harm:Victims and Restorative Justice,*Utah Law Review*,2003,No.6,p.15.

④ A. Morris,Critiquing the Critics:A Brief Response to Critics of Restorative Justice,*British Journal of Criminology*,2002,No.3,pp.596-615.

停者角色,最大化保障双方当事人利益。对于受害者而言,谈判地位的弱势令其很难信赖对话的客观与公正,信息与专业的不对等、往往使他们担忧会受到欺骗、威胁,甚至报复;而对于犯罪者而言,谈判对象的不确定性以及受害方诉求的不统一,使他们担心双方对话的实际效果,而且一贯以效率为发展核心的法人很难"容忍"对话进展的效益,也会担心通过对话令其承担超过预期的责任。于是,双方均迫切需要有可信赖的专门机构"代理"受害者进行调停对话。在我国,普遍缺乏专业性强且具有一定威信的民间机构;政府机关则不得不成为与法人对话的较理想选择,尤其是其行政性质往往会消弭受害者的弱势地位。为了提高这种恢复性司法之方法效率,"生态补偿机制"也逐渐成为当前我国行政机构与环境犯罪者(法人)之间恢复性司法展开对话的一种长效机制,在实践中也取得了显著成效。但是在快速发展过程中,有一些问题困扰着决策者、研究者、参与者对生态补偿的理解,如受益者补偿与破坏者补偿之间的关系、为改善而补偿与为法定责任之外的努力而补偿之间的关系、生态补偿与其他环境经济政策工具之间的关系等。[①] 但无论如何,关于国内水流生态保护补偿机制经过较长时期的实践摸索已日趋成熟[②];笔者认为,这种补偿机制完全可移植到澜湄流域并建构出一套制度体系,并以此作为该流域环境犯罪补偿性司法的重要指标。目前,不仅需要对补偿标准和量化评估规范进行技术支持外,还需要从跨国环境犯罪有效协商机制与平台入手,对于法人犯罪结合前述"刑事合规"制度有效推进刑事司法补偿理念等。

二、非刑罚方法的预防性原则

(一)主要社会控制方法与技术

一个"理智"的社会必须有一套手段使其很好地规范成员的行为;倘若一个社会中每个人都按照自己的意愿去行动,那就可能最终没有社会,这也将导

---

① 靳乐山、吴乐:《中国生态补偿十对基本关系》,载《环境保护》2019 年第 22 期。

② 毕建培、刘晨、林小艳:《国内水流生态保护补偿实践及存在的问题》,载《水资源保护》2019 年第 5 期。

致以下实际后果——缺乏监管会导致无政府状态，使生活"肮脏、野蛮和短暂"。① 因此，每个社会都会使用必要的手段来规范其成员的行为。这种行为规范被称为社会控制。社会控制方法可以是正式的或非正式的。法律是社会控制的一种正式方法，而非正式方法包括排斥、嘲笑、流言蜚语和道德责难等。法勒(Farrar)与达格代尔(Dugdale)认为，通过法律进行社会控制方法主要包括：(1)刑罚技术；(2)申诉补救技术；(3)私下和解技术；(4)本构技术；(5)行政规制技术；(6)财政技术；(7)给予社会福利技术等。②

1.刑罚技术

《布莱克法律词典》第 9 版中将"刑罚"术语定义为"特别针对犯罪的有关惩罚或处罚"。从"刑法"一词的含义可以推断出其是一种涉及社会犯罪调控的技术；是法律宣布某些行为被禁止并为进行此类行为提供惩罚的技术。目前各国对这种技术方法主要采用生命刑、自由刑与罚金刑与资格刑；而刑罚仍有一些替代方法，比如，不干预(non-intervention)、警告或注意(warning or caution)、互惠和自助(reciprocity and self-help)、复杂化(compounding)。不干预发生在该行为虽然被刑法定罪却不被国家惩罚的情况下。例如，在某些社会中，通奸不是犯罪，而在另一些国家，则被视为犯罪。在"Aoko 诉 Fagbemi(1961)1 ANLR 400"一案中，尼日利亚南部法院审理该案时，裁定通奸不是犯罪，因为成文法并未对此规定，但根据该国《刑法》第 387 条的规定，若通奸行为发生在北方则是一种犯罪。③ 警告或注意，是在警告犯罪者而不是惩罚犯罪者的情况下，主要是在少年犯和初犯的情况下适用。互惠和自助，通常是指受害的主体并不向警方举报，而是决定采取自行伸张正义，这可能导致丛林正义，并可能导致无辜者受到惩罚；此方式不受法律保护，因此，任何从事此行为的人都将承担责任。复杂化发生在这样的情况下——受害方决定在

---

① J. M. Orbell，B. M. Rutherford，Can Leviathan Make the Life of Man Less Solitary，Poor，Nasty，Brutish，and Short? *British Journal of Political Science*，1973，No.4，pp.383-407.

② J. H. Farrar，A. M. Dugdale，*Introduction to Legal Method*，Sweet & Maxwell，Ltd，1984，p.77.

③ J. M. Gillroy，*Non-Intervention：A Rule of Change Protecting "Process" from Principle*，*An Evolutionary Paradigm for International Law*，Springer，2013，pp.209-256.

罪犯满足某些条件后才在法院外解决该问题,而不是起诉犯罪。①

2.申诉补救技术

与刑事技术不同,申诉补救技术与刑法无关,它主要处理民事纠纷。萨默斯(R. S. Summers)教授将其定义为一种可补救非难并具体规定补救措施以及执行补救裁定等。② 例如,某人被认为侵犯了他人的权利,他(她)提供了赔偿,并且还说明了执行这些赔偿的手段。申诉补救技术可适用于合同法、商法、侵权法、物权法等法律领域。该补救措施还包括损害赔偿、特殊执行、(管理)禁令、恢复原状等。此外,该技术还包括刑罚、私人和解、保险与仲裁等一些替代方法等。需要说明的是,由于许多申诉案件也被视为犯罪,因此可以将刑罚视为申诉补救技术的替代方法,比如,殴打、非法拘禁等。因此,当发生任何不满时,受害方可以选择刑事起诉或采取民事诉讼。

3.其他技术

私下和解,通常发生在当事人各方在合同订立之时已经阐明了赔偿受害方的方式的情况下,尤其是在发达经济体中普遍存在于保险行业。在一些国家或地区,当发生车祸之类的伤害时,受害方可以决定将其移交给其保险公司,而不是提起诉讼;也可以提交仲裁即当事人各方决定不将此事提交法院,而是转交给仲裁员。因为仲裁员通常更精通所涉业务领域;而且与诉讼相比,仲裁是一种更有效、更省时的选择。私人和解还包括当法律并不约束社会每个成员的情况下,例如,尽管《婚姻法》明确规定了合法婚姻,但不同民族有权根据习惯或伊斯兰教教义决定婚姻行为。本构技术,是一种与法律人格形成有关的技术,它涵盖了所有涉及公司和组织注册的法律。而行政规制技术是政府为了保护公民而规范私营企业活动的一种方法,因为如果没有法规,资本家极有可能对公民造成掠夺等。财政技术,涉及政府使用税收来控制公民的行为,对于政府希望阻止(市场流通)的商品,它将对它们征收更高的税率,它也涉及使用罚款以阻止某些行为等。例如,为了降低气体燃烧的速度,将气体燃烧的罚款增加了 1900%;政府通过制定诸如《个人所得税法》《海关管理法》之类的法规等。给予社会福利技术是指政府通过法律手段努力为民众提供基

---

① M. Pomerance, *Self-determinacion in Law and Practice*: *The New Doctrine in the United Nations*, Martinus Nijhoff Publishers, 1982, p.542.

② R. S. Summers, The Technique Element in Law, *California Law Review*, 1971, Vol.59, p.733.

本生活便利，比如建立学校、医院，修建道路等。

(二)环境犯罪的预防性非刑罚方法

上述列举了包括刑罚在内的不同社会控制方法，也体现了这些方法的多样性与灵活性；同样，对环境犯罪进行社会控制时亦可遵循这种规律。因在大多数情形下环境犯罪具有不可逆性即一旦造成严重后果便无法进行恢复，或者很难及时恢复，故选择不同社会控制方法时更应突显以预防为主、报应为辅的原则。当然，预防为主并非意味着惩罚并不重要；事实上，通过刑罚报应增强对严重环境违法的威慑力是刑法基本价值之一。如何在对环境犯罪进行刑事规制时更有效地体现这种预防性原则，显然，利用多样的非刑罚方法是最重要的路径之一。笔者认为，既然非刑罚方法的核心价值在于其灵活性与实践性，那么，在对环境犯罪进行立法规制时完全可以跳脱传统方法的束缚，打破刑罚之社会控制藩篱，真正找出更适格、更高效的方法。同时，虽然各国刑法中关于主刑与附加刑大致相同，但非刑罚方法却差异性较大。在湄公河五国刑法中大部分均规定了其他社会防卫方法预防刑事犯罪。以《泰国刑法典》为例，第 18 条规定了五种刑罚方法即死刑、徒刑、监禁、罚金、没收财产；同时，在第 39 条也规定了五种社会防卫方法即降级、禁止进入指定区域、为维护和平与安全缔结契约、强制治疗、禁止从事某种业务等。因此，各国在对澜湄流域跨国环境犯罪追究刑事责任时，也可以根据不同国家的不同规定，选择较为合适的非刑罚方法。

笔者认为，当前在共同治理澜湄流域环境犯罪时，有必要逐步提高"限制或剥夺经营业务资格与范围"之非刑罚方法。近些年，我国不少学者也逐渐意识到在对环境犯罪进行刑法规制时增加资格刑之必要。学者朱志峰曾认为，资格刑所独具的多样性、非物质性与可恢复性等，使其对于经济犯罪、环境犯罪、腐败犯罪等特殊的犯罪类型具有独特的惩戒与预防功效，有必要在环境刑法中扩张资格刑的适用，以使其与财产刑、自由刑一起在法的最后保障层面构筑起保护环境的三角形支撑。[①] 安然教授从刑事政策角度分析传统刑罚手段在环境犯罪治理中的局限，认为可适用资格刑并在缓刑与减刑裁量时合理吸收民事处罚措施，不仅在实践中真正贯彻宽严相济，而且在防控环境犯罪时也

---

① 　朱志峰：《环境保护与资格刑的扩张》，载《行政与法》2012 年第 11 期。

最大化激发了犯罪主体行为矫正的积极性等。[①] 以欧盟环境刑事立法为例，刑罚措施的多样化便是其显著特点之一。与欧盟相关法案中规定了较多的资格刑，如 2001 年 3 月 13 日通过的《关于通过刑法保护环境的指令》，规定了暂时或永久剥夺商业活动资格、剥夺获得社会援助与公益资格、命令解散等；2003 年 11 月 27 日，制定的《关于通过刑法保护环境的框架决定》（以下简称《决定》）中也规定了对严重环境犯罪人适用的剥夺从事特许活动的资格，剥夺担任一定职务等。此外，该《决定》中还有关于环境恢复、没收与犯罪有关的工具和收益的规定。[②] 这些日趋合理、灵活多样的非刑罚措施均可为未来澜湄流域共同打击环境犯罪之刑事责任立法提供借鉴。

---

① 安然：《"宽严相济"视域下资格刑的价值新探与制度设想：以环境犯罪的防控为中心》，载《东疆学刊》2014 年第 2 期。
② 赵赤、田信桥：《欧盟环境刑事立法的最新发展及其刑事政策意义》，载《浙江林学院学报》2005 年第 3 期。

结语

砥砺前行:澜湄流域环境犯罪刑事合作的创新与可持续性

一、环境刑事合作框架的可持续性:从"中国—东盟合作"、"大湄公河次区域合作"到"澜湄合作"

可持续性(sustainability)又称永续性,是指人们在满足人类需求与未来发展时,在资源开发、投资方向、技术发展和制度变革中保持环境平衡与和谐的过程。[①] 永续性可以是一种想法、一种生活系统的性质、一种生产方法或一种生活方式。可持续发展的定义最常见的引述来自布伦特兰委员会,该委员会是联合国在 1983 年正式召开的世界环境与发展委员会(WCED),当该委员会成立时,联合国大会确认,环境问题是全球性的,可持续发展应是所有国家坚定的共同目标。但可持续性并不能涵盖所有人类活动,故而其界定存在一

---

① R. Goodland，The Concept of Environmental Sustainability，*Annual Review of Ecology and Systematics*，1995，No.1，pp.1-24.

定困难。① 有些人认为可持续性能够以环境、经济与社会三个领域来定义②，并可考量文化、技术与政治等子领域③。从广义上讲，可持续性是一种状态或过程，常被描述为一种生态与社会关系即能够维持一切生态功能、生物多样性与保持未来活力的能力。④ 该术语逐渐发展为复杂用语，几乎可描述地球上生命的每一方面，特别在不同层次的生态环保领域大量被适用，比如森林、草原、湿地等，也成为一些人权组织惯用的概念，比如可持续建筑、可持续再生能源、可持续城市等。⑤

不过，可持续发展的字义在某些组织原则中很可能与永续性是相互冲突的⑥，因为其组织的永续发展可能试图通过非永续性的方式进行。天然资源的使用必须控制在一个能够还原的速度，人类生活才能具有可持续性。然而，现在有明确的科学证据表明，人类需要以集体地减少自然资源的利用，将其消耗速度减少至一个可持续的限度内。⑦ 2015 年，联合国正式将"可持续性"作为一项重要的发展目标，其外延已从环境领域拓延到具体 17 个项目 169 项具体目标之中（如表 7-1）⑧。

---

① See United Nations. 1987. Report of the World Commission on Environment and Development，General Assembly Resolution 42/187，11 December 1987. Retrieved：2020-03-14.

② F. Capra，The Systems View of Life a Unifying Conception of Mind，Matter，and Life，Cosmos and History，*The Journal of Natural and Social Philosophy*，2015，No.2，pp.242-249.

③ P. James，*Urban Sustainability in Theory and Practice：Circles of Sustainability*，Routledge，2014，p.77.

④ M. A. Harwell，Ecosystem Management of South Florida：Developing a Shared Vision of Ecological and Societal Sustainability，*BioScience*，1997，No.8，pp.499-512.

⑤ D. John，Macomber，Building Sustainable Cities，*Havard Business Review*，2013 (July-August)，p.98.

⑥ C. C. Williams，A. C. Millington，The Diverse and Contested Meanings of Sustainable Development，*Geographical Journal*，2004，Vol.2，pp.99-104.

⑦ V. Walter Reid，*Millennium Ecosystem Assessment：Ecosystems and Human Well-being*，Synthesis，2005，p.89.

⑧ Technical Report by the Bureau of the United Nations Statistical Commission (UNSC) on the Process of the Development of an Indicator Framework for the Goals and Targets of the Post—2015 Development Agenda.

表 7-1 联合国可持续发展目标

1.消除各地一切形式的贫穷
2.消除饥饿,达成粮食安全,改善营养及促进永续农业
3.确保健康及促进各年龄层的福祉
4.确保有教无类、公平以及高品质的教育,及提倡终身学习
5.实现性别平等,并赋予妇女权利
6.确保所有人都能享有水及卫生及其永续管理
7.确保所有的人都可取得负担得起、可靠的、永续的,及现代的能源
8.促进包容且永续的经济成长,达到全面且有生产力的就业,让每一个人都有一份好工作
9.建立具有韧性的基础建设,促进包容且永续的工业,并加速创新
10.减少国内及国家间不平等
11.促使城市与人类居住具包容、安全、韧性及永续性
12.确保永续消费及生产模式
13.采取紧急措施以应对气候变迁及其影响
14.保育及永续利用海洋与海洋资源,以确保永续发展
15.保护、维护及促进陆域生态系统的永续使用,永续的管理森林,对抗沙漠化,终止及逆转土地劣化,并遏止生物多样性的丧失
16.促进和平且包容的社会,以落实永续发展;提供司法管道给所有人;在所有阶层建立有效的、负责的且包容的制度
17.强化永续发展执行方法及活化永续发展全球伙伴关系

其中,最后两项分别是"促进和平且包容的社会,以落实永续发展;提供司法管道给所有人;在所有阶层建立有效的、负责的且包容的制度"与"强化永续发展执行方法及活化永续发展全球伙伴关系"。该目标又可细化为如表 7-2 所示的具体指标。

表 7-2　可持续发展目标之第十六、十七项具体指标

16.促进和平且包容的社会,以落实永续发展;提供司法管道给所有人;在所有的阶层建立有效的、负责的且包容的制度		16.1 大幅减少各地各种形式的暴力以及有关的死亡率。
		16.2 终结各种形式的儿童虐待、剥削、走私、暴力以及施虐。
		16.3 促进国家与国际的法则,确保每个人都有公平的司法管道。
		16.4 2030 年以前,大幅减少非法的金钱与军火流,提高失物的追回,并对抗各种形式的组织犯罪。
		16.5 大幅减少各种形式的贪污贿赂。
		16.6 在所有的阶层发展有效的、负责的且透明的制度。
		16.7 确保各个阶层的决策回应民意,是包容的、参与的且具有代表性。
		16.8 扩大及强化开发中国家参与全球管理制度。
		16.9 在 2030 年以前,为所有的人提供合法的身份,包括出生登记。
		16.10 依据国家立法与国际协定,确保民众可取得资讯,保护基本自由。
		16.A 强化有关国家制度,做法包括透过国际合作,以建立在各个阶层的能力,尤其是开发中国家,以预防暴力并对抗恐怖主义与犯罪。
		16.B 促进及落实没有歧视的法律与政策,以实现永续发展
17.强化永续发展执行方法及活化永续发展全球伙伴关系	财务	略
	技术	略
	能力建置	略
	贸易	略
	政策与制度连贯	17.13 提高全球总体经济稳定性,做法包括政策协调与政策连贯。
		17.14 提高政策的连贯性,以实现永续发展
		17.15 尊敬每个国家的政策空间与领导,以建立及落实消除贫穷与永续发展的政策
	多边合作	17.16 透过多边合作辅助并提高全球在永续发展上的合作,动员及分享知识、专业、科技与财务支援,以协助所有国家实现永续发展目标,尤其是开发中国家
		17.17 依据合作经验与资源策略,鼓励及促进有效的公民营业及公民社会的合作
	资料监督责任	略

　　由此可见,澜湄流域环境犯罪刑事规制的调适恰恰是一种践行联合国关

于可持续发展目标,尤其体现在上述第 16.3、第 16.10、第 17.13、第 17.14、第 17.15、第 17.6、第 17.7 等具体指标内容中。

1967 年,东盟正式成立并认识到环境合作对于可持续发展和区域一体化的重要性;自 1977 年以来一直密切合作以促进其成员国之间的环境合作。目前,东盟在环境方面的合作以《ASCC 蓝图 2025》为指导,设想了一个东盟共同体,要使各国人民参与并从中受益,并具有包容性、可持续性、弹性和活力等。① 1991 年,中国应马来西亚政府邀请正式参加东盟外长会议并积极与东盟各国广泛接触,并于 1996 年第 29 届部长年会上被赋予充分的对话伙伴地位。2002 年 11 月,中国与东盟签署了《全面经济合作框架协议》,以建立《中国—东盟自由贸易协定》(ACFTA)(该协定于 2010 年 1 月 1 日实现,并于 2015 年 1 月 1 日全面生效);2003 年,中国与东盟签署了《促进和平与繁荣的战略伙伴关系联合宣言》,这预示着亚洲新兴超级大国与该区域国家之间建立了蓬勃而牢固的关系。"中国—东盟"合作发展近 30 年来,始终致力于建立政治互信和加强安全对话,具体合作领域是多方面的;作为战略合作伙伴,中国与东盟多年来也签署了一系列全面合作协议,涉及科学、教育、信息通信技术、环境、农业、交通、旅游和公共卫生等方面。事实上,早在 2007 年中国曾倡议愿同东盟探讨制定《中国与东盟环保合作战略》;建立中国—东盟环保合作中心,并把环保合作列为中国—东盟加强合作的 11 个优先领域之一;2010 年,我国环境保护部正式组建成立了中国—东盟环境保护合作中心。由于该环境保护合作采用的是"10+1"的区域模式即东盟十国+中国,而且优先合作领域主要集中在环境和发展政策对话、环境无害化技术等领域,目前并未深入到法律层面,尤其是尚未开展对环境犯罪刑事合作实质性的对话与交流等。②

1992 年,亚洲开发银行正式发起了一项发展计划即大湄公河次区域合作计划,涵盖柬埔寨、中国(主要是云南省和广西壮族自治区)、老挝、缅甸、泰国、和越南国家地区。截至 2016 年,该区域新发现物种总数达到 2524 个,也被认为是世界上最重要的生物多样性热点(biodiversity hotspot)区域之一。近些年随着经济的快速发展、人口增长以及消费模式的增加等,大湄公河次区域丰

---

① 关于东盟环境合作,https://environment.asean.org/,最后访问时间:2020 年 4 月 10 日。

② 中国—东盟环境保护合作中心官网,http://www.chinaaseanenv.org/sy/,最后访问时间:2020 年 4 月 10 日。

富的自然资源给当地带来巨大经济收益的同时,也使该地区逐渐沦为全球生态环境恶化较为严重的区域之一。世界自然基金会曾指出,该地区主要环境破坏因素包括农业砍伐森林、伐木和非法木材贸易、野生动植物交易、过度捕捞、过度水坝和道路建设以及非法采矿等;同时,该地区也成为特别容易受全球气候变化严重影响地区之一。[①] 20 世纪 70 年代,大湄公河次区域还是世界上森林最茂密的地区之一,但在短短 30 年内便失去了总面积 1/3 的森林[②];一些专家学者曾警告,2010—2030 年内,该区域仍将继续失去 1/3 的森林资源。[③] 因此,保护大湄公河自然资源栖息地、生物多样性和当地文化已迫在眉睫。目前,参与大湄公河次区域的组织相对较多,主要包括:(1)湄公河委员会(MRC);(2)亚洲开发银行(ADB);(3)大湄公河次区域学术研究网络(GMSARN);(4)可持续湄公河研究网(SUMERNET);(5)联合国内部组织,比如,联合国粮食及农业组织(粮农组织)、联合国环境规划署(环境署)、联合国毒品和犯罪问题办公室(毒品和犯罪问题办公室)等;(6)世界自然基金会(WWF);(7)森林计划(PROFOR);(8)东西方研究所(EastWest Institute)创立的湄公河开放发展(Open Development Mekong)等。在这些组织中,湄公河委员会对湄公河流域五国环境保护合作的影响力最大。湄公河委员会,成立于 1995 年 4 月 5 日,由湄公河下游泰国、老挝、越南和柬埔寨四国根据其所签署的《湄公河流域持续发展合作协定》而成立;中国和缅甸并没有加入,而是作为对话伙伴参与其中。它作为由这四个国家的(水利)环境部长管理的区域促进和咨询机构,MRC 确保湄公河的高效和互利发展,同时保证湄公河下游地区人民和环境的潜在危害影响降至最低;MRC 是水外交和区域合作的平台,尽管各国利益不尽相同,成员国仍可以共享水资源利益,它还是水资源管理的区域知识中心,有助于根据科学证据为决策过程提供信息;MRC 遍及与环境有关的所有部门,包括渔业可持续性、确定农业机会、航行自由、可持续水

---

① C. Thompson, T. Thompson, *First Contact in the Greater Mekong: New Species Discoveries*, WWF, Hanoi, 2008, p.75.

② Nantiya Tangwisutijit, Must the Mekong Die? *Aprenet*, 1996, No.2, p.67.

③ M. L. Ingalls, P. Meyfroidt, To P.X, M. Kenney-Lazar, M. Epprecht (2018), The Transboundary Displacement of Deforestation Under REDD+: Problematic Intersections between the Trade of Forest-Risk Commodities and Land Grabbing in the Mekong Region, *Global Environmental Change-human and Policy Dimensions*, 2018, Vol.50, pp. 255-267.

电、洪水管理、重要生态系统保存和保护等。它还帮助其成员国战胜更多极端洪灾以及与气候变化有关的长期干旱和海平面上升等消极影响。在提供建议时，MRC旨在促进政府、私营部门和民间社会（团体）之间的对话等。①

澜沧江—湄公河合作组织是参与湄公河国家发展的最新机构之一，它主要是由中国倡议发起的一个重要组织，成立于2015年，并在次年举办了首届峰会。从前述分析不难看出，西方势力不断干扰并试图瓦解澜湄六国的友好合作，之前组织已透过美国、印度、日本、俄罗斯、欧盟等国家一些政治与经济渗透，正逐渐消耗其活力与执行力，使得这些组织的自主性意识大大降低。由于该机构主张排除外部消极干预并将合作领域更具体化，避免受过多外在因素干扰而影响行动力，也被不少外部国家不断抨击其"中国排他性领导权"对其他国家实施高压政策等。② 国外也有学者认为，澜湄流域国家正在进入一个新的水文政治时代，流域内的水电站越来越多；将修建大坝与中国、泰国和越南的主要电力市场连接起来的三个"能源枢纽"正在改变这一流域的自然与社会关系，由中国牵头的"澜沧江—湄公河合作"新倡议就是旨在提出经济和水资源开发项目，通过中国对源头的水坝工程控制开展水利外交等。③ 中国在澜沧江—湄公河合作之前的做法过于注重从河流内外创造经济效益，而忽视了对河流的生态效益；尽管这种"老办法"给中国及其下游邻国带来了一系列问题，但中国目前的澜沧江—湄公河合作战略似乎在本质上仍复制了以前的做法，虽将可持续水资源管理确定为优先领域，但这方面的实际合作和利益分享仍然不够。④ 针对这些质疑，唯有用实践证明"澜湄合作"的有效性。五年来，"澜湄合作"取得了迅速进展，展现了"澜湄速度"和"澜湄效率"，培育了

---

① 湄公河委员会官网，http://www.mrcmekong.org/about-mrc/，最后访问时间：2020年4月10日。

② D. Magee, *The Dragon Upstream: China's Role in Lancang-Mekong Development, Politics and Development in a Transboundary Watershed*, Springer, 2011, pp.171-193.

③ C. Middleton, J. Allouche, Watershed or Powershed? Critical Hydropolitics, China and the 'Lancang-Mekong Cooperation Framework', *The International Spectator*, 2016, Vol.51, pp.100-117.

④ S. Biba, China's 'Old' and 'New' Mekong River Politics: the Lancang-Mekong Cooperation from a Comparative Benefit-sharing Perspective, *Water International*, 2018, Vol.43, No.5, pp.622-641.

"平等相待、真诚互助、亲如一家"的澜湄文化。① 目前,已形成了一套独特的机制,比如成立了"互联互通""产业合作""跨境经济""水资源""农业""减贫"六大优先领域联合工作组;逐渐形成了定期的领导人会议、外长会、高官会、外交工作组会等一系列高级别会议;尤其是通过合作概念文件,确定了政治安全、经济和可持续发展、社会人文三大支柱的"3+5合作框架"②。随着该合作的进一步开展,未来必然会更加深入,尤其是在社会人文与可持续发展支柱领域,共同治理环境犯罪也必将纳入该框架的具体范畴之中。

二、环境刑事合作具体机制的创新:环境影响评价机制、刑事司法联动机制与刑事争端解决机制

对于所有组织而言,创新的愿望都是普遍的;通过创新,组织能够寻找到所面临问题的答案,无论这些问题是通过引入新机制来满足内部需求而产生,还是由于采用新的合作程序与方法寻求内部效率而引发。创新还是提供吸引更多积极参与者并拓展新领域的机会,或者提供一种改善其外部形象的方法,使其成为现代性与效率的象征。③ 对于大多数组织而言,创新又意味着新理念或技术④;尽管创新的概念范围极广,涉及组织活动的所有领域。但本章仅是对法律机制创新进行分析。事实上,创新不必一定特指技术,它也可以简单地理解为资源再分配的一种新方式。但是,在当今世界上,再无任何活动领域是科技无法支持的;同时,在竞争中技术创新也并不能代表所有重大收益。⑤的确,几乎所有组织将创新理解为越来越先进的新技术,这也并非错误,尽管

---

① 澜沧江—湄公河合作官网,http://www.lmcchina.org/gylmhz/,最后访问时间:2020年4月11日。

② "3+5合作框架"即政治安全、社会人文、经济和可持续发展三项,农业和减贫、水资源、产能、跨境经济与互联互通五项。

③ Á. L. Meroño-Cerdán, C. López-Nicolás, Innovation Objectives as Determinants of Organizational Innovations. *Innovation*, 2017, Vol.19, pp.208-226.

④ D. L. Deeds, D. M. DeCarolis, J. E. Coombs, Dynmic Capabilites and New Product Development in High Technology Ventures: An Empirical Analysis of New Biotechnoloty Firms, *Journal of Business Venturing*, 2000, Vol.15, pp.211-229.

⑤ M. Dodgson, Organizational Learning: A Review of Some Literatures, *Organization Studies*, 1993, Vol.14, pp.375-394.

所有组织,特别是中小规模组织都想通过创新来获得新技术,但只有少数者知道如何做到这一点。他们中的大多数人认为技术创新几乎是无法实现的,只有在拥有研发部门的规模较大的组织才能做到,因此,创新与研究紧密相关。在当前"以知识为基础的经济环境"①中,如果组织要在竞争与风险环境中生存,就必须能够适应并掌握应对挑战所需的特殊技能。因此,创新理念在当今正被广泛接受,业已成为文化的一部分。但是,即使该术语现已被广泛适用,但到底我们应在何种层面理解该概念? 此外,相对于某一项或某几项全球性合作,澜湄流域环境刑事合作规模较小,应如何获得创新? 为此,必须从哪些方面具体展开? 这些问题都是本章讨论的前提。因此,需要在此说明的是:其一,此"创新"仅限于一种制度或机制层面的创新,并不涵指技术创新;尽管推进澜湄流域环境刑事合作中技术创新是极其重要的,利用大数据、人工智能、区块链等科技手段打造智能化的区域刑事合作模式等,但本书并不涉足于此类科技领域的创新。其二,对于规模相对较小的澜湄流域环境刑事合作而言,在制度创新中也存在固有优势,例如,可选择周期较短的创新试点,便于及时更新与挑战、参与者更容易形成稳固力量并就某一项决议达成共识等。也就是说,相对于一些全球化合作,澜湄流域的区域性环境刑事合作更有利于大胆创新且创新步伐可适当加快等。其三,这种机制创新可具体从环境影响评价、刑事司法联动与刑事争端解决三方面入手,遵循"从简至繁"的发展路径,既强调创新内容的实践性与可操作性,又突显澜湄流域的区域性环境刑事合作的任务艰巨性与时代紧迫性等。

回归到第一章所提及的环境影响评估(EIA)、战略环境评估(SEA)以及国际影响评估协会(IAIA)的环境影响评价等问题。环境影响评估的独特之处在于它们不需要遵守预定的环境结果,而是需要决策者考虑环境价值,并根据详细的环境研究和公众对潜在环境影响的评论来为这些决定辩护。② 环境影响评价制度(Environmental Impact Assessment,EIA)始于20世纪60年代,随着环保意识不断提高孕育而生;1969年,美国《国家环境政策法》的颁布也正式确立了环境影响评估机制的法律地位。目前,EIA已在世界范围内得

---

① T. O. Nelson, Metamemory: A Theoretical Framework and New Findings, *Psychology of Learning and Motivation*, 1990, Vol.26, No.6, pp.125-173.

② A. J. Mackinnon, P. N. Duinker, T. R. Walker, *The Application of Science in Environmental Impact Assessment*, Routledge, 2018, p.358.

到越来越多的适用,每年提交的环境评估数量早已大大超过了更严格的环境影响声明(Environmental Impact Statement,EIS)数量。[①] 有学者认为,环境评估是微型环境影响报告,旨在提供足够的信息以使该机构决定是否需要准备完整的环境影响报告。[②] 当然,也有不少学者对 EIA 机制提出批判,认为其仅能作为决策的辅助工具,而不能作为决策工具本身,且对决策的影响也是有限的[③];EIA 过度限制其时空范围,没有确定边界的公认程序,几乎所有 EIA 都只解决直接和即时的现场影响[④];EIA 需要扩大环境影响评估的范围才真正有益于对濒危物种的保护等[⑤]。那么,环境影响评估机制必须在既有模式上进行不断创新。一方面,该机制能否超越国界? 既然环境威胁是不考虑国界的,比如,全球气候变化问题,那么,环境保护本质上也必须解决跨国问题。事实上,在联合国欧洲经济委员会通过的《埃斯波公约》也正为跨界 EIA 提供了国际法框架。[⑥] 事实上,欧盟的环境政策中存在多种手段并在其中建立了混合的强制性和酌处性程序,以评估环境影响。[⑦] 1985 年,欧盟首次引入环境影响评估指令(85/337/EEC)(称为 EIA 指令),并先后于 1997 年、2003 年、2009 年进行了修订;2011 年,初始指令与三次修正案共同编入统一指令中

---

① R. W. Caves, *Responding to the Information Needs of Citizens in an Open Society: The Role of Smart Communities*, *E-Transformation in Governance: New Directions in Government and Politics*, Igi Global, 2004, pp.216-234.

② R. J. Rychlak, D. W. Case, *Environmental Law*, Oxford University Press, 2010, p.98.

③ S. Jay, C. Jones, P. Slinn, et al. Environmental Impact Assessment: Retrospect and Prospect, *Environmental Impact Assessment Review*, 2007, Vol.27, pp.287-300.

④ M. Lenzen, S. A. Murray, B. Korte, et al, Environmental Impact Assessment Including Indirect Effects—A Case Study Using Input-Output Analysis. *Environmental Impact Assessment Review*, 2003, Vol.23, pp.263-282.

⑤ A. Shepherd, L. Ortolano, Strategic Environmental Assessment for Sustainable Urban Development, *Environmental Impact Assessment Review*, 1996, Vol.16, pp.321-335.

⑥ H. O. Bergesen, G. Parmann, O. B. Thommessen, *Convention on Environmental Impact Assessment in a Transboundary Context*, *Yearbook of International Co-operation on Environment and Development*, Routledge, 2018, pp.64-65.

⑦ M. Watson, *Environmental Impact Assessment and European Community Law*, *XIV International Conference*, *Danube-River of Cooperation*, Beograd, November 2003, p.124.

（2011/92/EU）；2014 年又对该统一指令进行了再次修正等。[①] 由此可见，在澜湄流域建构一套跨境环境影响评估机制是完全可行的。另一方面，能否将 EIA 机制由单一的事前评估延伸到事前评估与事后评估相结合？笔者认为，事前评估的价值在于预测环境风险，而事后评估的价值侧重于根据行为后果的评估决定是否需要进行追责，以及该当如何追责。因此，在澜湄流域建构一套 EIA 事前评估与事后评估相结合机制，既能呼应与配合前述法人合规计划体系，预防环境犯罪；又能在出现环境危害结果后，通过精准的定量评估便于司法机关定罪与量刑。

刑事司法联动机制是指积极调动各司法、行政机关与其他各部门的资源，加强在具体工作的衔接配合，发挥部门间的联动优势，形成打击具体犯罪的合力等。2013 年，我国环保部与公安部率先联合发布了《关于加强环境保护与公安部门执法衔接配合工作的意见》，规定了环保和公安部门的职责、衔接配合的工作机制和保障措施：在分别明确各自职责的基础上，加强深层次合作并强调树立证据意识，及时、全面、准确收集涉嫌环境污染犯罪的各类证据；并确立联席会议制度、联络员制度、案件移送机制、重大案件会商和督办制度、紧急案件联合调查机制、案件信息共享机制以及奖惩机制等衔接配合的各项工作机制和制度；强化组织领导保障、业务保障、宣传保障和经费保障，并为执法联动配合工作奠定基础等。[②] 的确，与之前环境污染事件频发相比，有关环境污染犯罪的裁判却极少，刑法的保护与惩戒功能未能发挥积极作用，这种刑事司法效果不佳的重要原因之一便是缺乏各部门之间的有效配合、行政执法与刑事司法之间不协调、环境行政执法与环境刑事司法之间权力配置不合理，导致因外部衔接不畅案件移送不力等严重问题。[③] 因此，必须夯实刑事司法联动机制与平台、加强检察机关对执法与司法的监督、科学地进行证据衔接与转换

---

① E. Parliament，Council，Directive 2014/52/EU of the European Parliament and of the Council of 16 April 2014 Amending Directive 2011/92/EU on the Assessment of the Effects of Certain Public and Private Projects on the Environment，*Journal Europe Union*，2014，Vol.12，pp.1-18.

② 王军：《发挥联动优势　强化衔接配合　重拳打击环境污染犯罪：〈关于加强环境保护与公安部门执法衔接配合工作的意见〉解读》，载《环境保护》2013 年第 3 期。

③ 王树义、冯汝：《我国环境刑事司法的困境及其对策》，载《法学评论》2014 年第 3 期。

并强化环境监管中的职务犯罪的惩治与预防等。[①] 显然,经过近几年的司法实践,这种机制正发挥着积极效果。目前,"刑事司法联动机制"在我国各地打击具体环境犯罪领域正全面、深入展开;例如,仅 2018 年,浙江省杭州市推行环境执法与刑事司法的联动机制、福建省推行涉林刑事案件执法司法联动机制、浙江省舟山市建立海洋行政执法与刑事司法联动机制等。事实上,近些年海洋污染事故所带来的损害巨大且不可修复,而司法追责却陷入一种"以罚代刑"之怪圈,主要原因仍是海上环境污染案件移送的各机关之间衔接程序出现问题,使得司法机关参与海上污染案件滞后、被动等。[②] 澜湄流域跨国环境犯罪同样如此,尽管各国相互之间签署过相关双边《司法互助协议》,但仍受证据交换的障碍、滞后,刑事介入程序烦琐等而受到掣肘。以中国为例,在湄公河五国中也仅与老挝、泰国和越南三国签署有《刑事司法协助条约》,并分别于2001 年、2005 年、2009 年正式生效。需要说明的是,即便这些刑事司法协助条约也并未规制诸如协助提供犯罪情报、协助逮捕犯罪嫌疑人、采取重要侦查措施协助、外国证人保护等内容;而且就目前实践而言,刑事司法协助程序过于复杂。例如,倘若 A 在中国环境犯罪而需要湄公河国家司法协助,即便依据双边刑事司法协助条约仍需要由办案机关通过向中国公安部与司法部进行申请,再经专门的东盟国家刑事司法协助中央主管机关以及具体执行刑事司法协助请求的机关等至少四个必要环节,通常耗时不少于 1 个月;而办案机关的请求也未必能完全得到满足,往往取决于被请求国家的司法协助行为是否积极、主动,若被请求国家对该案委托事项没有直接利害关系,尽管通常能够配合完成但受有限司法资源制约和程序限制,刑事司法协助的效率也极低;一旦其存在一定利害关系且与请求国家存在利益冲突,则很有可能通过一些非正常手段进行干预协助,或者采取不作为方式规避刑事司法协助义务等。[③]因此,有必要依托"澜湄合作"框架,建构一套专门针对环境犯罪的刑事司法联动机制等。

刑事争端解决机制是从商事争端解决机制中获取制度创新"灵感",适用

---

① 董邦俊:《论我国环境行政执法与刑事司法之衔接》,载《中国地质大学学报(社会科学版)》2013 年第 6 期。

② 李军、童伟华:《海上环境污染案件移送程序之协调困境的思考》,载《中国海商法研究》2016 年第 4 期。

③ 刘舒霞:《中国与东盟的跨国犯罪及其控制研究》,广西师范大学 2010 年版,第78~87 页。

于一定区域内不同国家对某一具体刑事案件司法管辖权等问题的纠纷与争议。不同于一般商事争端主要发生在不同国家私营部门、公司、企业或个人之间且以获取各自获得利益最大化为最高目标(长期利益或短期利益),环境犯罪刑事案件的争端主要是由针对同一具体案件各国刑法管辖与适用存在冲突,各国司法机关代表各方利益提出不同主张并亟须调停与解决的过程。尽管该争端同样有可能涉及经济利益,但最主要诉求却围绕刑事主权与刑法人权展开;一旦处理不当,则极有可能会转化为一种外交冲突等。因此,为了提升澜湄流域环境犯罪刑事合作的可持续性,最大化地化解或缓解有可能发生的司法冲突,增加彼此之间的谅解与理解,则有必要创新性地建构一套刑事争端解决机制。如何建构符合澜湄流域区域合作特色的刑事争端解决机制? 笔者认为,至少应做到以下几点:首先,明确刑事争端解决机制一般原则:(1)善意原则。该原则不仅体现在国内法律制度中,也是国际法的一项重要原则;它是国际交往与合作的基础,因此,也被联合国宪章及相关公约、条约等视为一项重要内容。善意原则的主要内容包括善意推定与解释、善意行使权利与履行义务。① 一旦澜湄六国中任何一方出现违反约定,或者在发生争议冲突之处不可武断地做非善意推断与解释,唯有本着善意行事,才有彼此谅解与磋商的空间。(2)平等互惠原则。争议双方或各方必须地位平等,这是解决争端的前提,尽管经济地位与政治地位存在事实上的不平等,但在法律地位上必须做到平等;处理争端必须双方各有退让,否则,很难平衡与化解矛盾,只有使双方均有互惠才能使问题解决具有可持续性。(3)禁止事态恶化原则。澜湄六国在环境犯罪刑事合作过程中存在意义不一致是非常正常的,不应将该争议上升等级,进一步激化矛盾,也不宜采取舆论战、"口水战"或利用"网军"攻击、谩骂使事态进一步恶化等。其次,调适刑事争端解决机制实体规范。这是一项复杂工程,不仅需要借鉴大量域外或商事争端解决机制的具体规范,而且需要在实践中不断摸索,通过不断修正找出真正符合澜湄六国刑事合作发展的机制内容。再次,重视刑事争端解决机制程序正义。与国内法律机制实体与程序分离规制有所不同,刑事争端解决机制可适宜于形式上的一体化即程序规范与实体规范融为一体;或在同一规范中既规定实体内容,又规定程序内容。必须重视程序正义才能确保实体上的正义,例如,当 A 国与 B 国因环境犯罪具体案件刑事合作发生争议且无法通过双方磋商达成一致意见时,可否由其

---

① 韩立余:《善意原则在 WTO 争端解决中的适用》,载《法学家》2005 年第 6 期。

他无利益关系澜湄第三国代表介入调停,如何选择第三国以及第三国代表介入后应如何启动该调停程序等,均需要进一步规范化。最后,限制刑事争端解决机制重大变更。一旦澜湄流域环境犯罪刑事争端解决机制得到确立,不得任意进行重大变更;否则,不仅可能会引起争议反弹,而且会影响澜湄区域国际刑法之整体安定。当然,并非该机制不可做任何变动,必须在六国共同协商一致基础上对局部内容做适格调整且不影响整体机制的稳定等。

三、结语:澜湄流域环境犯罪刑事合作必将砥砺前行

在任何时期,澜湄流域环境犯罪刑事合作都不可能完全超越国际关系环境背景,故在展望未来时也必然以一种国际化视野进行审视;同时,本书在专业领域并非属于国际法研究成果,不会将研究重点聚焦在国际条约与框架、争端解决机制等传统国际法内容之中。因此,仅以全球化运动与反全球化思潮之间博弈立场来推测澜湄流域环境犯罪刑事合作之未来道路——必将在砥砺中前行。

近些年,有争议的本土主义政治获得了新的动力,"爱国欧洲人反对西方伊斯兰化"组织(Patriotische Europäer gegen die Islamisierung des Abendlandes,简称"PEGIDA")策划示威游行、反移民运动及义务公民巡街活动的兴起以及身份主义运动(identitarian movement)的迅速蔓延均证明了这一点。草根激进主义在当代极右翼政治中获得了自己的地位;本土主义,作为一种激进的排他性的种族主义,代表了极右政党的意识形态,拒绝"异己"人物和推崇民族国家概念思想等。[①] 面对一个现实世界,近 30 年来,极右翼政治运动正逐渐"吞噬"着欧洲政治,也被认为是反对经济与政治全球化的"极端"与"激进"变体,一种"民族多元主义"(ethnopluralist)思维引起广泛关注,当代极右势力通过取代其原本"生物种族主义",已经逐渐成为一个政治的合法参与者,正积极倡导以文化差异性为基础的不相容的观念。[②] 根据"民族多元主义"论的观点,不同民族的融合会导致土著民族的文化灭绝[③];自 20 世纪 80

---

① C. Mudde, The Populist Radical Right: A Pathological Normalcy, *West European Politics*, 2010, Vol.33, No.6, pp.1167-1186.

② Jens Rydgren, *Movements of Exclusion: Radical Right-wing Populism in the Western World*, Nova Science Publishers, 2005, p.421.

③ M. Minkenberg, Civil Religion and German Unification, *German Studies Review*, 1997, Vol.20, No.1, pp.63-81.

年代以来,遵循这些原则的政党已经侵入欧洲的政党体系①,有时还会造成一定范围的影响,也引起政治体制内各阶层的关注。近几年,整个欧洲都已见证了极右"街头政治"的复兴,不仅是小规模的,有时甚至演化为具有一定规模的暴力事件;虽然在极右翼倡议下反难民暴力在欧洲并不新鲜②,但这些所谓移民危机引发的新一波仇外暴力仍然会引起社会不小的动荡③。2015 年,奥地利国家公共设施遭受超过 25 次暴力袭击;2016 年,德国各地就发生共 3500 多起规模不等的公共暴力事件;2018 年,意大利发生一名 28 岁极右翼活动分子在小镇开枪横扫导致五名非洲血统妇女当场死亡、一人受伤……④欧洲一些政客不得不对这种极右运动妥协,甚至为了选举需要而迎合这种极端思想,公开反对全球化。美国同样如此,以右翼为代表的共和党人特朗普当选总统后,采取一系列措施实施经济单边主义、在美墨边境竖墙阻隔难民潮、对中国发起"贸易战"、先后退出一些重要国际组织等,甚至公开支持反对全球化运动。在笔者"爬格"拙见之际,正值新冠肺炎在全球大暴发,面对重大公共卫生疫情,欧洲与美国的一些政治立场也体现在这场防疫"斗争"中,以美国白宫为代表的对华"鹰派"刻意操纵舆论,为自身抗疫初期行动不力拼命"甩锅"给中国,不惜煽动种族歧视与仇恨;以中国台湾地区领导人蔡英文为代表的民进党更是豢养"网军"捏造事实诋毁大陆、试图"以疫谋独",不惜成为美国等西方反华势力的"爪牙",更是在互联网上挑唆中国与澜湄国家网民之间的对立,如同世界卫生组织总干事谭德塞所控诉"台湾当局"对其非洲血统种族歧视与展开网络霸凌。面对这种极端右翼做法,美国白宫不仅罔顾事实对其政治呼应,而且还加码以切断对世界卫生组织经济支援相威胁,继续操纵民粹主义。值得注意的是,这种疯狂的政治"戏码"在美国等西方国家却仍有一大批忠实拥护

---

①　K. Von Beyme, Right-wing Extremism in Post-war Europe, *West European Politics*, 1988, Vol.11, No.1, pp.1-18.

②　R. Koopmans, S. Olzak, Discursive Opportunities, and the Evolution of Right-wing Violence in Germany, *American Journal of Sociology*, 2004, Vol.110, No.1, pp. 198-230.

③　Pietro Castelli Gattinara, *Europeans, Shut the Borders!* Anti-refugee *Mobilisation in Italy and France, Solidarity Mobilizations in the "Refugee Crisis"*, Springer, 2018, pp.271-297.

④　P. Castelli Gattinara, A.L. Pirro, The Far Right as Social Movement, *European Societies*, 2018, Vol.21, No.2, pp.447-462.

者,甚至有在抗疫艰难时期持枪走上街头抗议防疫专家与医务人员,足可见这种极端右翼主义在西方社会已呈现泛滥趋势。诚如美国前国务卿基辛格博士曾在 2020 年 4 月 3 日在《华尔街日报》发文感叹道"新冠病毒大流行将永远改变世界秩序",并呼吁各国应当在合作基础上解决当前全球公共卫生危机。有不少学者悲观地认为,世界经历过这场疫情浩劫后,经济与政治的全球化再也回不去了! 那么,在这种国际政治环境背景下,未来澜湄国家关于环境犯罪的刑事合作也必然会受到一定程度的负面冲击,即便仅是一种"蝴蝶效应",也不得不做好面临巨大困境与挑战的思想准备。的确,随着欧盟在共同应对疫情时"一体化"表现出的"不堪一击",各国纷纷重视与强调一种国家主权主义,未来包括环境犯罪区域刑事合作在内的一切体现全球化的各种合作再也"回不去了"!

这个世界既没有想象中那么美好,也没有想象中那么糟糕! 在全球共同抗击新冠病毒时,当我们看清西方各国政治不团结之丑陋,同时也发现各国医务人员共同努力以自我牺牲精神挽救更多生命之大爱。2020 年 4 月 14 日,东盟十国与中日韩三国通过视频方式召开了"10＋3"抗击新冠疫情领导人特别会议并发表宣言,号召十三个国家秉持"团结协作、主动应对"精神,共同(秉承)抗击疫情之最高承诺,也使在反全球化阴霾中看到东盟与中日韩三国仍积极合作之"曙光"。面临这场全球公共卫生危机,全球化与反全球化之间博弈将进一步加深,这有可能导致大规模全球性组织合作出现一定程度的萎缩;但同时,规模相对较小的区域性组织之间合作变得更加紧密,这种"两极化"式的发展则有可能在未来一定时期成为常态,也有可能从大的全球性合作组织中"分裂"呈现出若干规模不同的组织形式。若这一态势得以证成,澜湄流域区域化合作未来前景光明。人类面临全球公共卫生危机,是突发的、短暂的;而日益严峻的生态危机却是长期的、持久的,更应当携手共进、加强合作。不少学者预见,全球发展驱动力的地理位置正在向发展中国家,尤其是向亚洲国家转移。快速的经济增长、不断变化的人口结构和不断增长的城市化意味着中国、印度和其他亚洲发展中经济体将继续在全球经济中占据越来越多份额。以能源消费为例,到 2040 年将占全球电力的 52％、煤炭的 80％、天然气需求的 26％。[1] 鉴于有限的资源禀赋,未来亚洲能源仍然容易受到全球供应来源

---

[1] Lea Pvps, Snapshot of Global Photovoltaic Markets, *Report IEA PVPS T*1-33, 2018, p.33.

和价格波动的影响，并对当前的经济发展构成潜在威胁。时至今日，亚洲能源市场仍然是碎片化的，也确定了亚洲区域一体化在一定时期内仍面临挑战；为确保亚洲能源之繁荣未来，各国必将通过集聚效应、规模化经济圈降低成本并提高效率、增强新投资与人力资源互补、采用能源形式多样化等手段实现区域经济一体化，这也将有助于增强亚洲社会稳定与安全。[①] 作为亚洲发展的重要自给能源供给地——澜湄流域，在经济主义主导下未来环境犯罪依然严峻，作为流域沿线国与生态资源主权国，中国、缅甸、老挝、柬埔寨、泰国、越南六国必须共同担负起保护澜湄流域生态资源的使命，通过调适刑法规制等手段，加强合作、共同治理该流域环境犯罪，实现区域发展和平、稳定与可持续，真正使澜湄流域各族人民世世代代生活健康、美好！

---

① Rita Nangia, Securing Asia's Energy Future with Regional Integration，*Energy Policy*，*Elsevier*，2019，Vol.132，No.3，pp.1262-1273.